U0531114

本书受教育部重大招标项目"元明清时期中国边疆治理文献整理与数据库建设研究"（项目批准号：21JZD042）资助，是该项目的阶段性研究成果。

本书受云南省创新团队项目"云南民族档案文献整理发掘研究"（项目批准号：2021CX01-09）资助，是该项的阶段性科研成果。

西部档案馆
民族档案文献遗产资源共建研究

华 林 ◎ 著

中国社会科学出版社

图书在版编目（CIP）数据

西部档案馆民族档案文献遗产资源共建研究 / 华林著. —北京：中国社会科学出版社，2024.4
ISBN 978 - 7 - 5227 - 3390 - 6

Ⅰ.①西… Ⅱ.①华… Ⅲ.①少数民族—档案文献—文献资源建设—研究—西北地区②少数民族—档案文献—文献资源建设—研究—西南地区 Ⅳ.①G273.5

中国国家版本馆 CIP 数据核字（2024）第 066812 号

出 版 人	赵剑英	
责任编辑	孔继萍	
责任校对	季　静	
责任印制	郝美娜	
出　　版	中国社会科学出版社	
社　　址	北京鼓楼西大街甲 158 号	
邮　　编	100720	
网　　址	http://www.csspw.cn	
发 行 部	010 - 84083685	
门 市 部	010 - 84029450	
经　　销	新华书店及其他书店	
印　　刷	北京君升印刷有限公司	
装　　订	廊坊市广阳区广增装订厂	
版　　次	2024 年 4 月第 1 版	
印　　次	2024 年 4 月第 1 次印刷	
开　　本	710×1000　1/16	
印　　张	16.5	
字　　数	254 千字	
定　　价	98.00 元	

凡购买中国社会科学出版社图书，如有质量问题请与本社营销中心联系调换
电话：010 - 84083683
版权所有　侵权必究

目 录

前 言 ……………………………………………………………… （1）

第一章 研究综述 ……………………………………………… （1）
 一 国内外研究概况与意义 ………………………………… （1）
 二 研究对象与主要学术观点 ……………………………… （4）
 三 研究目标、研究内容与创新之处 ……………………… （5）
 四 研究思路和研究方法 …………………………………… （7）

第二章 西部民族档案文献遗产资源梳理 …………………… （9）
 第一节 西部民族档案文献遗产资源阐释 ………………… （9）
  一 西部民族档案文献遗产定义界定 …………………… （9）
  二 西部民族档案文献遗产资源定义 …………………… （12）
 第二节 西部民族档案文献遗产资源构成 ………………… （17）
  一 西部可移动民族档案文献遗产 ……………………… （18）
  二 西部建档性民族档案文献遗产 ……………………… （30）

第三章 西部国家综合档案馆民族档案文献遗产资源共建优势与问题 …………………………………………… （36）
 第一节 西部国家综合档案馆民族档案文献遗产资源共建优势 ……………………………………………… （36）
  一 政策法规优势 ………………………………………… （36）
  二 基础工作优势 ………………………………………… （40）
  三 信息技术基础 ………………………………………… （53）

第二节　西部国家综合档案馆民族档案文献遗产资源共建滞后问题……………………………………………………（65）
  一　现行机构设置体制的制约………………………………（66）
  二　规范标准差异的阻碍问题………………………………（70）
  三　档案文献基础性整理问题………………………………（75）
  四　共建单位信息权益的保障………………………………（82）
  五　数字化及其资源建设问题………………………………（86）

第四章　西部国家综合档案馆民族档案文献遗产资源共建模式构建………………………………………………………（96）
第一节　两种共建模式提出与理论实践基础…………………（96）
  一　实体资源外围共建模式理论与实践支撑………………（96）
  二　数字资源整合共建模式理论与实践支撑………………（99）
第二节　两种共建模式实践应用的现实意义…………………（104）
  一　有利于濒危民族档案文献遗产整合保护………………（104）
  二　有利于民族档案文献遗产资源体系建设………………（109）
  三　有利于档案所承载民族记忆的完整构建………………（112）
  四　有利于民族档案文献遗产资源整体开发………………（115）
第三节　民族档案文献遗产共建性案例调研…………………（118）
  一　贵州省黔南州水书档案文献遗产集中共建案例调研……（118）
  二　内蒙古蒙古文档案文献遗产外围资源共建案例分析……（126）
  三　云南省档案馆民族档案文献遗产数字资源共建案例……（136）

第五章　西部国家综合档案馆民族档案文献遗产资源共建宏观保障………………………………………………………（148）
第一节　保障机制构建…………………………………………（148）
  一　政策法规保障……………………………………………（148）
  二　组织领导保障……………………………………………（153）
第二节　工作机制构建…………………………………………（165）
  一　工作机制构建模式………………………………………（165）
  二　工作机制构建职责………………………………………（175）

目 录

第六章 西部国家综合档案馆民族档案文献遗产资源共建实现途径 ……………………………………………………（181）

第一节 基于标准规范的民族档案文献遗产外围共建 ………（181）
  一 依据资源，确立民族档案文献外围共建单位 ………（181）
  二 依托标准，开展民族档案文献的规范化建设 ………（187）
  三 联合共建，建设民族档案文献联合目录体系 ………（199）
  四 联动服务，构建民族档案文献外围利用机制 ………（204）

第二节 基于数字资源的民族档案文献遗产整合共建 ………（208）
  一 依托协作，规划协调数字化资源共建工作 …………（208）
  二 构建平台，确立国家综合档案馆建设核心 …………（209）
  三 整体推进，加快民族档案文献数字化建设 …………（214）
  四 整合汇总，为其数字化资源共享提供条件 …………（217）

第三节 基于文化传播的民族档案文献数字资源开发 ………（224）
  一 依托专业网站共享开发 ………………………………（225）
  二 依托新型媒体共享开发 ………………………………（230）
  三 依托文化共享工程开发 ………………………………（238）
  四 依托共享平台聚合服务 ………………………………（239）

结　语 ……………………………………………………………（242）

参考文献 …………………………………………………………（244）

后　记 ……………………………………………………………（250）

前　言

民族档案文献遗产的保护抢救与发掘利用有其国内外文化遗产保护与开发背景。国际上，1972年，联合国教科文组织发起世界遗产项目，倡导对文化和自然遗产进行保护。1992年，联合国教科文组织启动世界记忆工程，重点抢救手稿、其他介质的珍贵文件，以及口述历史记录等文献遗产。2002年，联合国教科文组织制定了《数字遗产保护草案》，从涉及范围、遗失威胁、需要行动，以及保护政策和策略等方面，提出保护数字遗产的国际倡议与方案。2003年，联合国教科文组织大会通过的《保护非物质文化遗产公约》，倡导在世界范围内对口头传说和表述，表演艺术，社会风俗、礼仪、节庆和传统的手工艺技能等非物质文化遗产进行保护。国内方面，1996年，国家档案局牵头组织成立"世界记忆工程"中国委员会。2001年，国家档案局组织成立"遗产工程"领导小组，开展我国档案文献遗产的保护工作。2017年，中共中央办公厅、国务院办公厅印发的《关于实施中华优秀传统文化传承发展工程的意见》强调，要"开展少数民族特色文化保护工作，加强少数民族语言文字和经典文献的保护和传播"[①]。2022年，党的二十大报告再次强调，要"加大文物和文化遗产保护力度"[②]。

我国西部散存有丰富的民族档案文献遗产，基于民族档案文献的多

[①] 新华社：《关于实施中华优秀传统文化传承发展工程的意见》，中国政府网，2017年1月15日，https://www.gov.cn/zhengce/2017-01/25/content_5163472.htm，2023年6月9日。

[②] 新华社：《习近平：高举中国特色社会主义伟大旗帜　为全面建设社会主义现代化国家而团结奋斗——在中国共产党第二十次全国代表大会上的报告》，中华人民共和国中央人民政府网站，2022年10月25日，http://www.gov.cn/xinwen/2022-10/25/content_5721685.htm，2023年6月9日。

元属性特征，档案文献主要为档案馆、图书馆、博物馆、民委古籍办、民语委、社科院、文化馆和非遗保护中心等机构所收藏。档案文献散存状况所产生的主要问题有：散存单位保管条件简陋，导致的档案文献损毁流失问题；保管机构众多，造成的民族记忆不完整及其档案信息碎片化问题；管理体制差异，对民族档案文献资源整体共建，以及档案文献信息资源开放共享产生的滞后影响问题等。2020年6月，新《档案法》第四十一条规定："国家推进档案信息资源共享服务平台建设，推动档案数字资源跨区域、跨部门共享利用。"① 2021年6月，《"十四五"全国档案事业发展规划》提出，"要推动档案馆与博物馆、图书馆、纪念馆等单位在档案文献资源共享方面加强合作，相互交换重复件、复制件或者目录等"②。在此背景下，《西部档案馆民族档案文献遗产资源共建研究》一书针对西部民族档案文献遗产资源建设状况，从民族记忆构建与传承视域，依托各省区国家综合档案馆，以相关收藏机构为共建单位，全面探讨西部民族档案文献遗产资源共建问题。本书是在完成国家社科基金一般项目"民族记忆传承视域下的西部国家综合档案馆民族档案文献遗产资源共建研究"（16BTQ092）的基础上，结合著者主持的教育部重大招标项目"元明清时期中国边疆治理文献整理与数据库建设研究"（21JZD042）的部分研究成果内容，在开展具体实际调查、收集了大量实地调研材料的基础上撰写完成的，主要特色如下：

1. 丰厚的民族档案文献研究理论支撑。我国少数民族档案研究始于新中国成立初期，1960年，国家档案局在呼和浩特召开全国少数民族地区档案工作会议，首次提出少数民族档案概念及其收集整理工作问题。1987年，中国档案学会在昆明召开少数民族档案史料学术研讨会，探讨少数民族档案及其管理工作问题。1993年，杨中一先生编著《中国少数民族档案及其管理》，对少数民族档案的概念、构成、特点、作用，及其管理工作进行总结。其后，少数民族档案研究成果日趋丰富，除大量论

---

① 国务院办公厅：《中华人民共和国档案法》，中国政府网，2020年6月21日，https://www.gov.cn/xinwen/2020-06/21/content_5520875.htm，2023年5月27日。

② 中共中央办公厅、国务院办公厅印发：《"十四五"全国档案事业发展规划》，中华人民共和国国家档案局网站，2021年6月8日，https://www.saac.gov.cn/daj/yaow/202106/899650c1b1ec4c0e9ad3c2ca7310eca4.shtml，2023年6月9日。

文外，专著成果有华林《西南彝族历史档案》《少数民族历史档案管理学》、陈子丹《民族档案史料编纂学概要》、麻新纯《广西壮族历史记录生态型保护研究》、郑惠《瑶族文书档案研究》、赵彦昌《满文档案研究》等，研究内容涉及少数民族档案内涵外延、类型构成、档案特点、发掘价值，以及少数民族档案实体管理、事业保障及其学科构建等方面。在国内外文化遗产保护开发背景下，少数民族档案文献遗产研究也形成了丰硕成果。其论文有华林《西部散存民族档案文献遗产集中保护研究》《论社会记忆视角下档案馆民族档案文献遗产资源建设问题》、陈子丹《对白族科技档案文献研究的几点设想》《傈僳族档案文献及其开发利用》、仝艳锋《云南少数民族档案文献遗产保护研究》、刘为《民族档案文献遗产传承保护研究》、朱兰兰《关于少数民族档案文献资源建设的思考》等；专著有华林《西部散存民族档案文献遗产集中保护问题研究》、仝艳锋《民族档案文献遗产保护研究：以云南为例》、胡莹《东巴古籍文献遗产保护研究》等。值得一提的是，著者作为学术带头人，在云南大学长期从事少数民族档案研究。在研究团队建设方面，2018 年，"民族文化传承视域下的民族文献遗产保护与发掘研究"入选云南大学一流大学建设"创新团队"科研项目。2021 年，所领衔的"云南民族档案文献整理发掘研究"云南省创新团队获得云南省社会科学联合会立项，在少数民族档案研究领域取得显著成果。本书的撰写，充分吸取了学界在少数民族档案、民族档案文献遗产领域形成的丰硕成果，开展民族档案文献遗产资源共建研究，从而为课题研究奠定了丰厚的理论基础，保证了《西部档案馆民族档案文献遗产资源共建研究》书稿撰写的理论价值与学术创新。

2. 健全的档案文献资源共建研究构建。针对西部民族档案文献广泛为各个省区相关档案馆、图书馆、博物馆、民委古籍办、民语委、社科院、文化馆和非遗保护中心等机构所收藏的现状，本书分为六章对档案馆民族档案文献遗产资源共建问题进行研究。其中，第一章全面阐述西部档案馆民族档案文献遗产资源共建国内外研究概况、重要意义；课题研究对象、学术观点；课题研究目标、主要内容与创新之处；课题研究思路、技术方法、实施过程，以及课题研究形成的研究报告和重要学术论文成果。第二章从西部民族档案文献遗产定义和民族档案文献遗产资源界定两个方面，阐释西部民族档案文献遗产资源本质特征与外延范围；从西部可移动民族档案文献遗产、非物质民族文化遗产建档档案文献和不可移动民族物质文化遗产建档档案文献等方面，全面探讨西部民族档案文献遗产资源模块划分与类型构成问题。第三章阐述西部档案馆民族档案文献遗产资源共建在政策法规、基础工作、信息技术基础等方面具有的优势，以及在现行机构设置体制、规范标准差异阻碍、档案文献基础性整理、共建单位信息权益保障、档案文献数字化及其资源建设等方面影响其资源共建所存在的滞后问题。第四章提出西部档案馆民族档案文献遗产实体资源外围共建和数字资源整合建设等两种共建模式，阐述两种共建模式构建的理论和实践依据；从有利于濒危民族档案文献整合保护、民族档案文献资源体系建设、档案文献所承载民族记忆的完整构建和民族档案文献资源整体开发等方面阐述两种共建模式构建的现实意义。第五章从政策法规、组织领导等方面，探讨西部档案馆民族档案文献遗产资源共建宏观保障问题；提出依托党和国家互联网信息化机构、依托全国文化信息资源共享工程和依托跨省（区）民族语文协作组等构建工作机制等三种建设模式，进而从宏观组织协调和业务组织协调等两个方面阐述其工作机制构建的主要职责。第六章则在实体资源外围共建方面，提出确立外围共建单位、开展规范化建设、建设联合目录体系和构建外围利用机制等对策；在民族档案文献遗产数字资源整合建设方面，提出规划协调数字资源共建工作、确立国家综合档案馆建设核心、加快民族档案文献数字化建设和数字资源整合汇总等策略；在数字资源开发方面，提出依托专业网站共享开发、依托新型媒体服务开发和依托文化共享工程利用开发等措施。

全书遵循提出问题、分析问题与解决问题的逻辑进路，从民族记忆传承视域，依托西部各省区国家综合档案馆，以相关收藏机构为共建单位，开展西部民族档案文献遗产资源共建工作研究，具有提纲构建严谨、体例设计科学、研究论证深入的特点，以严谨的研究体系构建，展现了本书较好的学术性、科学性与规范性。

3. 丰富的实地调研民族文献材料基础。本书在撰写过程中，使用了丰富翔实的数据、案例与文献，尤其是实地调研材料支撑论述所及问题研究。如在"西部民族档案文献遗产资源梳理"论证方面，使用了大量涉及维吾尔族、蒙古族、藏族、彝族、傣族、纳西族、白族及其他民族的诏、题、奏、疏、令、书、移、咨、函、呈、法规、条例、布告、通告、公约、谱牒、账簿、契约、登记册、经书等档案文献进行阐述。其中，所引用的少数民族汉文历史谱牒就有彝族《云南蒙化左族家谱》《云南武定那氏历代家谱事》《云南南涧罗氏家谱》、傣族《云南盏西土目孟氏家谱》《云南芒市方氏土司家谱》、白族《云南太和段氏族谱》《云南鹤庆永氏族谱》《云南大理史城董氏族谱》、景颇族《云南盏达土司刀思氏家谱》《云南普关阎氏家谱》、纳西族《云南沐氏宦谱》、壮族《广西龙胜龙脊乡廖氏家谱》《广西龙胜龙脊乡萧氏家谱》、苗族《广西龙胜杨氏族谱》等。在西部档案馆民族档案文献遗产资源共建优势与问题分析方面，使用了大量通过实地调研获取的统计数据、实际案例，来阐明维吾尔族、蒙古族、藏族等民族档案散存的具体数量情况与散存问题。在档案数据统计方面，如水书档案征集统计数据有：2002年10月，荔波县召开"全县水书先生暨征集抢救水书会议"，参会的43名水书先生无偿向档案馆捐赠祖传水书原件77本。2003年，黔南州在全州范围内全面开展水书档案文献的征集工作，全州共征集到水书13771册，水族文字的对联、条幅30幅，还有一些水族工艺品及图片。三都水族自治县在全县范围内开展水书的抢救工作，共征集水书4568册，水文字对联2幅、条幅15幅，水文字墓碑3块。2002年7月，荔波县开展了大规模的水书抢救工作，从民间征集到各种水书档案文献数千册。迄今，黔南州国家综合档案馆征集到的水书档案文献有2万多册等。所列举的少数民族档案文献遗产保护、整理与资源共建典型案例有："贵州省黔南州水书档案文献遗产集中共建案例调研""内蒙古蒙古文档案文献遗产外围资源共建案例分析""云南省档案馆民族档案文献遗产数字资源共建案例"等。这些翔实的数据案例，为深化西部档案馆民族档案文献遗产资源共建研究，提供了实地调研依据。

4. 较好的理论指导及其实践运用价值。

第一，学术价值。其一，课题研究涉及民族档案文献遗产的内涵外延、类型构成，及其资源采集、体系构建、传承保护，以及资源共建和共享利用等理论与实践问题，在阐明民族档案文献遗产内涵外延，拓展民族档案文献遗产研究宽度方面具有学术价值。其二，本书从保障机制、工作机制构建等方面提出的西部档案馆民族档案文献遗产资源共建宏观保障对策,以及基于标准规范的外围共建、基于数字资源的整合共建、基于文化传播的数字资源开发等西部档案馆民族档案文献遗产资源共建工作理论的建设,对做好其资源共建工作有较好的理论指导意义。其三,整体而言,西部档案馆民族档案文献遗产资源共建研究,归属于少数民族档案研究的范畴,课题研究所涉及的民族档案文献遗产的内涵外延、类型构成、功能价值,及其资源整合与共享服务等方面的理论与实践内容,对丰富少数民族档案学在该领域理论、技术与方法,以及完善少数民族档案学学科理论体系有较好学术价值。

第二,应用价值。首先,西部各民族地区遗存少数民族档案文献具有民族档案、古籍或文物等多元属性,多为档案馆、图书馆、博物馆、文化馆、民委古籍办、民族研究所和史志办等机构保存,此外,尚有大量档案文献散存民间。由于保管条件恶劣,加之受历史、自然和人为因素影响,档案文献材料发霉、受潮、粘连、虫蛀和结砖破碎现象极为普遍,流失问题极为严重。课题研究可全面揭示档案文献的珍贵历史研究和现实利用价值,进而引起社会的关注和政府的重视,更好地保护与抢救这一珍贵的少数民族历史文化遗产。其次,在西部档案馆民族档案文献遗产资源共建实现途径模块,课题研究提出的基于标准规范的外围共建、基于数字资源的整合共建,以及基于文化传播的数字资源开发路径等,对做好西部档案馆民族档案文献遗产资源共建提供了借鉴参考。最后,课题以西部档案馆为平台,具体研究民族档案文献遗产资源采集、体系构建、管理规范,以及和图书馆、博物馆、文化馆与民委古籍办等单位开展资源共建的理论与实践方法,不仅对国家综合档案馆民族档案文献遗产资源建设有应用价值,对我国档案文献遗产,乃至民族文化遗产、民族古籍、民族文物等资源建设工作都有较好的参考借鉴作用。

总体而言,本书的撰写特色为:具有丰厚的民族档案文献研究理论支撑、健全的档案文献资源共建研究构建、丰富的实地调研民族文献材料基础、较好的理论指导及其实践运用价值等。对于关注民族文化与民族档案文献遗产的广大读者而言,该书的撰写首先可对西部丰富的民族档案文献遗产产生形成、概念界定、类型构成、档案特点、功能价值,及其分布保管情况有一个全面的了解。其次,可系统认识西部民族档案文献遗产散存状况，以及产生的各种现实问题，为进一步开展深化研究奠定现实问题基础。最后，课题研究从宏观保障与具体方法视角，所提出的西部档案馆民族档案文献遗产资源共建对策，对做好我国西部民族文化遗产、民族古籍、民族文物等资源整合共建工作提供了启示与参考借鉴。进入新时代，随着信息化建设发展，LAM（图书馆、档案馆和博物馆）文化资源整合、数字记忆、数字人文的理论、技术与方法，以及大数据技术、人工智能技术、关联技术、区块链技术等的广泛应用，为档案文献遗产资源整合提供了更为广阔的空间，还有待专家学者开展进一步深化研究。受学力所限，书中错漏之处在所难免，敬请广大读者批评指正。

华林谨识

2023 年 6 月 8 日

第一章

研究综述

一 国内外研究概况与意义

（一）国内外研究概况

1. 国内研究概况。学术界对少数民族档案文献遗产资源建设与开发问题进行过相关研究，内容主要集中在5个方面：（1）资源采集研究。如杨云波《浅谈民族特色档案的收集》提出，应从特色档案建设的视角，加强民族档案收集工作。陈子丹《对少数民族金石档案收集的思考》则从资源建设丰富性的角度，强调少数民族金石档案收集问题。华林《流失海外少数民族档案文献的分布与追索》则提出流失海外少数民族档案文献追索的法理依据与对策问题等。（2）资源构建研究。如陈子丹《云南少数民族档案资源建设探索》阐述了云南少数民族档案资源的构成与建设问题。陈海玉《少数民族特色医药档案资源库建设刍议》对少数民族特色医药档案资源库建设现状与对策进行探讨。吕榜珍等《少数民族数字档案资源共建共享的障碍因素及策略》针对少数民族数字档案资源建设现状，提出共建共享策略问题。（3）资源保护研究。如郑荃《文献害虫防治技术的现状与展望》针对档案馆档案文献虫害状况，提出防治思路与对策。陈子丹《云南少数民族口述历史档案抢救保护研究》则探讨少数民族口述历史档案保护问题。胡莹《东巴文档案抢救与保护》以东巴文档案为案例，提出少数民族档案保护对策等。（4）资源发掘研究。如陈玲《浅谈少数民族档案的开发利用》对少数民族档案开发理念和方式进行探讨。陈海玉《白族历史档案及其发掘利用》主要论述白族历史档案发掘利用的对策问题。陈子丹《云南回族档案史料述略》以云南回族档案史料为例，研究少数民族档案编研问题等。（5）相关学科研究。

如张京生等《略论宁夏地区古籍普查与古籍保护工作的开展》分析宁夏民族古籍保管现状，探讨其征集与保护问题。易雪梅等《西北地区古籍文献资源存藏现状概述》论述西北地区古籍文献分布保存状况，并就其征集、整理和发掘利用等方面提出保护对策。刘丽《民族地区图书馆实物文献资源建设之我见》以大理州图书馆实物文献征集为例，探讨民族地区图书馆实物文献资源建设问题。课题组对课题进行过前期研究，内容包括国家综合档案馆少数民族档案文献遗产的征集抢救、有序化管理、传承保护与发掘利用等方面。

综合评述：（1）民族档案文献遗产资源建设问题已为档案学界关注，其研究涉及征集抢救、技术保护和发掘利用等方面，总体表现为系列化成果少，缺乏多学科协作性研究，部分核心内容，如资源体系构建、规范化管理、资源共建等问题尚未涉及，为课题研究留下发展空间。（2）民族古籍学、博物馆学等相关学科在民族古籍、文物等资源建设方面开展过研究，内容包括资源建设、问题与对策等方面，其成果对课题研究有参考价值。

2. 国外研究概况。1972 年，联合国教科文组织发起世界遗产项目，倡导对文化和自然遗产进行保护。1992 年，联合国教科文组织发起世界记忆工程，重点抢救手稿、其他介质的珍贵文件，以及口述历史记录等文献遗产。在此背景下，美国政府提出"维护美国行动计划"，法国推出"国家文化遗产研究计划"，意大利提出国家大学科研部遗产保护研究三年计划，日本和韩国先后推出"文化立国"计划等，研究规划文化遗产保护和利用问题。此外，国外遗产保护组织或机构，如国际保护技术协会（APT）、国际档案理事会（ICA）等积极开展文化遗产保护研究，定期出版会议论文集、学术期刊和专著，形成一大批研究成果，如著作成果有《跨学科的文化遗产保护与修复》《档案材料的保护与修复》《遗产藏品的保存：预防性保护概要》等，内容涵盖文化遗产政策法规、公众保护理念培养、技术保护以及理性开发等方面。

本书国外尚未进行专门研究，相关领域研究动态为：（1）文化遗产保护对策研究。如：Susan O. Keitumetse，*Sustainable Development and Cultural Heritage Management in Botswana: Towards Sustainable Communities* 提出，文化遗产可持续保护除了硬件设施外，还需要留意文化氛围的构建，

及其对遗产真实性、完整性的维护①。Roland Arpin & Yves Bergeron，*Developing a Policy on Cultural Heritage for Quebec* 阐述在加拿大魁北克构建文化遗产保护政策的实践措施，强调通过顾问组织保护实践行为，促进保护遗产政策的调整②。（2）文化遗产技术保护研究。重要著作成果有：《以档为史：记忆的修复与文件的修补》《文物保护研究》《遗产科学：鉴定、保护与修复》等。国外遗产保护科研机构发表的研究论文集，如法国国家记录文献保护研究中心出版的《照片、图画、印刷品与手稿的拯救与保护》《文献、声像材料的环境与保护》等③，都刊载了许多文献遗产保护的论文。（3）濒危文献遗产抢救研究。如英国大英图书馆启动了濒危档案项目（Endangered Archives Programme），旨在保护与抢救对社会有重要意义的档案文献遗产。目前已在世界范围内实施档案文献遗产保护项目④，并受理了中国《建水、通海、蒙自地区濒危洞经档案文献遗产调查研究》等4项保护项目申请，研究内容涉及云南濒危少数民族档案文献遗产的调查和数字化资源建设等方面。

综合评述：国外许多相关研究成果，如对档案文献遗产保护的发展规划、政策法规、公众保护理念培养、新技术手段在文化遗产保护中的应用等都对本书研究有较好的借鉴作用。

鉴于国内外研究现状，本书针对西部国家综合档案馆民族档案文献资源建设状况，结合各地民族档案文献收集、整理、保护与发掘利用的实际案例和有益经验，依托前期研究，整合相关学科研究成果，从民族记忆传承的视角，研究西部国家综合档案馆民族档案文献遗产资源共建问题。

（二）研究意义与价值

1. 学术价值。本书研究涉及民族档案文献遗产的内涵外延、类型构成，及其资源采集、体系构建、传承保护和发掘利用等理论与实践问题。

---

① 胡莹：《档案学视野下的东巴古籍文献遗产保护研究》，《档案学通讯》2015年第2期。
② 胡莹：《档案学视野下的东巴古籍文献遗产保护研究》，《档案学通讯》2015年第2期。
③ 肖黎煜：《彝族石刻历史档案整合性保护研究》，博士学位论文，云南大学，2012年。
④ 肖黎煜：《彝族石刻历史档案整合性保护研究》，博士学位论文，云南大学，2012年。

研究成果对拓展少数民族档案文献遗产研究领域①，弥补该领域保护理论与实践方法的缺失，完善少数民族档案学学科理论体系有较高学术价值②。

2. 应用价值。本书以西部国家综合档案馆为平台，具体研究民族档案文献遗产资源采集、体系构建、管理规范，以及和图书馆、民委古籍办与博物馆等单位开展资源共建的理论与实践问题。其研究成果不仅对国家综合档案馆民族档案文献遗产资源建设有应用价值，对我国档案文献遗产，乃至民族文化遗产、民族古籍、民族文物等资源建设工作都有较好的参考作用。

二 研究对象与主要学术观点

（一）研究对象

本书以西部国家综合档案馆民族档案文献遗产资源共建为研究对象，从民族记忆传承的视角，全面探讨以国家综合档案馆资源为主体的民族档案文献遗产共建问题。具体而言，就是以国家综合档案馆为建设中心，将保存有民族档案文献遗产的图书馆、博物馆、民委古籍办、民语委、社科院、文化馆、非物质文化遗产保护中心、史志办、方志办和出版社等机构作为共建单位，通过构建资源共建机制、规范标准构建、共建联合目录、特色数据库建设共享开发等方式，探讨西部国家综合档案馆民族档案文献遗产信息资源共建共享问题。

（二）主要学术观点

1. 西部民族档案文献具有民族古籍和文物等多元属性。民族档案文献的本质特征是原始性和价值性，从文物视角看，文物多为原始遗存物，具有历史文化价值，因而多数文物有民族档案属性；从古籍视域看，很多民族古籍为直接形成，是民族历史文化的重要承载媒介，因而可视为民族档案。就整体而言，民族档案、古籍和文物等，都归属于民族文化遗产，因此，民族档案文献是珍贵民族文化遗产，并具有民族古籍、文

---

① 张伟、邓甜：《评华林教授力作——〈西部散存民族档案文献遗产集中保护问题研究〉》，《中国档案研究》2018 年第 2 期。

② 肖黎煜：《彝族石刻历史档案整合性保护研究》，博士学位论文，云南大学，2012 年。

物等多元属性。

2. 西部民族档案文献资源共建有利于民族记忆完整构建。西部民族档案文献基于其多元属性，除档案馆外，广泛为图书馆、博物馆、民委古籍办、民族研究所、文化馆、非遗保护中心、史志办和出版社等机构收藏，以国家综合档案馆为平台，以相关收藏机构为共建单位，开展西部民族档案文献资源共建，有利于将散存民族档案文献进行整合集中，以完整构建、保护与传承民族记忆。

3. 档案文献资源体系构建需要整合不同档案文献资源。民族档案文献资源体系是由不同档案类型构成的，从构建模块看，主要由可收集民族档案文献、不可移动民族文化遗产建档档案文献，以及非遗建档档案文献等模块组成。这一资源体系构建观点的提出，对开展民族档案文献资源体系化建设，完整构建民族记忆，更好地保护与发掘西部民族档案文献遗产有现实意义。

4. 西部民族档案文献资源共建需要提出切实可行的对策。西部国家综合档案馆民族档案文献资源共建涉及政策法规、机构体制、标准规范、信息权益和知识产权保护等问题，需要整合相关研究成果，以民族记忆完整构建理念，从宏观保障、机制构建，以及实体资源外围共建和数字资源整合建设等方面，提出民族档案文献资源共建切实对策，以推进这一资源建设工作的发展。

5. 西部民族档案文献资源共建利于档案资源社会共享。西部民族档案文献散存状况割裂了档案文献之间的有机联系，破坏了民族档案文献的完整性。开展其资源共建，有利于在民族记忆完整构建视域下，将散存在各收藏单位的民族档案文献视为资源体系构成部分，开展资源整合共建工作，从而维护了西部民族档案文献资源构成的整体性，实现这一珍贵档案文献信息资源的社会共享。

三 研究目标、研究内容与创新之处

（一）研究目标

本书研究的主要目标是在民族记忆传承视域下，提出西部国家综合档案馆和图书馆、博物馆、民委古籍办、民语委、文化馆、非遗保护中心、史志办、方志办和出版社等收藏机构，开展民族档案文献遗产资源

共建的理论与实践方法，以为我国民族地区国家综合档案馆民族档案文献遗产资源建设工作提供参考。

（二）研究内容

1. 西部国家综合档案馆民族档案文献遗产资源界定构成梳理。探讨民族档案文献概念界定、类型构成，以及民族档案文献遗产资源内涵外延、分类构成，及其资源体系构建等理论问题。

2. 西部国家综合档案馆民族档案文献遗产资源共建法理探讨。依据国家文化遗产保护政策法规，从档案社会记忆、档案多元性和文献资源共建共享理论，以及实践工作基础等方面，探讨西部国家综合档案馆民族档案文献资源共建法理依据问题。

3. 西部国家综合档案馆民族档案文献遗产资源共建现状调查。在前期调研基础上，以云南、西藏、四川、贵州和广西等地为重点，调查当地档案馆，以及图书馆、博物馆、古籍办、民族研究所和非遗保护中心等单位民族档案文献收藏数量、分类整理、保管条件及其资源共建等现状问题。

4. 西部国家综合档案馆民族档案文献遗产资源共建问题分析。以调研数据、案例和文献材料为依据，分析西部国家综合档案馆和图书馆、民委古籍办、博物馆和非遗保护中心等单位开展民族档案文献资源共建在机制构建、标准建设、目录编制及其特色数据库开发等方面存在的现实问题。

5. 西部国家综合档案馆民族档案文献遗产资源共建策略研究。针对西部民族档案文献资源建设现状，整合相关研究成果，以民族记忆构建传承为理念，从宏观保障、机制构建，以及实体资源外围共建和数字资源整合建设等方面，提出西部国家综合档案馆民族档案文献资源共建对策。

（三）创新之处

1. 学术思想创新。本书以西部国家综合档案馆民族档案文献遗产资源共建为切入点，从民族记忆传承的视角，站在国家文化遗产保护的高度，将西部国家综合档案馆民族档案文献遗产资源建设工作纳入民族文化遗产保护框架之中，从而增加了本书研究的理论价值与实践应用性，在学术思想上有较好的创新性。

2. 学术观点创新。提出"民族档案文献遗产外围资源建设"的学术思想，依托国家综合档案馆，将图书馆、博物馆、民委古籍办、文化馆或非遗保护中心等视为共建单位，开展民族档案文献遗产资源外围建设工作。提出可移动收集民族档案文献、不可移动民族文化遗产建档档案文献，以及非遗建档档案文献等民族档案文献资源体系建设学术思想，以构建、保护与传承民族记忆，在学术观点上具有创新性。

3. 内容拓展创新。本书研究涉及民族档案文献遗产概念界定、类型构成；民族档案文献遗产资源阐释，资源体系构建；西部国家综合档案馆民族档案文献遗产资源建设模式、理论；民族档案文献遗产资源共建国家政策法规、工作机制、标准规范、资金人才，以及实体资源外围建设和数字资源整合共建等理论与实践方法问题，在拓展民族档案文献资源建设内容，丰富少数民族档案学学科理论知识体系方面具有创新性。

四 研究思路和研究方法

（一）研究思路

在调研基础上，厘清西部国家综合档案馆民族档案文献遗产资源建设现状，分析存在的问题，提出民族档案文献遗产资源共建的国家政策与切实措施。

第一步，进行调研与资料收集工作。在前期调研的基础上，在云南、四川、贵州和广西等地区进行选点调研，对西部国家综合档案馆民族档案文献遗产资源共建情况进行补充调研。

第二步，依据西部国家综合档案馆民族档案文献遗产资源建设的实际状况，揭示存在问题，总结经验教训，整合相关成果，提出西部国家综合档案馆资源共建的国家政策与切实措施。

第三步，形成"民族记忆传承视域下的西部国家综合档案馆民族档案文献遗产资源共建研究"调研报告，提供给国家文化部、民委和档案局等部门，作为制定政策、开展民族档案文献遗产保护工作的参考性文件。

（二）研究方法

1. 调查研究法。对西部国家综合档案馆民族档案文献遗产资源建设的实际状况进行选点调查，详细调查民族档案文献遗产的分布、数量和保管情况，进而分析其存在问题与深层原因。

2. 案例实证法。在云南、四川和贵州等地选取案例，结合当地散存民族档案文献遗产的实际状况和政府所采取的保护措施，对西部国家综合档案馆民族档案文献遗产资源共建问题进行实证研究。

3. 统计分析法。依托调研数据，采取描述性统计分析、相关性分析、因子分析等方法，揭示西部国家综合档案馆民族档案文献遗产资源共建存在的问题与发展规律，作为提出建议对策的参考依据。

4. 整合性研究法。对民族档案文献遗产的资源建设问题各个学科都从不同的视角展开过研究，为此，本书将对相关研究成果进行梳理与整合，以提升本书研究成果的理论与实践运用价值[①]。

[①] 肖黎煜：《彝族石刻历史档案整合性保护研究》，博士学位论文，云南大学，2012年。

第 二 章

西部民族档案文献遗产资源梳理

第一节 西部民族档案文献遗产资源阐释

一 西部民族档案文献遗产定义界定

"档案文献"一词最早出现在 1981 年，发展到现在"档案文献"主要有两层含义：一是认为，"档案文献"内涵为"档案"，是档案的同义词。如黄存勋认为："当我们把档案作为一种文献来看待、利用和研究时，便可以把它称作档案文献，可以说，所谓档案文献，就是指档案这种文献。"[①] 二是认为，"档案文献"是"档案"与"文献"含义的叠加，是一个具有普遍意义的范畴，如周耀林将"档案文献"界定为"人类活动中形成的、借助各种载体支撑的、承载各种信息的记录称为档案文献"[②]。

我国档案学界对档案文献遗产的界定主要有狭义和广义之分。其中，广义档案文献遗产，周耀林在《档案文献遗产保护理论与实践》中认为，是指"具有一定的历史、文化、艺术、科学、技术或社会价值的各种记录"[③]。彭远明在《档案文献遗产保护与利用的方法论研究》中提出，我国有一定数量历史档案被收藏在档案馆里。其中不乏珍贵档案文献，包括了先民物质活动与精神活动的丰富内容，是传统文化的重要载体，是祖国宝贵文化遗产的一个重要组成部分。这些档案文献都可被称为"档

[①] 黄存勋、刘文杰、雷荣广：《档案文献学》，四川大学出版社 1998 年版，第 3 页。
[②] 周耀林：《档案文献遗产保护理论与实践》，武汉大学出版社 2008 年版，第 2 页。
[③] 周耀林：《档案文献遗产保护理论与实践》，武汉大学出版社 2008 年版。

案文献遗产"①。

狭义档案文献遗产，一般而言，是指入选《中国档案文献遗产名录》的档案文献遗产。1992年，联合国教科文组织发起世界记忆工程，提出文献遗产，即手稿、石刻、贝叶经等实物文献，以及口述文献遗产的保护问题。2000年，国家档案局启动"中国档案文献遗产工程"，提出中国档案文献遗产确定、保护、管理和利用工作的系列计划，档案文献遗产就是评定通过的"有特色、有典型意义的，同时又是最急需抢救"的国家级档案文献，其中具有国际级文化价值的会向联合国教科文组织申报《世界记忆名录》②。

随着"档案文献遗产"概念的提出，学界对少数民族档案文献遗产定义也进行了探讨。2013年，仝艳锋在《民族档案文献遗产保护研究：以云南为例》中提出，"民族档案文献遗产是指少数民族本身，及其有关机构和个人在社会活动中形成的，由不同形式载体材料和记录内容构成的，以不同类型记录符号表现出来的，记载着云南省少数民族多样文化和历史的原始记录总和"③。这一概念实质上是少数民族档案的实践化界定，不足之处是未将少数民族文化遗产建档这一内涵明确化。其贡献是明确了少数民族档案文献遗产的范围类型，为开展其抢救工作提供了理论依据。

其后，华林教授在探讨少数民族历史档案、少数民族档案等内涵外延的基础上，撰写了一系列学术论文，对民族档案文献遗产进行研究。如从西部民族原生档案的视角提出，"西部民族档案文献遗产是指建国前，各个民族地方政权、土官和绅民等在社会历史发展过程中直接形成的，反映民族政治、历史、经济、军事、科技、文化等方面情况，具有参考凭证作用的各种文字、图画、口碑等不同形式的历史记录。"④ "建国

---

① 彭远明：《中国档案文献遗产及其历史文化价值研究》，《新上海档案》2006年第11期。
② 朱伶杰、陈智兵、袁晓智：《档案文献遗产保护实践探析》，《兰台世界》2015年第17期。
③ 仝艳锋：《民族档案文献遗产保护研究：以云南为例》，山东大学出版社2013年版，第27页。
④ 华林、姬兴江等：《文化遗产框架下的西部散存民族档案文献遗产保护研究》，《档案学通讯》2013年第3期。

前西部各个少数民族在社会历史发展过程中直接形成的，记录和反映少数民族政治、历史、经济、军事、天文、历法、医药、教育、文艺、哲学、伦理、宗教和民俗等方面情况，具有保存价值的各种文字、图画、声像等不同形式的历史纪录"①。上述概念的界定仅局限于少数民族自身产生的档案文献遗产，即少数民族原生档案文献遗产，尚未涵盖其他涉及民族问题的少数档案文献遗产。

本书研究的核心对象是西部民族档案文献遗产，特指西部少数民族档案文献遗产，其概念从广义而言和档案文献遗产大体相同，有两点需要厘清：其一，本书研究对象是少数民族档案文献遗产，具体而言，是指记录与反映少数民族政治、历史、经济、军事、天文、历法、医药、教育、文艺、哲学、伦理、宗教和民俗等方面情况的档案文献遗产。其二，研究的范围包括少数民族原生档案文献遗产，也就是少数民族自身产生的档案文献遗产；以及各个历史时期的国家机构、社会组织和个人等产生形成的，涉及民族问题的少数民族档案文献遗产。本书探讨的是广义西部少数民族档案文献遗产。具体而言，西部民族档案文献遗产（简称"西部民族档案文献"）的定义可表述为：

西部少数民族以及各个历史时期的国家机构、社会组织和个人等，在社会历史发展过程中直接形成的，记录和反映少数民族政治、历史、经济、军事、天文、历法、医药、教育、文艺、哲学、伦理、宗教和民俗等方面情况，具有保存价值的各种文字、图画、声像和口碑等不同形式的历史记录。

这一定义的理论界定包括如下内容：

1. 西部民族档案文献具有形成主体的多元性。具体而言，西部民族档案文献的形成者一是少数民族地方政权机构，以及少数民族土司、土官、贵族、喇嘛、佛爷、毕摩、东巴、道公、民间艺人和民族群众等②，他们所形成的档案文献可称为"少数民族原生档案文献"；二是各个历史时期的国家机构、社会组织和个人等产生形成的，涉及民族问题的少数

---

① 华林：《西部散存民族档案文献遗产集中保护研究》，中国社会科学出版社2017年版，第11页。

② 刘为、朱天梅：《少数民族档案文献遗产传承保护研究》，《云南档案》2016年第8期。

民族档案文献。

2. 西部民族档案文献具有产生形成的原始性。西部民族档案文献是"直接形成的",因此,它具有较强的档案原始性,能如实反映西部少数民族社会历史发展的真实面貌。这一特点决定了西部民族档案文献和一般少数民族史料相区别,因而在档案文献的真实可靠性方面更具有权威性。

3. 西部民族档案文献具有内容载录的丰富性。西部民族档案文献真实地记录与反映了西部各个少数民族政治、历史、经济、军事、天文、历法、医药、教育、文艺、哲学、伦理、宗教和民俗等方面社会历史情况,内容涉及西部少数民族社会历史发展的各个领域,以其可靠的参考凭证作用而具有更高的档案史料查考和发掘利用价值。

4. 西部民族档案文献具有载体类型的多样性。西部民族档案文献以文字、图画、声像和口碑等不同信息记录形式载录其历史文化内容,因此,档案文献类型极为丰富。如按其现存方式可分为古籍、文书、印章、碑刻、摩崖、石经墙、石经片、石经墩、金文、竹简、木刻、贝叶、骨文、皮书、布书、瓦书、陶书等类型。此外,还包括建档性非遗档案文献遗产、物质档案文献遗产等。

以上论述全面厘清了西部民族档案文献的本质特征和外延范围,明确了本书的研究对象,为在民族记忆传承视域下,更好地研究西部国家综合档案馆民族档案文献资源共建问题奠定了理论基础。

二 西部民族档案文献遗产资源定义

(一) 档案资源及其相关表述阐释

1. 国家档案资源。国家档案资源是指过去和现在的国家机构、社会组织和个人,在社会活动中形成的,对国家和社会有保存价值的档案总和[①]。国家档案资源建设有广义和狭义之分:广义国家档案资源建设是以建立档案资源体系为目的,"依据国家有关档案法律法规开展的档案积累、移交、接收、整理、档案资源开发利用等一系列档案

---

① 戴志强:《国家档案资源整合的涵义及其运作机制探讨》,《档案学通讯》2003年第2期。

工作"①；狭义的则是指国家档案资源的形成、收集和整合过程。在工作实践中的档案资源建设，主要是以后者为主，并不包括档案资源的开发利用②。傅华认为，"国家档案资源就是需要由国家管理的全部档案资源。国家档案资源建设指的则是国家档案资源的形成、收集和加工、整合的过程。在这一过程中，档案能否产生主要取决于人们社会实践的需要"③。黄存勋提出，国家档案资源是"在一个国家范围内，过去、现在和将来，所有组织（含国家机构和其他社会组织）和个人形成的，对国家和社会有保存价值的档案总和"④。

2. 档案信息资源。早在20世纪80年代中期，"档案信息资源"就开始在档案学界出现。1984年，邓小平同志为《经济参考报》题词"开发信息资源，服务四化建设"。1985年初，中共中央、国务院提出"大力开发档案信息资源"的方针，揭开了档案界对"档案信息资源"研究的序幕。讨论的主要问题是档案信息的性质、特点，以及如何采取有效手段，大力开发利用记载在档案实体上的档案信息，为社会主义各项建设事业提供服务⑤。自2003年起，我国档案学界开始关注档案信息资源整合问题。2005年后，较多研究者将档案信息资源整合置于网络环境下予以探究⑥。2009年，时任国家档案局局长杨冬权在全国档案工作会议上指出："要突破档案资源建设传统模式，从实际出发，采用现代化手段，对档案实体或档案信息进行科学整合，包括整合同一地区内不同档案机构的档案资源，整合同一系统、不同地区档案机构的档案资源，整合不同系统、不同地区档案机构的档案资源，促进档案资源配置更加科学合理，为全面实现档案资源社会共享奠定基础，创造条件。"⑦为实现档案信息资源的社会共享，"必须对国家或地区的档案实体实施全方位的采集、组织、

---

① 毛福民：《以"三个代表"为指导全面加强国家档案资源建设》，《中国档案》2002年第2期。
② 陈姝：《国家档案资源建设的途径、问题与策略》，《北京档案》2011年第6期。
③ 傅华、冯惠玲：《国家档案资源建设研究》，《档案学通讯》2005年第5期。
④ 黄存勋：《论国家档案资源建设的理念与体制创新》，《档案学通讯》2004年第2期。
⑤ 严永官：《档案资源建设中几个概念分析及其完善建议》，《档案管理》2014年第1期。
⑥ 余厚洪：《2003—2011年我国档案信息资源整合研究综述》，《档案管理》2012年第1期。
⑦ 杨冬权：《在2009年全国档案工作会议上的讲话》，《中国档案》2010年第1期。

加工、管理，从而把握国家档案信息资源的整体布局"①。

3. 馆藏档案资源。馆藏档案资源的表述首先是相关工作提出的建设要求。如国家档案局在2008年2月颁布实施的《市、县级国家综合档案馆测评办法》中，对馆藏档案资源建设作了相应的阐述。如在"关于《测评细则》相关条则的解释"中的"基础业务"第八条规定："档案资源整合指城建、土地、规划、公检法等专门档案已按规定接收进馆。"②其次，是国家档案局领导在讲话中的阐释。如2017年12月27日，时任国家档案局局长李明华在全国档案局长馆长会议上的工作报告指出："颁布实施国家档案局令第8、9、10号，进一步明确各级各类档案馆收集档案范围，认真开展文件材料归档范围和档案保管期限表制修订工作，完成29家省级档案馆收集档案范围、各中央和国家机关以及96家中央企业文件材料归档范围和档案保管期限表的审查工作，持续做好档案移交和接收工作。加大专业档案接收进馆力度，丰富了馆藏资源，优化了馆藏结构。"③再次，是相关学者进行的研究。如"门类齐全、结构合理的馆藏应是档案资源建设追求的目标。要达到此目的，一是要加强对档案室的业务指导，从收集归档源头上抓起；二是进一步明确接收范围，扎实做好接收工作，把能够反映立档单位主要职能活动的不同门类和载体形式的档案统统接收进馆"④。

4. 地区档案资源体系。关于"地区档案资源体系"的含义相关学者进行过探讨，如严永官列举《档案法》第八条，中央和县级以上地方各级各类档案馆"是集中管理档案的文化事业机构，负责接收、收集、整理、保管和提供利用各分管范围内的档案"；第十一条"机关、团体、企业事业单位和其他组织必须按照国家规定，定期向档案馆移交档案"等内容，进而提出，"地区档案资源体系"正是基于以上这些法律条文，并根据我国档案工作实行"统一领导、分级管理"的原则，将"对国家和

---

① 余厚洪：《网络环境下档案信息资源整合探究》，《档案管理》2012年第5期。
② 中华人民共和国国家档案局：《国家档案局办公室关于印发〈市、县级国家综合档案馆测评办法〉的通知》，http：//www.xadaj.gov.cn/ywjl/zcfg/gjzc/864.htm，2023年5月27日。
③ 中华人民共和国国家档案局：《在全国档案局长馆长会议上的工作报告》，http：//www.saac.gov.cn/news/2018-01/22/content_219103.htm，2023年5月27日。
④ 周彬、钱昕云：《试论档案资源建设的一般性原则》，《档案与建设》2006年第6期。

社会有保存价值的"那部分档案，按照我国档案工作体制中代行国家保管档案的部门只设置到县级以上各级国家档案馆的实际，将对国家和社会有保存价值的档案全部进入国家档案馆集中长久保存。"地区档案资源体系"的建设，具体有处于"国家档案资源"建设中观层面的县级以上档案局馆组织实施，从而保证"国家档案资源"具有充实的档案资源源头，使"国家档案资源"建设落到了实处①。由于各种原因，还有不少对国家和社会具有保存价值的档案散存在社会上或个人手中，以及保存在图书馆、博物馆、纪念馆中的兼具文物属性的档案等，这些也是档案资源的组成部分。"对于这部分档案资源，要采取有力的监控手段，明确其分布及保管状况；对其中特别珍贵的部分，要积极创造条件，将其纳入国家管理范围内。"②

  档案资源实质上是一种信息，需要借助一定的载体才能被利用。传统档案载体以纸质文件为主，实物档案、声像档案为辅。其后，随着信息技术的高速发展，档案资源的存在形式在保持原有载体形态的基础上，出现了电子档案、数字档案和网络档案等。我国档案管理体制采取集中制的模式，档案资源实行统一领导、分级管理的原则。我国档案资源首先统一保管在各级各类档案馆③；其次，图书馆及博物馆等相关机构所保存的部分具有原始记录性的文物、史料也属于档案资源；再次，由于战争、动乱、抢掠、偷盗、倒卖等历史原因，造成档案流失散存海外，为相关图书馆、博物馆和档案馆等文化机构或个人所收藏，这些档案也是我国档案资源的重要构成部分；最后，民间机构或个人手中散存的，对国家和社会有价值的名人档案、特色档案等都是我国重要的档案资源。档案是承载国家记忆的工具，是国家软实力的重要体现，只要是有关国家历史传承、党和国家发展建设、公民生存依赖的档案资源，无论其存在于何处都是我国不可多得的重要战略资源④。

---

① 严永官：《档案资源建设中几个概念分析及其完善建议》，《档案管理》2014 年第 1 期。
② 毛福民：《以"三个代表"为指导全面加强国家档案资源建设》，《中国档案》2002 年第 2 期。
③ 曹玉：《我国当代社会档案资源分布及管控之道》，《档案学研究》2014 年第 1 期。
④ 曹玉：《我国当代社会档案资源分布及管控之道》，《档案学研究》2014 年第 1 期。

(二) 西部民族档案文献遗产资源

1. 西部民族档案文献遗产资源表述。本书所探讨的西部民族档案文献资源是指国家综合档案馆资源共建涉及的档案文献资源，基于上述认识，民族档案文献资源首先是归属于"国家档案资源"的范畴，也就是"指过去和现在的国家机构、社会组织和个人，在社会活动中形成的对国家和社会有保存价值的档案的总和"[①]。其次，是馆藏资源，也就是国家综合档案馆保存的整合性档案资源。"门类齐全、结构合理的馆藏应是档案资源建设追求的目标[②]。最后，是"地区档案资源"。按照我国档案工作体制中代行国家保管档案的部门只设置到县级以上各级国家档案馆的实际，将对国家和社会有保存价值的档案全部进入国家档案馆集中长久保存[③]。

依据本书研究范围的空间设定，主要探讨西部地区的民族档案文献资源共建问题。基于整合空间的合理性与可操作性，具体探讨西部各个省区国家综合档案馆的民族档案文献资源的共建问题。在厘清基本问题的基础上，本书研究的西部民族档案文献资源概念可归纳为：

西部少数民族，以及各个历史时期的国家机构、社会组织和个人等，在社会历史发展过程中直接形成的，记录和反映少数民族政治、历史、经济、军事、天文、历法、医药、教育、文艺、哲学、伦理、宗教和民俗等方面情况，具有保存价值的各种文字、图画、声像和数码等不同形式的档案资源集合[④]。

2. 西部民族档案文献遗产资源分类。西部民族档案文献种类众多，卷帙浩繁，按不同的分类标准可划分为不同的类型。分类方法如下：

（1）按形成时间分类，将西部民族档案文献按形成时间或收集年度顺序划分为不同的类别，如藏文档案文献按产生时间可划分为：吐蕃藏文档案文献；宋代藏文档案文献；元代藏文档案文献；明代藏文档案文

[①] 毛福民：《以"三个代表"为指导全面加强国家档案资源建设》，《中国档案》2002年第2期。
[②] 周彬、钱昕云：《试论档案资源建设的一般性原则》，《档案与建设》2006年第6期。
[③] 严永官：《档案资源建设中几个概念分析及其完善建议》，《档案管理》2014年第1期。
[④] 华林：《西部散存民族档案文献遗产集中保护研究》，中国社会科学出版社2017年版，第11页。

献；清代藏文档案文献和民国时期藏文档案文献等。年度分类法则将西部少数民族档案文献按档案形成或收集年度划分为不同的年度类别。

（2）按记录符号分类，将西部民族档案文献按记录符号划分为原始性记录档案、口碑记录档案、文字记录档案（包括少数民族文字和汉文等）、图画记录档案、声像记录档案等。

（3）按载体材料分类，将西部民族档案文献按载体形式划分为石刻档案、摩崖档案、金属档案、竹木档案、布帛档案、羊皮档案、兽骨档案、陶片档案、贝叶档案、纸质档案、照片档案和口碑档案等。

（4）按写入方式分类，按写入方式，将西部民族档案文献划分为手写档案、刻录档案、印刷档案、录音档案和摄影档案等。

（5）按内容性质分类，把西部民族档案文献按主题内容划分为政治、历史、经济、军事、科技、文艺、哲学、伦理、宗教和民俗等类别。

（6）按文件名称分类，将西部民族档案文献按文件名称划分为诏、诰、谕、题、奏、疏、法规、令、条例、公约、呈文、书、移、咨、信、账簿、契约、家谱、盟约、碑文、金文、印章、照片等。

（7）按民族不同分类，即按民族划分西部民族档案文献，如维吾尔族档案文献、蒙古族档案文献、藏族档案文献、傣族档案文献、彝族档案文献和纳西族档案文献等。

（8）按档案形式分类，西部民族档案文献在产生过程中，都以一定的遗存形式进行传承，按档案遗存类型分类，就是把现存西部民族档案文献，按其档案遗存形式划分为古籍、文书、石刻、印章、金文等类型，这种分类法有利于保持档案内部的有机联系。

（9）按档案来源分类，也就是按照西部民族档案文献的来源，将其划分为可移动收集的物质民族档案文献以及建档形成的民族档案文献等。建档形成的民族档案文献又可划分为不可移动民族物质文化遗产建档档案文献以及非物质文化遗产建档档案文献等。

第二节 西部民族档案文献遗产资源构成

2005年12月，国务院颁布《关于加强文化遗产保护的通知》，将文化遗产界定为三类：一是不可移动物质文化遗产，包括具有历史、艺术和科学价值的文物，主要有古遗址、古墓葬、古建筑、石窟寺、石刻、壁画、近代现代重要史迹及代表性建筑等；二是可移动物质文化遗产，包括历史上各时代的重要实物、艺术品、文献、手稿、图书资料等；三是非物质文化遗产，包括口头传统、传统表演艺术、民俗活动和礼仪与节庆、有关自然界和宇宙的民间传统知识和实践、传统手工艺技能等[①]。民族档案文献是民族文化的承载媒介，为完整保护与传承少数民族文化遗产，以下将民族档案文献按其来源划分为三大类型。

一　西部可移动民族档案文献遗产

这类档案是指少数民族直接形成的，记录在纸质、石质、木质、金属器皿和感光材料等载体上，可收集保存的各种文字、图画和声像等不同形式的历史记录，按其信息载录方式可划分为：

（一）民族原生档案文献遗产

1. 民族原始档案文献遗产。按其信息记录方式可划分为：

（1）符号型民族原始档案文献。这类档案文献是指用某种特殊符号来记录数字、发生的事件等形成的历史记录。其中，最为典型的是结绳记事和刻木为契。西部少数民族产生的最早的档案文献主要有结绳、刻契、编贝、结珠和实物等。如结绳记事就是在绳子上打上大小不一、式样各异的结子，以结子的大小、多少和颜色等来表达不同的含意[②]。从《周易》《庄子》等战国时期学者的著作，以及某些金文的数字字形如打结之绳的文字演变，说明我国历史上确实有过这一时期。刻契记事比结绳更为进步，所谓刻契，即在木片、骨片或玉片上刻上符号用以记事。刻木行为称契，因之，所刻之木称契。

1949年以前，西部有很多少数民族，如独龙族、景颇族、佤族、普米族、拉祜族、瑶族和苗族等都没有本民族古文字，或仅有由外国传教士和本民族知识分子创建的简单拼音文字，这些民族在历史上多使用绳

---

① 中华人民共和国中央人民政府：《国务院关于加强文化遗产保护的通知》，http://www.gov.cn/gongbao/content/2006/content_185117.htm，2023年5月27日。

② 李佳妍、胡莹：《云南大理白族绘画档案遗产保护研究》，《档案与建设》2013年第4期。

结，或用刀子在木片、竹片、骨片上刻出长短、粗细、大小、深浅和形状不同的符号帮助记忆、传达信息，从而形成了具有档案文献性质的结绳刻木。如景颇族出远门必佩长刀，他们利用刀柄上的穗子打结，以记行程。普米族有紧急事情要通知亲友时，便用羊毛搓成一根细毛绳，两端打结并拴上木炭、鸡毛、辣椒，每一亲友收到后都在上面打一个结，表示已经知道，并会如约前往。哈尼族过去在买卖土地时，用两根同样长短的打结麻绳作"账目"，每结代表一两银子，结与结之间距离相等，如最后两绳结间的距离只有以上各结间的一半，则表示半两。两根绳按田价打好后，买卖双方各执一根。云南省博物馆就珍藏有这样的一对麻绳，绳很细，长约 68 厘米，每根绳上都打着距离相同的九个结。至于刻木的用途更为广泛，过去佤族多用于记日子和账目；哈尼族用于作为借贷、婚姻典当的契约；景颇族用于记载重大事件；苗族用于记录歌词；独龙族用于传递信息等①。

（2）实物型民族原始档案文献。实物型民族原始档案文献是指用可数的实物记事、记数或计日等。西部少数民族记事使用的实物多为随手可得之物，如石头、木片、竹片、禾杆、草棒乃至羊屎粒等，如送辣子表示气愤，送鸡毛表示紧急，送芭蕉则表示友好等，使用范围十分广泛②。

2. 民族文字档案文献遗产。西部少数民族历史悠久，许多民族在历史上不仅创造了古朴博大的民族文化，还创制出古老的民族文字。迄今为止，我国古代各民族在历史上形成使用的各种类型的民族文字有 30 余种，按其形式可划分为 4 种类型：（1）象形文字，有纳西族东巴文，四川尔苏人（旧称西番人）的尔苏沙巴文等；（2）音节文字，有纳西族哥巴文、彝文等；（3）字母文字，包括音素文字和音节文字的有十余种，其中来源于阿拉美字母体系的有粟特文、回鹘文、回鹘式蒙古文、锡伯文、突厥文等，来源于阿拉伯字母的有察合台文，来源于印度婆罗米字母体系的有焉耆—龟兹文、于阗文、古藏文、八思巴字和 4 种傣文等；（4）属于汉字系统的民族文字，古代有契丹大、小文字，西夏文，沿用

---

① 龚友德：《原始信息文化》，云南人民出版社 1996 年版，第 14—19 页。
② 龚友德：《原始信息文化》，云南人民出版社 1996 年版，第 14—19 页。

到近现代的有水书、白文、方块壮字、侗字、布依字、仡佬字、哈尼字、方块苗文、方块瑶文等①。

西部民族文字档案文献就是指以满文、锡伯文、维吾尔文、蒙古文、藏文、彝文、傣文、东巴文等民族文字产生形成的，记录和反映少数民族政治、历史、经济、军事、科技、文艺、哲学、伦理、宗教和民俗等方面情况的档案文献，其实存形式有古籍、文书、印章、碑刻、摩崖、金文、竹简、木刻、贝叶、骨文、皮书、布书、陶书等类型。这些档案文献内容丰富，是中华民族文化遗产不可或缺的重要组成部分。

得益于得天独厚的历史、民族条件和封闭的地理环境，西部各民族地区保存下来的民族文字档案文献卷帙浩繁。如迄今为止，内蒙古自治区各级地方档案馆收藏有从元代开始，用蒙、满、汉、藏等多种文字形成的少数民族档案文献计 213 万多卷。1984 年，内蒙古自治区档案局（馆）设立蒙文档案部，收集管理蒙文历史档案。目前，已经征集到蒙文历史档案 71000 卷、30 余万件。这些档案文献从顺治元年（1644）至 1949 年，内容涉及军政司法、财政经济、文化教育和民族宗教等，是研究蒙古族社会历史发展情况的珍贵史料②。藏文档案文献仅西藏自治区档案馆珍藏的就有 90 个全宗 300 多万册（份）。国内各地保存下来的东巴经有 2 万余册，流失海外的东巴经约有 2 万多册。国内分布的彝文纸质档案文献现有 5 万余（件）册，另有部分彝文档案文献散失海外。傣文纸质、贝叶档案文献有 8 万余（件）册。回鹘文文献除我国收藏的一部分外，大部分都流失到了国外，主要收藏在德国、法国、日本、英国、美国、土耳其等国的各大图书馆③。近一个世纪以来，各国学者研究、刊布了数以千计的回鹘文文献。今天保存下来的佉卢文献大都是外国殖民者和探险家在新疆发掘和收购所得，且都被携往国外，在国外所藏的文献当中，以斯坦因在新疆德尼雅、安得悦和楼兰遗址所获最为引人注目，

---

① 张公瑾、黄建明：《民族古文献概览》，民族出版社 1997 年版，第 6 页。
② 《内蒙古自治区档案馆蒙古文档案部工作简介》，http://www.archives.nm.cn/information/nmg_dangan44/msg21948222800.html，2023 年 5 月 27 日。
③ 李佳妍、胡莹：《云南大理白族绘画档案遗产保护研究》，《档案与建设》2013 年第 4 期。

这批文献多达757件，已由波义耳、拉普森等合作转写刊布。① 1990年，贵州省三都水族自治县成立水家学会，共征集水书4568册。2003年，为抢救濒临消亡的水书，贵州省荔波县在不到一年的时间内收集到散落民间的水书1511本，这些水书大多保存在档案馆②。

此外，西部遗存的少数民族文字碑刻有数千余方，少数民族文字摩崖有数百处，各种少数民族文字印章有上千枚。这些少数民族档案文献数量丰富，内容涉及少数民族宗教、历史、医药、天文、历算、种植、建筑、工艺、文艺、伦理、哲学、语言文字、军事武术、译著等类别，是研究少数民族社会历史发展情况的重要档案文献，也是极其珍贵的民族历史文化遗产。

3. 民族汉文档案文献遗产。西部民族汉文档案文献是指汉文化传入民族地区后，少数民族地方政权、土司、土官和民族群众等使用汉文形成的档案文献，主要有文书、石刻、金文、印章等类型。

（1）民族汉文文书。民族汉文文书主要类型有：少数民族土司、土官和贵族等写给封建中央政府或地方官吏反映本民族事务的表、奏、疏、移、牒、书等政务文书；少数民族统治者在协助历代封建王朝镇压民族群众反抗或平定民族上层叛乱活动，以及一些民族群众起义政权等形成的军事文书；少数民族经济活动中产生的符、牒、状、帖、榜文、判辞、户籍、账册、手实等经济文书；少数民族土官和历朝开明地方官吏在少数民族地区禁种鸦片产生的禁烟文书；以及各少数民族修撰谱系或处理各种事务形成的谱牒文书和信函文书等。如北京图书馆珍藏有200余件清代武定彝族那氏土司那德洪、那嘉猷、那显宗于顺治、雍正、乾隆、嘉庆、道光、同治年间呈写的禀复呈文稿、民间诉讼状文、具结保证书、土司出征记录、土司衙内行号簿、立嗣承继材料和乡规民约等原始文献，内容涵括政治、军事、经济、司法、袭替、禁烟和民族关系诸多方面，为研究云南土司制度，尤其是彝族土司制度的组织结构、权力运作、公文处理以及对本民族群众进行政治统治、经济剥削等方面的历史情况提

---

① 张公瑾、黄建明：《民族古文献概览》，民族出版社1997年版，第6页。
② 应春华：《濒危水书亟待抢救》，《中国民族报》2003年第8期。

供翔实可靠的档案史料①。

又如，西部少数民族除使用本民族文字载录家谱外，还大量使用汉文记录家世源流，从而产生了丰富的少数民族汉文谱牒文献，著名的少数民族汉文历史谱牒有彝族《云南蒙化左族家谱》《云南武定那氏历代家谱事》《云南南涧罗氏家谱》，傣族《云南盏西土目孟氏家谱》《云南芒市方氏土司家谱》，白族《云南太和段氏族谱》《云南鹤庆永氏族谱》《云南大理史城董氏族谱》，景颇族《云南盏达土司刀思氏家谱》《云南普关阎氏家谱》，纳西族《云南沐氏宦谱》，壮族《广西龙胜龙脊乡廖氏家谱》《广西龙胜龙脊乡萧氏家谱》，苗族《广西龙胜杨氏族谱》等②。这些谱牒文献不仅记录了西部少数民族土司家族的世系源流、功勋业绩、配偶儿女、封地疆域和税赋俸禄等情况，对西部民族地区民族地方政权的典章制度、重大历史事件，与境内外邻近土司的友好或纷争关系也多有述及，其内容涉及少数民族社会历史发展的各个领域，有极高的史料价值③。

（2）民族汉文石刻。西部少数民族在历史上常把本民族发生的重要事件、家世源流、土司业绩等内容以汉文镌刻在石刻上，从而留下了大量的民族汉文石刻档案文献，主要有碑刻和摩崖等类型。其中，碑刻按其用途的不同，可划分为墓碑、寺观碑、建设碑、乡规民约碑、界址碑、宗祠世系碑、诗文碑、纪事碑、教化碑、告示碑、圣旨碑、诉讼碑、卜卦碑、纪念碑和姓名碑等类型。少数民族汉文摩崖较为典型的有记录家族世系的《云南武定军民府彝族土官知府凤（氏）世袭角色》；赞颂个人功勋业绩的《云南楚雄白族护法明公德运碑摩崖》；题记诗文词律的《云南白沙岩脚纳西木氏土司诗文碑摩崖》《广西大新后岩掌形石痕唱和诗摩崖》《广西安德照阳关岩石石刻对联》；记载历史事件的《云南弥勒彝族纪义汉文岩刻》等。西部各少数民族在历史上产生的汉文石刻档案文献

---

① 李佳妍、胡莹：《云南大理白族绘画档案遗产保护研究》，《档案与建设》2013 年第 4 期。
② 李佳妍、胡莹：《云南大理白族绘画档案遗产保护研究》，《档案与建设》2013 年第 4 期。
③ 李佳妍：《云南民族文字档案信息资源建设情况分析及对策》，《兰台世界》2015 年第 8 期。

种类繁多，数量极其丰富①，很多重要的传世少数民族汉文石刻档案文献有待于进一步发掘、整理和利用。

（3）民族汉文印章。西部民族汉文印章是各少数民族地方政权、官吏和民族群众等以汉文刻制而成的在本民族内部使用的一种印信档案，如西藏地方政权民国时期形成的《西藏达赖驻重庆办事处印》《班禅额尔德尼驻京办公处之钤记》，白族大理国地方政权形成的《大理国督爽印》，傣族土司政权和土官自行刻制形成的《车里宣慰使司议事庭印》《文昌嗣禄府印》《刀保图条章》等。

（4）民族汉文金文。金文是镌刻在金属器物之上的文字，其特点是纪实性强，能长久流传于后世。西部民族地区的部分少数民族都形成过汉文金文档案文献，数量较少，因此更显其价值之珍贵。西部现存民族汉文金文档案文献较为典型的有：位于云南省弥渡县太花乡铁柱庙的《南诏铁柱题记》、现存于贵州省大方县文化馆的《明成化钟》、湘西古丈会溪坪土家族首领结盟的《溪州铜柱记》等。

4. 民族图像档案文献遗产。这是指西部各个历史时期的少数民族先民以图像符号形成的，反映少数民族历史、经济、军事、科技、文艺、宗教、民俗等方面内容，具有保存价值的历史记录。西部少数民族图像档案文献种类繁多、年代久远、原始性强，在载录民族文化艺术，保存少数民族历史原貌方面做出了重要贡献②。西部现存图像档案文献主要类型如下：

（1）石刻图像。西部石刻图像档案文献是少数民族镌刻或绘制在石质载体之上的，记录与反映少数民族先民生产生活状况、宗教传说和民间故事的各种绘画。以民族岩画为例，西部民族岩画具有形成年代久远、画点分布广泛、内容涵盖丰富的特点。如新疆岩画主要分布在阿尔泰山、准格尔西部山区、天山南北坡、帕米尔高原、昆仑山和喀喇昆仑山等地，主要反映狩猎、放牧、采集、舞蹈、宗教和战争等内容。在富蕴县喀拉

---

① 李佳妍：《云南民族文字档案信息资源建设情况分析及对策》，《兰台世界》2015 年第 8 期。

② 李佳妍：《云南民族文字档案信息资源建设情况分析及对策》，《兰台世界》2015 年第 8 期。

布勒根乡唐巴勒塔斯村的半山腰山岩上有一洞窟，在洞顶正中赭绘一个氏族印记，在印记右旁上下赭绘两个圆圆的太阳，表明这里的原始居民十分崇拜太阳。在正壁右上方及右壁赭绘两顶尖形萨满帽，表明在母系氏族社会已产生了萨满教。在裕民县巴尔达库尔山岩画中，第 53 幅刻画在一块高 40 厘米、宽 60 厘米、岩晒很深的岩石上，凿刻 4 个人在跳舞。上面一人高 7 厘米、宽 6 厘米，正分开两腿，双手平举。第二排左面一人高 7 厘米、宽 6 厘米，正两脚分开，两手斜向上举；中间一人高 9 厘米、宽 8 厘米，左脚前伸，右腿站立，两手握拳斜向上举；右面一人高 7 厘米、宽 5 厘米，舞蹈姿势同上一人。这些彩绘岩画距今有 5000—10000 年的历史，充分展现了少数民族原始先民在母系氏族社会到父系氏族社会的活动历史画面[①]。

（2）木质图像。一是木牌画。这是西部少数民族在举行驱鬼祭仪时，在木牌上画鬼图、刻写咒语而产生的。云南丽江纳西族在祭祀活动中大量使用木牌画，其中又分为尖头木牌画，主要画护法神、日月星辰、龙王、大鹏、狮子、各种敬神之宝物、神像以及在地狱中的鬼怪精灵；平头木牌画，主要画地狱中的鬼魂和非正常死亡之图像。这些木画对了解各民族原始宗教仪式和宗教艺术具有较高参考价值。二是木器图像。如云南禄劝县民委收藏有一个精工制作的彝文专用木书箱，书箱长 38 厘米、宽 26 厘米、高 27 厘米。书箱正面及两个侧面均有阳刻彝文和图案，正面分列一副彝文对联，左侧图案为一白鹤傲立于蓝天白云下远视波涛滚滚的大海；右侧图案为一雄鹰伫立于古木枝头云端间，对研究古代彝族对鹰、鹤、雁的图腾崇拜有重要价值。三是木壁画。如云南傣族佛寺中遗存有部分木壁画，木壁画直接绘于板壁之上，有的绘在佛龛两侧，以及须弥座背面、经台、隔扇、照壁、门号、回廊、天花板及其他木构件上，系用矿物颜料调和胶水画成。壁画多系佛寺之上层僧侣（如祜巴等）所做，有较高艺术水平。

（3）纸质图像。其类型有：一是古籍插图。这是少数民族在古籍装帧时，为提高书籍的装帧水平，在书中采用了大量的插图而形成的。如云南昆明郊区发现一本彝文古籍《昆明西郊彝族生活图谱》，该书长 21

---

① 苏北海：《新疆岩画》，新疆美术摄影出版社 1994 年版，第 93—105 页。

厘米、宽26厘米，以棉纸为书页。全书尚存61页，除其中有3页受损而外，其他58页每面上的插图都保存得比较完整。这58幅插图配有7000多个彝文、200多个汉字，每页上的插图占三分之一左右，文字部分占三分之二强。这部经典图文并茂，以娴熟的绘画技巧，生动地反映了古代彝族生产生活情景和精神风貌[1]。二是古画册。即以纸质为载体材料，并用手工绘制而成的图画汇集。较为典型的有云南建水民研所搜集到的两本清代彝族《工艺美术图案集》，各收载彝族工艺图案、绘画55幅[2]。图案色彩丰富，构思独特，极富民族特色。云南丽江东巴文化研究所珍藏有全本东巴跳祭舞的舞谱和画册，如舞谱《嗟模》描绘了动物舞、工匠舞、神舞、灯舞、花舞和法杖舞等40多种不同的舞蹈。这类舞谱还有《跳神规程》《东巴跳舞规程》等。画册则有《鬼牌画册》《佛卷》等，常用于各种东巴祭祀仪式中[3]。

（4）金属图像。金属器皿画是指刻绘在金属材料或金属器皿之上的图像历史记录。如1956年在晋宁石寨山13号墓中出土了一件刻有图形的铜片，被人们称作是典型的"刻铜记事"。在长42厘米、宽12.5厘米、厚0.1厘米的铜片上，用线条分为4格，每格中刻不同图像，有正在梳辫子的奴隶，有带枷、带铐的下跪人像、人头；有孔雀、牛、马、羊、豹、虎头；有玉镯、箭箙、牛角杯、蓝形物以及梭、织机、腰带等物品等，共计十余种图像。这些刻有鸟兽牛马、人头奴隶、纺织工具的特征形象很可能是一种表形、表意的图画文字，与古代的象形文字有不少相似之处。从内容上看，似为白族先民"滇僰"对他们的财产进行登记的清单。此铜片在各种物品的下面或旁边还刻有圆圈、短横线、贝壳样符号注明数量。一个符号代表一个数量单位，图形上有多少个符号，就代表主人占有多少符号单位数量的奴隶、玉璧、牛、马、羊、海贝及器物，这已

---

[1] 李佳妍：《云南白族档案文献遗产散存问题及其解决方案》，《大理学院学报》2015年第5期。
[2] 谭莉莉：《承载云南少数民族传统文化的少数民族历史档案类别研究》，《西南古籍研究》2010年第0期。
[3] 李佳妍、胡莹：《云南大理白族绘画档案遗产保护研究》，《档案与建设》2013年第4期。

具有表数的性质，是一件难得的记数铜刻。该铜片现藏云南省博物馆①。

（5）历史照片。历史照片是摄影器材传到少数民族地区之后，部分民族土司、上层等，使用摄影器材拍摄形成的照片档案，照片内容多为当地土司及其家人的影像。如云南省梁河县档案馆就保存有南甸刀氏土司家族使用德国制造的相机拍摄的照片60余张，其中有"南甸第28代土司刀龚绶的照片"（5张）、"南甸第27代土司刀定国照片"（3张）、"龚绶和家人的照片"、"龚绶和妻子管杏保的结婚照片"等，这些照片多为硬片（玻璃片），是研究少数民族土司家族历史情况的珍贵档案文献材料。

（二）其他民族档案文献遗产

其他民族档案文献是指各个历史时期的国家机构、社会组织和个人形成的，涉及少数民族问题的档案文献。这些档案文献按其形成时间可划分为1949年以前产生的民族历史档案，以及1949年以后产生的民族档案文献。其中，又以历代封建中央政府、地方官吏等在统治民族地区的过程中形成的官方民族历史档案最为典型，主要有文书、碑刻和印章档案等类型。

1. 官方民族文书。西部官方民族文书是历代封建统治者在治理少数民族地区过程中，为颁布统治政策，传达统治意志而形成的档案文件。官方民族文书有三种行为方式：一是下行文，即历代封建中央政府颁发给地方官吏和少数民族上层的诏、谕、敕、命、诰文书；二是上行文，指地方官吏写给封建中央政府的奏、疏、题、表文书；三是平行文，指地方官吏写给少数民族上层或地方官吏之间相互往来的牒、书、移、申文书等。官方民族文书档案的内容极为丰富，涉及历代封建王朝对少数民族地区统治的政治、经济、军事、文化、交通等各个领域。主要类型有：其一，统治政策文书。这是历代封建中央政府在统治少数民族地区的历史过程中形成的政策、方略性文书档案。如四川省档案馆保存的清乾隆四年（1739）十一月十八日《建昌道关于各地土司不宜设立"主文"职务牌文》、咸丰六年（1856）八月二十六日《冕宁县关于晓谕各处居民组织团练堵截野夷滋扰告示》、光绪五年（1879）闰三月《冕宁县

---

① 陈子丹：《云南少数民族金石档案研究》，云南科技出版社2001年版，第42页。

关于各支夷酋子弟赴县上班禀文》等。其二，封授袭替文书。这类文书是历代封建中央政府封赐少数民族贵族为王、侯，或任命少数民族上层为土官时所颁发的凭证性文书。如中国第一历史档案馆保存有道光二十一年（1841）《清宣宗册封十一世达赖喇嘛之金册》、道光二十五年（1845）《清宣宗册封七世班禅之金册》等。其三，经济事务文书。这是历代封建统治者在少数民族地区征收赋税、派遣差役和管理少数民族上层贵族入贡，以及其他经济活动所形成的文书档案。如西藏自治区档案馆保存有明永乐十一年（1413）《成祖回赐大国师果栾罗葛罗监藏巴里藏卜敕谕》、正统七年（1442）《英宗为遣使来贡并回赏事给尚师哈立麻敕谕》、成化二十二年（1486）《宪宗为遣使来贡并回赐事给如来大宝法王等敕谕》等。其四，改土归流文书。这类文书是明清统治者在少数民族地区进行改土归流过程中形成的。如四川档案馆保存有清咸丰三年（1853）《宁远府关于嘘郎土百户沈应泷办案不力降级罚俸札文》、同治元年（1862）十二月二十三日《宁远府关于冕宁县土舍沈应龙父子扰害地方拟查严办札文》等。此外，这类官方文书还有反叛征剿文书、儒学教化文书和交通驿站文书等。

2. 官方民族石刻。历代封建中央王朝和地方官吏在统治经营边疆民族地区的历史过程中，产生了为数众多的官方民族历史石刻档案，其内容涉及少数民族社会历史发展的诸多领域。主要类型如下：

（1）碑刻。官方少数民族历史碑刻是以碑石的形式书史记事形成的一种石刻档案，碑刻因其用途的不同又可分为：墓碑、儒学碑、水利碑、告示碑、戡扶碑、德政碑等类型。

其一，墓碑。我国历代封建王朝中央朝官和地方官吏死后都有刻碑立传的习俗，部分墓碑铭文除记述死者的家世源流和功勋事迹外，还载录了许多少数民族地区社会历史发展情况方面的重要内容。如云南省曲靖市三宝区雷家庄立于明正统元年（1436）的《大明昭信校慰百户雷云碑》、镇雄县板桥镇明代的《督统明德郎朝阳碑》、师宗县竹篾乡宗甲村清道光十七年（1837）的《李璜神道碑》等。其二，儒学碑。儒学碑是地方官吏在各地设立学校，传播儒学而建立的。如广西南宁地区扶绥县立于明万历年间的《重修新宁州儒学记》和《重修新宁州文庙碑记》、立于清雍正八年（1730）《永康州重修明伦堂碑记》、乾隆三十三年

（1768）《修建永康州学校碑记》等。其三，水利碑。这是历代地方官吏在组织各民族群众进行兴修水利、保护水源等活动中形成的碑刻。如云南保山城龙泉寺立于明隆庆五年（1571）的《重修九龙池沟道记碑》、广西壮族自治区大兴县立于明天启四年（1625）的《左州养利州奉断在太平筑坝灌田碑》、贵州瓮安县银盏乡建于宣统三年（1911）的《贵州省瓮安县银盏乡瓮安河禁渔石刻》等。其四，告示碑。历代封建中央政府和地方官吏在处理各地少数民族事务活动中常以勒石的形式颁布各种告示、律令，从而产生了众多的告示碑，较为典型的有云南省曲靖市文化馆明崇祯二年（1629）的《明察院禁约碑》、丽江县金山乡立于道光十年（1830）的《丽江县正堂关于禁止恶丐横行告示碑》，立于光绪六年年（1880）的《广西巡抚部院严禁土汉官吏藉端需索土民碑》等。其五，戡扶碑。这是历代封建中央王朝对边疆少数民族地区进行征剿、平叛和招抚等军事活动形成的碑刻，这类碑刻保存下来的有云南省建于元成宗大德八年（1304）的《元世祖平云南碑》、四川省凉山美姑县立于明万历十六年（1588）的《骠骑将军杨征伐凉山倮夷碑》、广西龙胜县龙脊大队立于清乾隆五十七年（1792）的《桂林府严禁衙门书差藉端滋扰僮瑶碑》等。其六，德政碑。历史上一些地方官吏由于"政绩卓著"，而为当地绅民"刻石颂功"，从而产生了部分德政碑。如云南建于至元十五年（1278）的《赛平章德政碑》、广西崇左县太平镇立于清同治十年（1871）的《太平府重建府衙碑记》等。

（2）摩崖。历代封建中央政府和地方官吏为宣示功勋、公布禁令或记录重要大事等，常把发生的各种重大事件或重要信息镌刻在岩石上，从而产生了大量的摩崖石刻。较为典型的有《袁滋题名摩崖》，该摩崖位于云南省盐津县豆沙关，镌刻于唐贞元十年（794）。题文记载："大唐贞元十年九月二十日，云南宣慰使内给事俱文珍、判官刘幽岩、小使吐突承璀，持节册南诏使御使中丞袁滋、副使成都少伊庞顾，判官监察御史崔佐时同奉恩命，赴云南册蒙异牟寻为南诏。"题文记录了唐贞元十年唐王朝对南诏异牟寻的册封情况。官方少数民族历史摩崖档案重要的有云南省大关县翠华乡石灰村，滇、川公路左傍30米处一溪流壁间镌刻于清雍正八年（1730）的《灵官崖石刻》，维西县城北维西通判题于雍正八年（1730）的《接官箐摩崖题刻》等；广西壮族自治区桂林市镇南峰镌刻于大宋皇祐五年（1053）的《余靖大宋平蛮碑》，桂林市龙隐洞刻于宋皇祐五年（1053）的《狄青等"平蛮"三将题名》，桂林市七星岩口刻于宋端平三年（1236）的《广西经略安抚焕章赵郎中德政碑》，以及忻城县周安西山石崖明代的《周安西山诗文石刻》等。

3. 官方民族印章。这是历代封建中央政府在民族地区实行"羁縻"政策，封敕少数民族贵族为王、侯，或任命少数民族上层为土官时颁发的具有权威性的权柄信物。较为典型的官方少数民族古印章有《"滇王之印"金印》，1956年云南省晋宁石寨山古墓出土，汉篆方印蛇纽，蛇背有鳞纹，蛇首昂向右上方，印边长2.4厘米、厚0.7厘米、通高2厘米，重90克。《哀牢王章》，孙太初作《云南古官印集释》，录有"哀牢王章"，跋曰："印文曰：'哀牢王章'。桂馥《缪篆分韵》著录，钮制不详。"《华阳国志·南中志·永昌郡》说：永昌郡，古哀牢国。《哀牢王章》当是建武、永平时哀牢王率种人归附，汉朝所赐之印信。《汉叟邑长印》，据《故宫博物院藏古玺印选》载，该印收藏于北京故宫博物院。此印铜质，广六分，正方驼钮，篆书"汉叟邑长"，1936年在昭通渔河边古墓出土，为张希鲁收藏，后捐献给人民政府。此印当为汉王朝颁给滇东北叟族邑长之官印等。

历代封建中央政府封赐给少数民族土官的官印很多，如颁发给藏族上层、土官的有明代《乌思藏宣慰司分司铜印》，藏于布达拉宫；《果累千户象牙印》，藏于罗布林卡寺；《司徒之印》，藏于罗布林卡寺；《赏巴国公之印》，藏于罗布林卡寺；《如来大宝法王之印》，藏于罗布林卡寺；《灌顶国师阐化王印》，藏于布达拉宫；《敕封班臣额尔德尼之印》，清代金印，藏于扎什伦布寺；《慧通禅师之印》，清代银印；民国政府追封十三世达赖喇嘛的玉印《护国弘化普慈圆觉大师达赖喇嘛之印》《护国宣化广慧大师班禅之印》《辅国普化禅师热振呼图克图印》，民国铜印，藏于罗布林卡寺等。颁发给傣族土司的有《车里宣慰司印》《云南思茅厅车里宣慰司之印》《云南思茅厅橄榄坝土把总印》《云南思茅厅车里宣慰司之印》《孟连宣扶司印》《木邦军民宣慰使司铜印》《潞江安抚司铜印》《干崖宣抚司铜印》《盏达副宣抚司铜印》等。颁布给彝族土官的有《贞元册南诏印》《大渡河南山前后都鬼主印》《雍真等处蛮夷官印》《临安府纳楼茶甸世袭九表官普关防》《凉山阿都副长官司之印》《贵州水西安土司官印》等。此外，云南省还发现颁发给哈尼族土司的《建水县溪处土司之印》《石屏县思陀土司之印》，颁发给纳西族的《"宝山州印"铜印》等。

二 西部建档性民族档案文献遗产

（一）少数民族非物质文化遗产建档档案文献

2003年10月，联合国教科文组织大会通过《保护非物质文化遗产公约》，其中，第二条将"非物质文化遗产"界定为"被各群体、团体、有时为个人视为其文化遗产的各种实践、表演、表现形式、知识和技能及其有关的工具、实物、工艺品和文化场所"。要求各缔约国"采取必要措施确保其领土上的非物质文化遗产受到保护"。也就是要"采取措施，确保非物质文化遗产的生命力，包括这种遗产各个方面的确认、立档、研究、保存、保护、宣传、弘扬、承传（主要通过正规和非正规教育）和振兴"[①]。这一国际公约首次提出了对非物质文化遗产的"立档"保护问题。

2005年3月，国务院办公厅颁布《关于加强我国非物质文化遗产保护工作的意见》，其中，第一条将非物质文化遗产表述为，"各族人民世代相承、与群众生活密切相关的各种传统文化表现形式和文化空间"。第三条要求，"要运用文字、录音、录像、数字化多媒体等各种方式，对非物质文化遗产进行真实、系统和全面的记录，建立档案和数据库"[②]。

2005年12月，国务院颁布的《国务院关于加强文化遗产保护的通知》第一条将非物质文化遗产界定为："各种以非物质形态存在的与群众生活密切相关、世代相承的传统文化表现形式，包括口头传统、传统表演艺术、民俗活动和礼仪与节庆、有关自然界和宇宙的民间传统知识和实践、传统手工艺技能等以及与上述传统文化表现形式相关的文化空间。"第四条要求"进一步完善评审标准，严格评审工作，逐步建立国家

---

① 中国人大网：《保护非物质文化遗产公约》，http：//www.npc.gov.cn/wxzl/wxzl/2006 - 05/17/content_ 350157. htm，2019年9月18日。

② 国务院办公厅：《国务院办公厅关于加强我国非物质文化遗产保护工作的意见》，http：//www.gov.cn/zwgk/2005 -08/15/content_ 21681. htm，2010年10月19日。

和省、市、县非物质文化遗产名录体系。对列入非物质文化遗产名录的项目，要制订科学的保护计划，明确有关保护的责任主体，进行有效保护。对列入非物质文化遗产名录的代表性传人，要有计划地提供资助，鼓励和支持其开展传习活动，确保优秀非物质文化遗产的传承"[1]。

2011年6月，国家颁布《中华人民共和国非物质文化遗产法》，其中第二条指出："本法所称非物质文化遗产，是指各族人民世代相传并视为其文化遗产组成部分的各种传统文化表现形式，以及与传统文化表现形式相关的实物和场所。"并将非物质文化遗产归纳为：（1）传统口头文学以及作为其载体的语言；（2）传统美术、书法、音乐、舞蹈、戏剧、曲艺和杂技；（3）传统技艺、医药和历法；（4）传统礼仪、节庆等民俗；（5）传统体育和游艺；（6）其他非物质文化遗产。第三条提出："国家对非物质文化遗产采取认定、记录、建档等措施予以保存，对体现中华民族优秀传统文化，具有历史、文学、艺术、科学价值的非物质文化遗产采取传承、传播等措施予以保护。"[2]

综合上述阐释，少数民族非物质文化遗产建档档案也可称为"少数民族非遗档案文献"，或"少数民族非遗档案"，主要是指相关国家机构、社会组织或个人，依托非遗传承人，采用"文字、录音、录像、数字化多媒体等各种方式"，记录口述历史文化、传统表演艺术、民俗活动和礼仪与节庆，以及传统手工艺技能等非物质文化而形成的档案文献。这一概念的重要内涵如下：

1. 建档主体。我国非遗档案一般是依托非遗保护名录的申报而建立的，从申报单位看，《国家级非物质文化遗产代表作申报评定暂行办法》第八条规定："公民、企事业单位、社会组织等，可向所在行政区域文化行政部门提出非物质文化遗产代表作项目的申请。"第七条规定，申报单位的一项重要职责就是要"用文字、录音、录像、数字化多媒体等手段，对保护对象进行真实、全面、系统的记录，并积极搜集有关实物资料，

---

[1] 国务院办公厅：《国务院办公厅关于加强我国非物质文化遗产保护工作的意见》，http://www.gov.cn/zwgk/2005-08/15/content_21681.htm，2010年10月19日。

[2] 中国人大网：《中华人民共和国非物质文化遗产法》，http://www.npc.gov.cn/npc/c12488/201102/ec8c85a83d9e45a18bcea0ea7d81f0ce.shtml，2019年9月18日。

选定有关机构妥善保存并合理利用"①。《云南省非物质文化遗产保护条例》第六条也规定："县级以上人民政府及其有关部门应当鼓励和支持公民、法人和其他组织参与非物质文化遗产保护工作。"第十一条提出，保护责任单位的职责之一就是"收集该项目的实物、资料，并登记、整理、建立档案"②。在现有体制下，非遗建档主体主要有：政府职能部门、档案馆、博物馆、纪念馆、艺术馆、艺术研究机构、寺庙、民间个人、新闻媒体等③，他们既是少数民族非物质文化遗产建档主体，同时也承担着保护传承的社会职责，是少数民族非遗档案文献遗产开发的主要力量。

2. 建档来源。其一，依托非遗保护名录构建非遗档案。2005年颁布的《国务院办公厅关于加强我国非物质文化遗产保护工作的意见》第三条提出："要通过制定评审标准并经过科学认定，建立国家级和省、市、县级非物质文化遗产代表作名录体系。"④ 目前，西部各省区都分别申报建立国家级、省级、州（市）级和县（市、区）级四个等级保护名录体系，各民族地区文化馆或非遗保护中心等都设立了档案室，管理各级重要非遗保护名录档案。其二，依托非遗普查构建非遗档案。以云南省非遗档案为例，依据2005年《国务院办公厅关于加强我国非物质文化遗产保护工作的意见》和2013年《云南省非物质文化遗产保护条例》提出的"组织开展非物质文化遗产调查、认定、记录并建立档案"⑤精神，云南省对遗存少数民族非物质文化遗产开展调查和信息记录工作，建立了丰富的普查登记档案。如2003年9月，普洱市文化局下发《关于在全区开展民族民间传统文化普查工作的通知》，对全市范围内90余个乡镇的430余个自然村、组进行了摸底调查，采访调查民间艺人和群众3100余人，除登记文字材料外，拍摄录像资料3600分钟，拍摄图片资料2200余张，

---

① 国务院办公厅：《国务院办公厅关于加强我国非物质文化遗产保护工作的意见》，http://www.gov.cn/zwgk/2005-08/15/content_21681.htm, 2010年10月19日。
② 法律图书馆：《云南省非物质文化遗产保护条例》，http://www.law-lib.com/law/law_view.asp?id=424575, 2019年9月19日。
③ 陈祖芬：《非物质文化遗产档案管理主体研究》，《档案学通讯》2012年第2期。
④ 国务院办公厅：《国务院办公厅关于加强我国非物质文化遗产保护工作的意见》，http://www.gov.cn/zwgk/2005-08/15/content_21681.htm, 2010年10月19日。
⑤ 法律图书馆：《云南省非物质文化遗产保护条例》，http://www.law-lib.com/law/law_view.asp?id=424575, 2019年9月19日。

建立了系统的普洱市少数民族非遗普查档案①。

3. 建档范围。在非遗档案建设方面,《人类口头和非物质遗产代表作申报书编写指南》《国家级非物质文化遗产代表性传承人抢救性记录工作规范（试行稿）》等都提供了相应的建档标准。依据2015年4月发布的《国家级非物质文化遗产代表性传承人抢救性记录工作规范（试行稿）》，非遗建档范围主要包括三个方面：一是传承人口述，包括对传承人口述进行科学记录，对传承人的师傅、徒弟、家人、同事、研究者、受众等进行访谈，重点关注传承人的人生经历、个人风格特色、技巧经验及其背后的民俗背景、文化生态、文化记忆等。二是传承人项目实践，这一部分主要采集传承人的项目实践活动，包括时间、地点、场地、环境、过程、受众等，以及传承人的项目实践能力，包括传承人的技艺绝活、经验思想、风格特征、代表作品等。三是传承人传承教学，该部分记录传承人以口传、项目实践演示、现场指导的方式，教授徒弟、学生的完整过程。如以某一个故事、一出戏、一套舞蹈、一个作品的制作流程等为例，展示项目传授、学习及其实践的全过程②。为此，建议依据这些标准，开展少数民族非遗建档工作，以满足其保护、传承与发掘利用的资源建设深度需求。

（二）不可移动民族物质文化遗产建档档案文献

2005年12月，国务院颁布的《国务院关于加强文化遗产保护的通知》将物质文化遗产界定为："具有历史、艺术和科学价值的文物，包括古遗址、古墓葬、古建筑、石窟寺、石刻、壁画、近代现代重要史迹及代表性建筑等不可移动文物，历史上各时代的重要实物、艺术品、文献、手稿、图书资料等可移动文物；以及在建筑式样、分布均匀或与环境景色结合方面具有突出普遍价值的历史文化名城（街区、村镇）。"并提出了"在城镇化过程中，要切实保护好历史文化环境，把保护优秀的乡土建筑等文化遗产作为城镇化发展战略的重要内容，把历史名城（街区、

---

① 资料来源于课题组调研材料。
② 中国非物质文化遗产网：《文化部关于开展国家级非物质文化遗产代表性传承人抢救性记录工作的通知》，https：//www.ihchina.cn/project_details/8892/，2019年9月19日。

村镇）保护规划纳入城乡规划"①。

1. 不可移动民族物质文化遗产建档保护对象。依据《国务院关于加强文化遗产保护的通知》，不可移动民族物质文化遗产建档保护对象主要是古遗址、古墓葬、古建筑，以及历史文化名城等少数民族物质文化遗产。不可移动民族物质文化遗产建档保护具体类型，按其存在空间大小可分为：

（1）具有历史、艺术和科学价值石刻、壁画、近代现代重要史迹；

（2）具有历史、艺术和科学价值古遗址、古墓葬、古建筑、石窟寺等；

（3）在建筑式样或与环境景色结合等方面具有突出价值的历史文化名城、街区或村镇等。

这类少数民族文化遗产最主要的特点是不可移动性，只能采用普查登记，文字记录、拍摄、录制或多媒体等方式，对其进行再生性建档保护。其建档保护的特点是成本不高，档案部门可加强和博物馆等机构的合作，协同完成这一建档保护工作。

2. 不可移动民族物质文化遗产建档保护内容。不可移动少数民族物质文化遗产主要有古遗址、古墓葬、古建筑等类型，鉴于这类文化遗产的不可移动性与大型性，其建档保护方式有二：

（1）普查登记。普查登记的目的是了解本地区不可移动民族物质文化遗产的分布保存状况，登记项目包括遗产名称、分布地点、形成时间（时期）、形制样式、遗产简介、保护状况等。这项工作的开展应和文物部门紧密配合，参与文物普查工作，利用文物部门的普查数据、资料进行建档登记，并对部分未普查的进行补充调查与登记。

（2）资源建设。普查登记是对本地区现存不可移动民族物质文化遗产做面上了解，资源建设则是采用文字、拍摄、录制或数字化等方式，对本地区遗存的不可移动民族物质文化遗产，依据档案部门的技术能力，或全部，或选取具有特色的不可移动民族物质文化遗产开展资源建设工作，其特点是依托现代声像技术和多媒体技术，以数字化资源建设为主，

---

① 中华人民共和国中央人民政府：《国务院关于加强文化遗产保护的通知》，http：//www.gov.cn/gongbao/content/2006/content_ 185117.htm，2019年9月19日。

展现本地区不可移动民族物质文化遗产的面貌与特色,并以此为契机,对其进行开发、宣传和利用。其资源建设还应与文物部门合作,尽量使用文物部门所形成的相关资源,以避免重复建设,节约档案部门资源建设成本。

第三章

西部国家综合档案馆民族档案文献遗产资源共建优势与问题

第一节 西部国家综合档案馆民族档案文献遗产资源共建优势

西部国家综合档案馆民族档案文献遗产资源共建，就是依托国家综合档案馆，以共建共享为建设理念，将散存在图书馆、博物馆、民委古籍办、民语委、社科院、文化馆、非物质文化遗产保护中心、史志办、方志办和出版社等保存的珍贵民族档案文献，通过实体资源外围建设，以及数字资源整合集中的方式，开展资源体系化共建工作，以形成资源优势，实现档案文献资源完整构建、保护与开发利用。共建优势如下：

一 政策法规优势

（一）文化遗产保护抢救政策法规

1972年，联合国教科文组织发起世界遗产项目，提出自然遗产和文化遗产的保护问题。1992年，联合国教科文组织发起了世界记忆工程，提出文献遗产，即手稿、石刻、贝叶经等实物文献，以及口述文献遗产的保护问题。2003年10月，联合国教科文组织大会通过了《保护非物质文化遗产公约》。为做好各民族文化遗产抢救工作，履行我国加入联合国教科文组织《保护非物质文化遗产公约》的义务，党和国家都从不同部门视角，制定了文化遗产长期保护政策，开展民族档案文献保护工作。

如2005年12月，国务院颁布的《关于加强文化遗产保护的通知》

指出：" 文化遗产是不可再生的珍贵资源。地方各级人民政府和有关部门要从对国家和历史负责的高度，切实做好文化遗产保护工作。"[1] 2005 年 3 月，国务院发布的《关于加强我国非物质文化遗产保护工作的意见》提出："逐步建立起比较完备的、有中国特色的非物质文化遗产保护制度，使我国珍贵、濒危并具有历史、文化和科学价值的非物质文化遗产得到有效保护，并得以传承和发扬。"[2] 2009 年 7 月，《国务院关于进一步繁荣发展少数民族文化事业的若干意见》提出："开展少数民族文化遗产调查登记工作，对濒危少数民族重要文化遗产进行抢救性保护。加大现代科技手段运用力度，加快少数民族文化资源数字化建设进程。"[3] 2011 年 6 月施行的《中华人民共和国非物质文化遗产法》第三条规定："国家对非物质文化遗产采取认定、记录、建档等措施予以保存，对体现中华民族优秀传统文化，具有历史、文学、艺术、科学价值的非物质文化遗产采取传承、传播等措施予以保护。"[4] 2012 年 11 月，党的十八大报告提出，"建设优秀传统文化传承体系，弘扬中华优秀传统文化"[5]。2017 年 1 月，中共中央办公厅、国务院办公厅印发的《关于实施中华优秀传统文化传承发展工程的意见》强调，要 "开展少数民族特色文化保护工作，加强少数民族语言文字和经典文献的保护和传播，做好少数民族经典文献和汉族经典文献互译出版工作"[6]。2017 年 10 月，党的十九大报告指出："文化是一个国家、一个民族的灵魂。文化兴国运兴，

---

[1] 国务院：《国务院关于加强文化遗产保护的通知》，中国政府网，2008 年 3 月 28 日，https：//www.gov.cn/zhengce/content/2008 - 03/28/content_ 5926. htm？trs =1，2023 年 5 月 27 日。

[2] 国务院办公厅：《国务院办公厅关于加强我国非物质文化遗产保护工作的意见》，中国政府网，2005 年 3 月 26 日，https：//www.gov.cn/gongbao/content/2005/content_ 63227. htm，2023 年 5 月 27 日。

[3] 国务院：《国务院关于进一步繁荣发展少数民族文化事业的若干意见》，国家民委政府网，2016 年 8 月 11 日，https：//www.neac.gov.cn/seac/c100640/201205/1096353. shtml，2023 年 5 月 27 日。

[4] 全国人民代表大会：《中华人民共和国非物质文化遗产法》，全国人大网，2011 年 2 月 25 日，http：//www.npc.gov.cn/npc/c12488/201102/ec8c85a83d9e45a18bcea0ea7d81f0ce. shtml，2023 年 5 月 27 日。

[5] 人民日报：《人民日报全文刊发胡锦涛十八大报告》，央视网，2021 年 11 月 18 日，http：//news.cntv.cn/18da/20121118/100674_ 2. shtml，2023 年 5 月 27 日。

[6] 新华社：《关于实施中华优秀传统文化传承发展工程的意见》，中国政府网，2017 年 1 月 15 日，https：//www.gov.cn/zhengce/2017 - 01/25/content_ 5163472. htm，2023 年 5 月 27 日。

文化强民族强。"① 进而提出"加强文物保护利用和文化遗产保护传承"的重要精神。

西部国家综合档案馆民族档案文献资源共建工作就是要贯彻落实党和国家文化遗产保护方针政策，在少数民族文化遗产统一抢救框架下，整合档案馆、图书馆、博物馆、民委古籍办、民族研究所，以及文化馆和非遗保护中心的力量，以资源外围建设、数字化信息资源整合集中等方式，保护西部散存民族档案文献，更好地抢救、传承与发掘这一珍贵民族文化遗产。

（二）文化资源共建共享政策法规

2002年，文化部、财政部开始启动"全国文化信息资源共享工程"项目，该项目利用现代高新技术，将文化信息资源进行数字化加工整合，建立网上中华文化资源库，从而实现中华文化在全国范围内共享②。其后，国务院、文化部、档案局等相关机构，制定颁发了一系列政策法规，从不同部门的视域，开展文化信息资源共建共享工作。

如2011年11月，文化部、财政部下发的《关于进一步加强公共数字文化建设的指导意见》提出，整合公共文化服务资源，创新公共文化服务手段，提高公共文化服务水平，完善公共文化服务体系③。2016年12月，国务院下发《关于印发"十三五"国家信息化规划的通知》，颁布《"十三五"国家信息化规划》。《规划》提出，打破信息壁垒和孤岛，实现各部门业务系统互联互通和信息跨部门跨层级共享共用，基本建立公共数据资源开放共享体系④。2016年7月，中共中央办公厅、国务院办

---

① 中共中央党校：《习近平决胜全面建成小康社会 夺取新时代中国特色社会主义伟大胜利——在中国共产党第十九次全国代表大会上的报告》，新华网，2017年10月29日，https：//www.ccps.gov.cn/xxsxk/zyls/201812/t20181216_125667.shtml，2023年5月27日。

② 刘小瑛：《我国图书馆、档案馆、博物馆数字资源整合面临的主要问题及应对策略》，《图书馆学研究》2014年第4期。

③ 中华人民共和国财政部：《关于进一步加强公共数字文化建设的指导意见》，国家财政部官网，2011年12月9日，http：//www.mof.gov.cn/zhengwuxinxi/zhengcefabu/201112/t20111209_614350.htm，2023年5月27日。

④ 新华社：《国务院关于印发"十三五"国家信息化规划的通知》，中国政府网，2016年12月27日，https：//www.gov.cn/xinwen/2016-12/27/content_5153558.htm，2023年5月27日。

公厅印发的《国家信息化发展战略纲要》提出，推动重点信息资源国家统筹规划和分类管理，完善基础信息资源动态更新和共享应用机制，构建统一规范、互联互通、安全可控的国家数据开放体系，积极稳妥地推进公共信息资源开放共享[1]。为贯彻落实国务院下发的《关于印发"十三五"国家信息化规划的通知》和中共中央办公厅、国务院办公厅印发的《国家信息化发展战略纲要》等信息化建设精神，推进档案文献信息资源共建共享工作的开展，2016年4月，国家档案局印发的《全国档案事业发展"十三五"规划纲要》提出了"档案信息整合共享程度明显提升""创新档案信息化管理模式，加快与信息社会融合"等发展目标[2]。2017年12月，李明华在全国档案局长馆长会议上的工作报告中强调，各级档案部门要把"抓整合、促共享"作为今后一段时期档案信息化建设的重要目标和基本要求；要逐步实现档案部门与其他部门之间的互联互通，逐步实现由政务信息的互通到业务数据的互通再到档案数据的互通；要充分考虑并认真落实信息系统整合和资源共享的要求。[3] 2020年6月20日修订通过《档案法》第四十一条规定："国家推进档案信息资源共享服务平台建设，推动档案数字资源跨区域、跨部门共享利用。"[4] 2021年6月，中共中央办公厅、国务院办公厅印发《"十四五"全国档案事业发展规划》提出，"各省（自治区、直辖市）综合档案馆加强本区域档案信息资源共享平台建设，实现本区域各级综合档案馆互联互通，推动共享平台向机关等单位延伸，促进档案信息资源馆际、馆室共建互通，推进档

---

[1] 新华社：《中共中央办公厅 国务院办公厅印发〈国家信息化发展战略纲要〉》，中国政府网，2016年7月27日，https://www.gov.cn/xinwen/2016-07/27/content_5095297.htm，2023年5月27日。

[2] 国家档案局：《国家档案局印发〈全国档案事业发展"十三五"规划纲要〉》，中华人民共和国国家档案局官网，2016年4月7日，https://www.saac.gov.cn/daj/xxgk/201604/4596bddd364641129d7c878a80d0f800.shtml，2023年5月27日。

[3] 国家档案局：《李明华在全国档案局长馆长会议上的工作报告》，中华人民共和国国家档案局官网，2017年1月3日，https://www.saac.gov.cn/daj/yaow/201701/de94a148a4c847f183e91867a6589f5c.shtml，2023年5月27日。

[4] 国务院办公厅：《中华人民共和国档案法》，中国政府网，2020年6月21日，https://www.gov.cn/xinwen/2020-06/21/content_5520875.htm，2023年5月27日。

案信息资源跨层级跨部门共享利用"①。

西部民族档案文献资源共建工作，从性质上看，是国家文化信息资源共建共享的一项基础工作，国务院下发的《关于印发"十三五"国家信息化规划的通知》、中共中央办公厅、国务院办公厅印发的《国家信息化发展战略纲要》，以及国家档案局发布的《全国档案事业发展"十四五"规划纲要》等信息化建设精神，对推进这一档案文献信息资源共建工作的发展有政策法规保障作用。

二 基础工作优势

以国家综合档案馆为核心，以相关收藏机构为外围建设单位，共同开展民族档案文献资源共建工作，有其资源储备、前期整理和数字资源建设等基础工作优势，这一优势表现在以下方面：

（一）实体资源储备

就西部民族档案文献资源建设情况而言，档案馆、图书馆、博物馆、民委古籍办、民族研究所，文化馆或非遗保护中心等，都以档案、古籍、文物等形式，征集到丰富的民族档案文献，为西部国家综合档案馆开展民族档案文献遗产资源整合共建工作提供了资源筹备基础。

以蒙古文档案文献为例，内蒙古各级党委和政府长期重视蒙古文文献抢救工作，始自20世纪80年代，投入大量人力和财力，抢救了众多的蒙古文档案文献。在档案馆系统，内蒙古蒙古文文书主要保存在自治区档案馆、阿拉善左旗档案馆、鄂尔多斯市档案馆、土默特左旗档案馆、突泉县档案馆、莫力达瓦达斡尔族自治旗档案馆、呼伦贝尔市档案馆等。据不完全统计，全国保存的蒙古族文书档案约有20万卷、100万件②。在图书馆系统，内蒙古自治区社科院图书馆、内蒙古图书馆、内蒙古师范大学图书馆、内蒙古大学图书馆、内蒙古民族大学图书馆等都珍藏有丰富的蒙古文文献。如内蒙古大学图书馆收藏蒙古文古籍1542种，其中，

---

① 中央办公厅、国务院办公厅：《"十四五"全国档案事业发展规划》，中华人民共和国国家档案局官网，2021年6月8日，https://www.saac.gov.cn/daj/yaow/202106/899650c1b1ec4c0e9ad3c2ca7310eca4.shtml，2023年5月27日。

② 国家民委全国少数民族古籍整理研究室：《中国少数民族古籍总目提要·蒙古族卷》，中国大百科全书出版社2013年版。

经卷 500 多种、线装书 200 多种、非图书资料 800 多种、档案与金石拓片 80 多种。馆藏特别珍贵的古籍文献有：清代的北京朱字木刻版御制蒙古文《甘珠尔》（108 部，全）；托忒蒙古文清代竹笔抄本《西游记》；西欧各国所藏蒙古文古籍缩微品 816 件；以及从内蒙古自治区乌兰察布市发现和购进的 211 种蒙古文古籍等①。此外，内蒙古自治区博物院珍藏有蒙古族文物 5500 件，其中有大量蒙古文经书、文书、家谱、印章等。内蒙古自治区考古研究所收藏有各种蒙古族文物数以万计，其中包括元代八思巴文文书档案数卷，墓志 40 余块等。大昭寺藏经阁收藏有民族古籍 400 余包，其中藏文 340 卷，蒙古经书 60 卷，满文经书 10 卷；碑刻 6 座。席力图召寺藏经阁收藏有蒙古文经书等古籍 200 余卷（册），喇嘛家族卷 1 部，印章 4 个等②。这些单位收藏的丰富蒙古文档案文献，为开展其资源外围建设工作奠定了丰厚的资源储备基础。

又以水书档案文献为例，水书的抢救工作始于 20 世纪 80 年代。2002 年以后，贵州省开始大规模水书抢救工作。2002 年 7 月和 2003 年 8 月，荔波县、三都水族自治县先后成立水书抢救工作领导小组。2004 年 5 月，贵州省黔南布依族苗族自治州成立水书抢救工作领导小组。2008 年 6 月，贵州省荔波县档案馆获批成为首批"全国古籍重点保护单位"之一。统计数据表明，截至 2013 年，国内水书档案文献总藏量约 5 万多册，其中，贵州省黔南州境内各级档案馆、图书馆、博物馆、民委古籍办等单位从水族民间征集进馆保存的水书文献典籍原件约 25000 多册，主要保存在三都县档案馆和荔波县档案馆。三都县档案馆就存有 12600 多册。2003 年 8 月，三都水族自治县先后成立水书抢救工作领导小组；多年来，在三都县县委、县政府的高度重视下，县档案局（馆）征集到水书原件 8000 多卷，并完成了分类登记、编目上柜、妥善保存③。为进一步方便水书研究者对水书的利用和水书原件的保护，2007 年 11 月，在贵州民族学院水书专家潘朝霖教授的指导下，三都县档案局（馆）对水书原件开展了更为

---

① 德力格尔：《〈中国蒙古文古籍总目〉编纂情况及全国蒙古文古籍的鉴别统计》，《蒙古学信息》1999 年第 1 期。
② 资料来源于课题组实地调研材料。
③ 资料来源于课题组实地调研材料。

科学的鉴定和分类，在此基础上，按照《中国少数民族古籍总目提要》编写纲要的要求，对馆藏水书原件全部编写内容提要，注录水书原件所有特征标志共30余项。截至2008年2月，经三都县档案局全体工作人员的共同努力下，完成《中国少数民族古籍总目提要·水书卷》编写纲要5000多卷共200万字。近年来，三都高度重视水书及水族文化保护传承开发工作，目前已完成《水书九星卷》《水书常用字典》《水书译稿》等30多种文稿出版，登记在册水族传承人181人，2016年《中国水书国际编码》顺利进入各国政府机构论证投票阶段。今后，三都将加快档案馆基础设施建设，深入开展水书原件征集工作，加大水书申遗工作力度积极申报《世界记忆亚太地区名录》与《世界记忆遗产名录》，让水书走出国门，走向世界①。

（二）前期整理进展

西部民族档案文献资源共建模式主要基于实体外围体系共建和基于数字化全面性共建。其中，无论是通过目录体系构建等方式开展的外围体系共建，或是以数字化资源共建共享开展的数字化全面性整合共建等，都要以收藏单位保存档案文献有序化整理为基础。从西部民族档案文献的分类整理来看，许多档案馆、图书馆和博物馆等机构，都对所收藏的民族档案文献进行了规范性整理。如在联合目录方面，有《中国蒙古文古籍总目》《全国满文图书资料联合目录》《北京满文石刻拓片目录》《世界满文文献目录》《维吾尔·乌孜别克·塔塔尔古籍目录》《彝文古籍目录》《傣文古籍知见录》《中国少数民族古籍总目提要·纳西族卷》《中国少数民族古籍总目提要·白族卷》等出版②。国外也有关于我国少数民族古籍的目录整理出版，包括蒙文、藏文、维吾尔文、满文等文献。这些联合目录的编纂，调研了现存少数民族古籍的数量和分布情况，为民族文献的研究和利用提供了信息③。

---

① 中国档案报：《贵州黔南：进一步加强水书文化遗产挖掘整理和传承保护》，中国档案咨询网，2022年12月14日，http://www.zgdazxw.com.cn/news/2022-12/14/content_338800.htm，2023年5月27日。
② 张次弟：《少数民族文献资源建设研究》，《中国图书馆学报》2011年第5期。
③ 郭向东、陈军、党燕妮：《西部少数民族文献资源建设研究》，科学出版社2018年版，第158页。

第三章 西部国家综合档案馆民族档案文献遗产资源共建优势与问题

在整理出版方面，全国已出版了5000多种少数民族古籍，如《甘珠尔》《丹珠尔》等，还有西夏文的《中国藏西夏文献》、纳西族的《东巴文全集》、贵州的《水书全集》等[①]。

以蒙古文档案文献有序化整理为例，在档案馆系统，如内蒙古自治区档案馆在成立之初，就接收或征集到许多零散档案，尤其是恢复区划时重新接收的各盟旗档案，或成包成捆，或以麻袋包装，或零散杂乱，短张缺页现象普遍存在。在整理工作中，内蒙古自治区档案馆首先按组织机构划分全宗。如清朝时期，清政府实行盟旗制度，将蒙古划分成各个不相隶属的扎萨克旗[②]。因此，档案馆将收集到的清代蒙文历史档案，按旗扎萨克或都统衙门划分全宗，如呼伦贝尔副都统衙门档案、科尔沁右翼后旗档案全宗等。其次，将全宗内档册与零散案卷分开，在原有基础上按时间顺序排列，编案卷号。馆藏蒙文历史档案有其自身组卷特征，有的是按"年代—文件"分类方法进行组卷。如档册中的收发文抄档，当时上级统治者的来文只有一份，各旗需依次传阅，为了便于政策的贯彻执行，各旗便将这些文件抄录下来，之后再送往其他旗，从而形成了抄档，如《理藩院来文抄录》《盟长传谕稿子照抄档子》等；有的是按"年代—问题"分类方法进行组卷。这种类型的档案数量较多，各旗均有保存，如某年收支流水账，某年牲畜统计；有的是按"问题特征"进行组卷，如人命案档册、兵丁名册、押解窃贼公文档册、门牌档册等；还有的是按"时间特征"进行组卷，即把文件按时间顺序排列装订成卷。这些特征使内蒙古档案馆可以充分利用其原始基础及原有成果，对蒙文历史档案进行初步组卷。再次，又根据档案的外部特征制作相应规格的档案盒，装盒形成案卷，并在盒外加盖全宗名称，填写朝代年号、案卷号等，完成档案文献初步整理。1984年，内蒙古自治区档案馆设立蒙文档案部，专门负责蒙文历史档案的管理工作。蒙文档案部成立后，在原有整理基础上，对零散档案进一步分类整理，编制卷内文件目录、案卷目录、文件著录卡、全宗介绍等多种检索工具，并对重要案卷编制蒙汉

[①] 郭向东、陈军、党燕妮：《西部少数民族文献资源建设研究》，科学出版社2018年版，第159页。

[②] 杨学琛：《中国历代民族史清代民族史》，社会科学文献出版社2007年版，第175页。

文对照卡片，以备日后查找①。

为挖掘蒙古文文献，相关机构或学者依据内容或形式特征，开展蒙古文文献的整理编目工作，其成果有乌林西拉等人编写的《中国蒙古文图书综录：1947—1991》综合目录；八省区蒙古语文协作小组编写的《中国蒙古文古旧图书资料联合目录》；包银海编写的《北京图书馆馆藏蒙古文旧书籍提要》；齐达拉图所编写的《大藏经目录》等②。其中，规模最为庞大、种类最为齐全的是《中国蒙古文古籍总目》。《总目》由全国少数民族古籍研究室、内蒙古民委（语委）古籍整理办公室等10个单位联合编辑而成。其编制特色为：其一，收录全面。《总目》收录版本类型包括蒙古文，或蒙古文与其他文字合璧的手抄本、木刻本、石印本、铅印本、油印本及上述文献的复制品、缩微品等。收录图书经卷1031种，档案资料2223种，金石碑拓535种，连续出版物56种，共13115条目③。其二，著录规范。《总目》依据我国《古籍著录规则》（GB3792.7-8）和《蒙古文普通图书著录规则》的著录格式和规则，并参照国外有关蒙古文古籍目录的著录标准进行著录，具有著录规范的显著特点④。其三，载录丰富。如《总目》中的2223种档案资料主要收集于内蒙古伊克昭盟等地区，它们真实地记录了从清康熙年间到民国时期鄂尔多斯等地区的官制、政治、民事、司法、军事、农牧、经济、赋税、商业、宗教、寺庙等各个方面的情况，其中有联合国善后救济总署驻中国机构赈济内蒙古杭锦旗的文件等，史料价值珍贵。此外，金石碑拓部分还刊载了金文玉刻、碑碣、壁刻、石牌、其他石刻、石窟题记、门楣匾额等实物档案。包括少林寺元代圣旨碑、五台山石牌和壁刻、敦煌和阿尔寨石窟记等⑤。

---

① 杨丽娜：《内蒙古自治区档案馆馆藏蒙文历史档案管理研究》，硕士学位论文，山东大学，2014年。

② 宝音：《蒙古文古籍整理与研究综述》，《内蒙古民族大学学报》（社会科学版）2012年第5期。

③ 孙蓓欣、申晓亭：《〈中国蒙古文古籍总目〉——中国第一部大型少数民族古籍全国联合目录》，《中国图书馆学报》2000年第6期。

④ 德力格尔：《〈中国蒙古文古籍总目〉编纂情况及全国蒙古文古籍的鉴别统计》，《蒙古学信息》1999年第1期。

⑤ 孙蓓欣、申晓亭：《〈中国蒙古文古籍总目〉——中国第一部大型少数民族古籍全国联合目录》，《中国图书馆学报》2000年第6期。

《总目》的编辑出版对蒙古文档案文献资源建设的意义在于：一是厘清了蒙古文档案文献在全国的分布保存状况，为开展其资源建设工作奠定了基础；二是建立了较为完整全面的检索总目，为构建其外围资源建设体系提供了依据；三是"全国各地的民族古籍机构、图书馆、档案馆、博物馆、文化馆、民委、院校、科研机构、学术团体及个人收藏的古籍以及流散在国外各种机构的古籍，均属《总目提要》收录范围"[1]，为西部民族档案文献资源共建提供了实际案例；四是《总目》电子版本身就是珍贵的特色数据库，这一特色数据库的构建，为蒙古文档案文献数字资源共建共享提供了条件。

再以云南省档案馆保存的少数民族档案文献整理为例，云南省档案馆馆藏少数民族档案文献包括两个部分，其一是原来征集到的傣族贝叶经、绵纸经，白族段氏家谱，纳西族东巴经，佤族土司档案等。其中，傣文贝叶经形成时间约两百年前，共两部，一部阐述善恶与战争，家与水火等古老哲学思想；一部为佛教经典，内容为教人如何对待衣食住行的道理。傣文折叠经一部，形成时间一百余年前，记述消灾驱魔等宗教活动内容。傣文绵纸经一部，为历史传记，讲述一个贫穷男孩成为国王的故事。白族家谱《滇南段氏世系》一部，记载大理国王段思平家族自宋代至清雍正七百余年间共45代世系；《段氏家谱》一部，系段氏分支家谱，记载段氏门中远近宗亲的繁衍。纳西族东巴经，使用纳西族东巴象形文字书写，是祭司在举行宗教活动时使用的古文经书。佤族土司档案，时间跨度从清朝乾隆年间至1950年阿佤山解放，主要有"世袭班洪王印""云南省班洪总管关防印"及部分实物，还有清朝兵营图、土司印信印模、往来函件等。其二是后来新征集的云南特有的15个少数民族档案。2010年，云南省档案局启动15个云南特有少数民族档案抢救工作，采取省档案局统一规划，省、州（市）、县级档案馆分工协作，以项目实施的方式，协同开展少数民族档案资源建设工作。迄今，已经初步完成了阿昌族、布朗族、基诺族、独龙族等15个云南特有少数民族档案文献

---

[1] 全国少数民族古籍整理研究室：《关于印发〈中国少数民族古籍总目提要〉编写纲要的通知》，国家民委网站，2011年10月21日，https：//www.neac.gov.cn/seac/mzwh/201012/1076801.shtml，2023年5月27日。

资源建设工作，其档案类别包括各民族在社会历史发展中形成的反映本民族经济、文化、生活、信仰等内容的文书、照片、图书资料、音像、服饰、生产生活用具，民族名人的证书、奖章、手稿、录音访谈等资料[①]。

针对馆藏少数民族档案的特点，云南省档案馆结合一般档案整理原则和方法，参照国家档案行业标准，如《归档文件整理规则》《照片档案管理规范》等，对馆藏少数民族档案的整理采用以民族为全宗，按照档案载体形式进行分类的整理方法[②]。具体而言，首先就是以一个少数民族档案为一个立档单位，即一个全宗，全宗识别代码为"S"，如阿昌族档案全宗号为"S001"，布朗族档案全宗号为"S002"，其他民族全宗代码以此类推。其次，采用载体形式分类法整理。将少数民族档案分为6类。第一类：少数民族文书档案，档号标识为"全宗号—文书—件号"；第二类：少数民族图书，档号标识为"全宗号—图书—件号"；第三类：少数民族照片档案，档号标识为"全宗号—照片—件号"（数码照片归入音像类）；第四类：少数民族音像档案，档号标识为"全宗号—音像—件号"；第五类：少数民族实物档案，档号标识为"全宗号—实物—件号"；第六类：少数民族名人档案，档号标识为"全宗号—名人姓名—件号"[③]。再次，对各个类别的少数民族档案，进行顺序排列，编制案卷目录，完成各个全宗的少数民族档案整理工作。

档案馆、图书馆、博物馆、民委古籍办、民族研究所、文化馆或非遗保护中心等，对所收藏的民族档案文献进行分类整理工作，为其资源外围建设或数字化整合共建奠定了扎实的工作基础。

（三）数字资源建设

20世纪80年代初，内蒙古大学蒙古语文研究所与内蒙古计算中心合作，将《蒙古秘史》输入计算机，并匹配了检索、分析软件，在此基础上建成"中世纪蒙古语语料库"（1984）。《蒙古秘史》语料库主要特色是：用拉丁转写和汉字录入；有词尾进行切分，断句、引语、人名地名

---

① 云南省档案馆：《云南省档案馆全宗指南》，中国档案出版社1997年版。
② 张叶：《少数民族档案整理实践探索》，《云南档案》2013年第10期。
③ 张叶：《少数民族档案整理实践探索》，《云南档案》2013年第10期。

标记等；可以直接利用 WORD 编辑器检索。此后，又建立了回鹘体蒙古文语料库（1984）、契丹小字语料库（2000）、八思巴字文献语料库（2001，2004）和蒙古语口语语料库（2004）、托忒文语料库（2000）、17世纪满蒙关系书信语料库等。2000 年，结合汉蒙机器翻译系统，建立了近 20 万词的汉蒙对照政府文献语料库，目前正将它扩展成为 150 词级的语料库。生语料的规模目前达到了 80000 句对左右，实现了汉蒙双语语料库的加工（processing），以及汉语部分的分词标注、蒙古语部分的词切分标注、汉蒙词语级别的对齐等功能。目前汉蒙词语自动对齐与人工校对的语料规模达到 1.8 万句对。1984—1990 年，在国家自然科学基金资助下，内蒙古大学蒙古学院建立了 100 万词级的"现代蒙古语文数据库"，其后，扩展成近 500 万词级的"现代蒙古语文数据库"（1998），迄今，已扩展至 1000 万词级。该语料库是蒙古语重点建设项目，目前正在不断扩容和完善之中①。

信息词典建设也是数据库建设的一个重要组成部分，目前蒙古语已有蒙古语语法信息词典和汉蒙电子词典两个信息词典。语法信息词典总词条近 9 万个，总信息量约 270 万条。汉蒙电子词典除数据库外还有独立的查询界面，以及屏幕抓词功能，因此既可作为通用的查词工具服务于普通用户，也可以作为数据资源用于汉蒙词对齐程序和汉蒙机器翻译引擎。该词典收词 18.6 万余条，词典数据以数据库形式储存，译文采用蒙古文编码标准（ISO/IEC10646 - 2000）。中国社会科学院民族学与人类学研究所开发出一个以 2000 万字口语为主的语料库，其中有 200 万带标注语料（熟语料）。在开展大量藏语分词研究的基础上，提出组块识别与块内分词技术方案，目前已建立了超过 1000 万字的平衡语料库，并对其中100 多万字的口语文本进行了标注。西北民族大学则按照报刊类、文学类、教育类、科技类、佛学类、历史类和传统文化五类，建立了一个总数达到 1.2 亿字节的文献语料库，这个语料库目前主要用于统计，而没有

---

① 金星华、张晓明、兰智奇：《中国少数民族文化发展报告（2008）》，民族出版社 2009年版，第 46 页。

进一步进行深加工①。

藏语也开发了一些信息词典，如语法属性词典（口语）、藏语语素词典、藏语动词词典、藏语倒序词典、藏语成语俗语谚语词表、藏语人名词表（均为电子词典）。青海师范大学还开发了汉藏英三语对照电子词典，含高校教育各科术语表；西北民族大学开发了藏语书面语电子词典；西藏大学计算机学系洛藏先后开发了英藏—藏英电子词典（DOS 版），藏汉英电子词典（WINDOWS 版）和藏文电子词典（WINDOWS 版，纯藏文）等②。

新疆大学从 2002 年起开始建立现代维吾尔语语料库系统，计划包括五个部分：语料库、电子信息语法词典、规则库、统计信息库和检索统计软件包。其中，语料库又分为生语料库（经初步整理的原始语料）和加工语料库（经过加工和校对的语料），目前已有生语料 800 万词。为保证语料此行标注使用小标记集的同一性，专门制定了《现代维语语料库加工——词语（词根与钩形附加成分）切分语词性标准规范与手册》。新疆师范大学也建立了 200 万词的语料库，并制定了《信息处理用现代维吾尔语词性标注集规范》，对维吾尔语的特性提出的多种标注方案，使维吾尔语语料的深加工得到进一步发展③。

在民族文献数字化技术研发与数据库建设方面，2001 年，国家民委投入 200 万元在西北民族大学建设"藏文信息技术重点实验室"，从事藏文信息技术的研究和科技成果转化。到 2007 年，实验室已经在藏文软件开发方面取得丰硕成果，成为国内藏文软件研究、开发的骨干力量。该校主要研究项目有：民族文字古籍文献数字化保护技术应用研究（项目编号：2005DIB6J174）、甘肃省自然基金"藏文古籍数字化保护技术研究"（项目编号：3ZS061－A25－057）、国家语委科研项目"馆藏少数民

---

① 金星华、张晓明、兰智奇：《中国少数民族文化发展报告（2008）》，民族出版社 2009 年版，第 46 页。

② 金星华、张晓明、兰智奇：《中国少数民族文化发展报告（2008）》，民族出版社 2009 年版，第 47 页。

③ 教育部语言文字信息管理司：《少数民族语言文字的标准化和信息化建设》，国家民委门户网站，2018 年 6 月 10 日，https：//mzy.muc.edu.cn/info/1019/1079.htm，2023 年 5 月 27 日。

族文献信息库建设"（项目编号：MZ115-76）等①。此外，美国国会图书馆的藏文信息库，美国西藏佛教中心的藏文信息库、拉孜现代藏文数字图书馆、雪域数字图书馆，日本真宗研究所；国内的百慈藏文古籍研究室格鲁派文集数据库等技术、经验和方法等②，为藏文档案文献数字化资源共建工作提供了借鉴和参考。

在彝文文献和资料的管理系统和数据库建设方面，西南民族大学 2005 年的"彝文文献全文数据库研究与开发"项目开启了国内关于彝文文献资料数据库建设的征程。2008 年，完成"彝语六大方言语音库"的建设，其中"彝汉双语平行语料库和术语库"是世界上第一个针对彝语和汉语的平行语料库和术语库③；2009 年，研制出"彝语语料库"，是世界上第一个大规模的彝语语料资源库；2009 年，西南民族大学与中国社会科学院民族学与人类学研究所合作的"彝语声学参数数据库"研制成功，开创了彝语实验语音学研究的先河④。楚雄师范学院图书馆于 2013 年开始了彝族文献的数字化及数据库建设工作，2014 年建成"彝文古籍数据库"，2015 年，建成"楚雄彝族优秀文化作品数据库"；2016 年，建成"彝族文化数字资源平台"，目标是建设一个国内彝族相关文献资料最全的网站；2017 年，建成"西南彝族口述历史资料数据库"等。

此外，图书馆、研究所等机构还建成了一些民族文献信息综合数据库，如内蒙古大学蒙古文数字图书馆建成馆藏现代蒙古文文献全文数据库、馆藏蒙古文古籍及大藏经全文数据库、馆藏欧洲国家蒙古文古籍缩微品数据库、中国蒙古文古籍总目数据库、中国蒙古文期刊网、中国蒙

---

① 周卫红：《基于 Unicode 的藏文文献数字图书馆的构建——以美国藏传佛教资源中心数字图书馆（TBRC）为例》，《情报资料工作》2012 年第 1 期。
② 米玛次仁：《西藏地区藏文文献信息资源分布与利用现状分析——资源共享联手共建的实践与思考》，《西藏大学学报（汉文版）》2007 年第 3 期。
③ 王成平：《彝文信息处理技术的发展历程评述》，《人民论坛》2011 年第 8 期。
④ 王成平：《彝文信息技术的开发实践与彝语文现代化、信息化的探索研究》，《毕节学院学报》2013 年第 2 期。

古学信息网等内容，为蒙古文文献遗产数字资源建设奠定了基础①。内蒙古图书馆数据库建设的重要成果首先是建成"蒙文文献机读目录数据库"，1995年，这一数据库通过文化部专家鉴定，是我国第一个少数民族文字文献书目数据库②。此外，内蒙古图书馆还建成蒙古族文化艺术资源库、内蒙古草原风情旅游资源库、文化名人作品集数据库和内蒙古文物博览资源库4个民族特色数据库。其中，具有民族档案文献数据库性质的有：一是蒙古族文化艺术资源库。对蒙古族舞蹈、蒙古族音乐、蒙古族服饰、蒙古族文化、乌兰牧骑等内容进行了全面的介绍，通过文字、图片及视频等多种方式，展现了蒙古族独特的草原文化和艺术魅力③。二是内蒙古文物博览资源库。数据库以内蒙古丰富的文博资源，充分展现了我国古代北方游牧民族，如东胡、匈奴、鲜卑、突厥、契丹、女真、蒙古等，在内蒙古草原上留下的古朴文化遗产，以及近现代蒙古族、达斡尔族、鄂伦春族、鄂温克族等民族遗存文物遗产所独具的民族特色和地方风格④。

  西北民族大学在民族档案文献特色数据库建设方面也取得了成果，如西北民族大学图书馆藏文古籍文献目录数据库收录了该馆藏经阁收藏的1万多种藏文文献，主要有木刻版大藏经《丹珠尔》，藏传佛教格鲁派三师徒《宗喀巴全集》《克珠全集》《嘉察全集》《五世达赖喇嘛全集》《拉卜楞寺活佛历世嘉木样全集》《格萨尔王传》《米拉日巴传》，唐代敦煌藏文写卷《大乘无量寿宗要经》《拉卜楞藏书目录》，以及其他文集、历史、传记、大小文明学、佛教典籍等。该数据库采用WORD版格式，每一条数据的检索项为题名或责任者，题名都是用藏、汉两种文字对照输入，可以用藏文直接检索，也可以汉文检索。藏文检索软件使用"同

---

① 姜贞宇：《内蒙古大学蒙古文数字图书馆开通1720年御制大藏经镇馆》，中国新闻网，2017年5月17日，https：//www.chinanews.com/cul/2017/05-17/8226610.shtml，2023年5月27日。

② 包和平编：《学海掬浪：大连民族学院图书馆同仁文集》，辽宁民族出版社2008年版，第238页。

③ 内蒙古图书馆：《蒙古族文化艺术》，内蒙古图书馆官网，2019年9月19日，http：//www.nmglib.com/ntzy/tszy/st_mgzwhys/，2023年5月27日。

④ 郭向东、陈军、党燕妮：《西部少数民族文献资源建设研究》，科学出版社2018年版，第142—143页。

元藏文字处理的软件"和"桑布扎"两种藏文输入法。新疆大学图书馆建成的民族档案文献特色数据库主要是察合台文契约文书资源库，该数据库以 2010 年从和田、喀什等征集到的察哈台文契约文书原文为资源基础，通过一级分类和二级分类，著录契约文书的所属年代（回历和公历）、书写地、立约人等内容。一级分类包括经济文书、法律文书、人际关系文书等三类；二级分类包括财产捐赠、资产买卖、资产转让、书信、离婚协议、财产借还、劳动收入、典当、民事纠纷、遗书、纳孜尔费用、结婚支出等类型①。其他特色数据库还有：新疆地方文献书目资源库、新疆地方文献书目索引期刊库等。

贵州民族大学数字图书馆建成多个贵州世居民族文献特色库，包括世居民族文化藏品、贵州地方文献、古文献资源、傩文化、网络民族信息资源导航、贵州人物、水书、贵州世居民族研究文献、贵州世居民族研究动态等 9 个子数据库。这些数据库对贵州民族大学图书馆收藏的 3.4 万余册古籍、5 万余册民族文献、2.5 万余册（份）地方文献和约 570 件（套）民族文化藏品等特色档案文献资源进行了数字化，并将部分民族文化藏品以虚拟、全景、图片等形式在"虚拟展厅及数字展馆"展示，结合网络技术，向外界展示贵州的民族文化特色。四川大学图书馆构建的民族档案文献特色数据库主要是巴蜀文化特色数据库。该数据库将散见于各种学术刊物及专著中的有关巴蜀文化的档案文献或资料加以集中，建成了具有明显地方特色的专题文献资源库。该数据库包括 5 个子库：巴蜀文化研究全文数据库、文摘型数据库、目录索引数据库、图片库和导航库，文献类型包括全文、文摘、音频、视频、图像、题录等，数据量共 10 万余条，其中全文、图片等档案文献达到 22057 条，占 20% 以上，是研究巴蜀文化的重要文献资源②。西南民族大学图书馆建成众多的民族档案文献特色数据库，数据库情况参见表 3-1。

---

① 茹黑也木·吾斯曼、赵剑锋：《基于 LibGuides 的新疆大学图书馆学科导航服务创新：以察哈台（维吾尔）文文献学科导航建设为例》，《中文信息》2015 年第 6 期。

② 郭向东、陈军、党燕妮：《西部少数民族文献资源建设研究》，科学出版社 2018 年版，第 142—143 页；以及部分调研材料。

表 3-1　西南民族大学图书馆民族档案文献特色数据库建设情况①

序号	特色数据库名称	特色数据库建设内容
1	羌族文献数据库	该数据库是西南民族大学的自建特色数据库，2011年立项建设。数据库涵盖国内外目前能搜集到的各类有关羌族和羌学研究的图书、期刊、论文、历史文献（如地方志、族谱、歌谣、经文）、原始档案（如公文、契约、信函、手抄稿、照片）、调研报告等纸质文献、电子文献、影音作品及汶川地震后羌区抗震救灾与灾后重建的一、二、三次文献。其内容涉及羌族语言文字、历史、地理、宗教、哲学思想、文学艺术、社会经济、生产生活、婚姻家庭、民俗习惯、族际交往、文化遗产等领域，可在西南民族大学信息资源建设与管理平台下检索共享
2	彝族文献数据库	该数据库收录各学科与彝族和藏族地区有关的文献。其内容包括彝族的各种专著、报刊、地方志、民族志、文史资料、内部出版物等。时间最远回溯到1857年
3	纳西族摩梭文献数据库	该数据库收录了1994—2003年有关研究纳西族摩梭支系的重要成果与原始文献等
4	康区藏族研究文献数据库	该数据库收录了四川甘孜藏族自治州，凉山彝族自治州木里县，雅安市部分地区，西藏自治区昌都地区、芒康县，青海玉树藏族自治州、果洛藏族自治州，云南省迪庆藏族自治州相关藏族研究文献。内容包括康区藏族史料、文学作品、刊物、论文、专著、考古发掘报告、文物、社会调查材料、音乐舞蹈资料、年鉴、报刊报道等，涉及康区藏族的历史、地理、文化、哲学思想、宗教、资源、经济、建筑、旅游、音乐、医药等多方面，文献最远回溯到1857年等

此外，香港科技大学与中国社会科学院民族学与人类学研究所共同开发的《汉藏语同源词研究词汇语音检索数据库》，藏语、蒙古语、维吾

---

① 郭向东、陈军、党燕妮：《西部少数民族文献资源建设研究》，科学出版社2018年版，第142—143页；以及部分调研材料。

尔语等语言的语音数据库等①。

三 信息技术基础

民族档案文献信息技术是指用于管理和处理民族档案文献信息所采用的各种技术,如少数民族文字计算机输入技术、民族档案文献信息资源管理系统研发,以及相关民族档案文献信息资源利用的网站网页研发技术等。以民族语言文字信息技术为例,从 20 世纪 80 年代开始,我国启动少数民族语言文字信息化建设工作,经过三十多年发展,取得了一系列标志性成果。其中藏文、蒙文、维吾尔文、彝文等少数民族语言文字完成了"文字编码字符集、字型、键盘"等国家标准研制工作,并先后获得国际 ISO/IEC 10646 标准认证,即每个民族文字字符在 Unicode 编码体系中的唯一性,实现了与世界多文种统一编码、同平台的显示。② 通过民族文字信息处理学科基础研究工作的推进,成功解决了民族文字信息技术的输入、输出难题。在现代移动通信手机上也实现了民族文字的数字化传输与应用。近几年,藏文、彝文等在语料库建设、智能机器翻译、民族语言文字网站、大数据云平台等信息化产业方面获得了显著的发展。

（一）少数民族文字输入系统研发

在新疆少数民族文字处理系统方面,主要使用的软件有基于 DOS 或 WIN32 环境的北大方正排版系统（1991）；博格达维吾尔、哈萨克、柯尔克孜文排版系统（新疆民语委研制,1991）；潍坊华光排版系统（1992）；三立书版排版系统（1994）；锡伯文、满文文字处理和轻印刷系统（新疆民语委研制,1996）；"新疆 2000"多文种图文排版系统（新疆民语委研制,2000）；阿拉伯文及多文种排版系统（新疆民语委研制,2000）等③。北大方正和潍坊华光排版系统始终以"半分天下"的优势占据着新疆民族语文印刷市场。2002 年,潍坊北大青鸟华光科技股份有限公司开发出

---

① 教育部语言文字信息管理司：《少数民族语言文字的标准化和信息化建设》,国家民委门户网站,2018 年 6 月 10 日,https：//mzy.muc.edu.cn/info/1019/1079.htm,2023 年 5 月 27 日。
② 吴勰、印金成：《贵州彝文信息技术研究概述》,《中国信息化》2017 年第 8 期。
③ 金星华、张晓明、兰智奇：《中国少数民族文化发展报告（2008）》,民族出版社 2009 年版,第 44—45 页。

基于 WINDOWS2000/XP 操作系统的"书林"维吾尔、哈萨克、柯尔克孜、蒙古文公文版、书刊版和报版软件，适合于办公、印刷、出版单位和个人使用。新疆多文种操作系统的开发也取得了很大进展，主要有WINDOWS3X 维哈柯文系统（1996）、多文种 WINDOWS95 平台"民文视窗"、WINDOWS9X 维哈柯文系统（1998）、WINDOWS2000 维哈柯文系统（2000）等①。此外还开发出一些专门系统，如维哈柯文广播文稿系统、屏幕动态信息翻译系统、学校管理和排课等系统。朝鲜文操作系统由于其组字拼写方式的特殊性，所研发的朝鲜文处理系统种类较多。归纳起来，可分为组合式和整字式。组合式直接在英文操作系统上实现；整字式以汉字操作系统为基础，用软件插接兼容，通过改造操作系统，在系统级上实现朝鲜文、汉字、英文兼容。中央民族大学和航天部在整字式朝文系统上开发出朝、汉、英语音兼容系统②。

在蒙古文输入系统研发方面，蒙古文系统主要有内蒙古计算中心开发的蒙文、汉文、英文操作系统；内蒙古电子计算中心与山东潍坊计算机公司照排研究所合研的华光 V 型蒙文书刊、图表、报纸激光照版系统；内蒙古大学研制的 MPS 蒙汉混合字处理系统；内蒙古大学与北京大学合作开发的北大方正电子出版系统蒙文版；内蒙古社会科学院蒙文研究所苏·苏雅拉图开发研制的基于 WINDOWS95 的蒙古文处理系统等。目前使用的蒙古文键盘输入法有多种，其中有使用最广泛的蒙科立输入法；字体最多的嘎啦图输入法；以及速度最快的 Toli 输入法等③。在藏文输入系统方面，1986 年，由青海师范大学研究开发的 TCDOS2.0 版藏文系统通过了鉴定，这是第一个投入使用的藏文系统；1988 年 8 月，中国藏学研究中心和航天部 701 所推出了藏文文字处理及激光编辑排版印刷系统，后与潍坊华光合作开发出华光书林藏文排版和激光照排系统；中国计算

---

① 金星华、张晓明、兰智奇：《中国少数民族文化发展报告（2008）》，民族出版社 2009 年版，第 45 页。

② 教育部语言文字信息管理司：《少数民族语言文字的标准化和信息化建设》，国家民委门户网站，2018 年 6 月 10 日，https://mzy.muc.edu.cn/info/1019/1079.htm，2023 年 5 月 27 日。

③ 白喜文：《中国蒙古文信息处理技术发展历程研究》，硕士学位论文，内蒙古师范大学，2012 年。

机软件与技术服务总公司、民族印刷厂、北京大学计算机研究所、中国民族语文翻译中心联合研制并推出北大方正藏文书版系统，北大方正1997年推出基于 WIN31 的藏文维思彩色印刷系统；西南民族大学计算机研究室开发出基于 DOS 平台的 SPDOS 汉藏文版操作系统和藏文文字平台等。在多文种处理方面，1991年4月，内蒙古电子计算中心课题组完成蒙、藏、维、哈、朝、满、汉文操作系统 V4.0，可以在同一个微机上同时处理蒙、藏、维、哈、朝、满、汉、英等文字。中国藏学研究中心扎西次仁负责的"珠穆朗玛 Unicode 藏文字体"项目完成研发，项目成果《珠穆朗玛基于 Unicode 的系列藏文字体》光盘已由中国藏学研究中心出版社出版[1]。

在彝文输入系统研发方面，2006年，西南民族大学与北大方正合作开发的 UNICODE 彝文系统问世，计算机彝文字体从开始的两种发展到现在的八种字体。2007年，西南民族大学与北大方正合作研发的彝文书版研发成功[2]，此后，还研制了"YWUC 彝文系统""YWWIN 彝文系统""计算机彝文字幕系统 YWZM"等。2005年，楚雄州民委组织实施的"楚雄彝文电脑字库制作和输入法软件"开发项目顺利通过验收，完成"创建彝文字库、内码编排、彝文输入法研究及其输入软件的研发"三个部分的工作。该项目收集到9438个彝文文字，软件在 WINDOWS 系统上运行稳定，达到预期的各项指标。[3] 2014年，贵州民族大学研制"贵州彝文计算机编码输入方案"，设计彝文笔画输入方法，开发出彝文计算机输入法软件。该方案包含三项内容：第一，根据彝文构字规律、字型结构、书写笔顺等基本要素，在《彝文编码字符集》基础之上，整理彝文构字部件，建立彝文部件系统，设计出彝文部件码，为设计彝文字形输入码打下基础。第二，基于现有英文键盘字母区，根据人体工学原理对字母键盘的合理化要求，依据彝文部件与英文字母键形状相似的特点，

---

[1] 周卫红：《基于 Unicode 的藏文文献数字图书馆的构建——以美国藏传佛教资源中心数字图书馆（TBRC）为例》，《情报资料工作》2012年第1期。

[2] 王成平：《彝文信息技术的开发实践与彝语文现代化、信息化的探索研究》，《毕节学院学报》2013年第2期。

[3] 本报记者：《我州成功研制开发出"彝文输入软件"》，《楚雄日报（汉）》2005年11月29日第1版。

在英文键盘字母区，对彝文部件码进行规律分布，设计出彝文笔画键位图。第三，该输入法包含《信息技术 贵州彝文编码字符集·大字符集》的9000余字，在上述研究基础上，根据彝文书写笔顺，设计出彝文笔画"传统和简易"两种输入方法①。2015年，由云南民族大学开发的滇南彝文数字化信息处理软件平台完成验收，该平台由"云南规范彝文数字键笔画拆分模式的形态编码输入法""云南规范彝文自由拆分模式的一对多形态编码输入法""滇南彝文自由拆分模式的一对多形态编码输入法"三套软件操作系统平台组成，以8223个古彝文字符为基础建立大型字库，包含云南规范彝文和滇南彝文两种字体。其中，规范彝文字体采用黑体，滇南彝文采用手写体，均依据Unicode国际标准编码设计。基于云南规范彝文的2种编码标准输入法操作系统平台均可输入3749个彝文文字，滇南彝文输入法操作系统平台可输入10212个彝文文字②。

此外，1993年广西计算中心开发出古壮文计算机处理系统，并用该系统出版《壮族民歌古籍集成》第一卷《嘹歌》，③ 全书150万字，使壮民族古籍的整理出版进入计算机处理新时代。傣文操作系统的研发起步比较晚。2003年，西双版纳报社和北大青鸟华光照排有限公司开发出"西双版纳新老傣文计算机排版系统"④，该系统首先运用于傣文古籍整理，现已出版傣文贝叶经13卷。2006年，大连民族学院郭海、赵晶莹在辽宁省自然科学基金的资助下开发出一个纳西象形文字信息处理平台，通过对纳西象形文字轮廓字体的制作、编码映射、输入开发以及植入技术，基本完成纳西象形文计算机化处理平台的搭建，实现了中、英、纳西象形文的混合编排⑤。此外，云南省楚雄州光亚电子研究所研制出苗文

---

① 吴勰、印金成：《贵州彝文信息技术研究概述》，《中国信息化》2017年第8期。
② 胡刚、王嘉梅、张建营、孙善通、汤雪、赵慧云：《基于Windows平台的滇南彝文输入法实现》，《计算机系统应用》2015年第24期。
③ 覃志强、吴晓蓉：《论古壮字信息化传承的策略、影响因素及开发》，《民族教育研究》2012年第3期。
④ 柳盈莹：《"作为文化的传播"：论我国民族语言新闻媒介的发展——基于西双版纳傣语媒介的调查》，《新闻大学》2012年第2期。
⑤ 教育部语言文字信息管理司：《少数民族语言文字的标准化和信息化建设》，国家民委门户网站，2018年6月10日，https：//mzy.muc.edu.cn/info/1019/1079.htm，2023年5月27日。

排版系统。

(二) 民族语言文字信息标准制定

标准化是对规范化成果的凝练和概括，是语言规范化走向深入的标志。民族档案文献涉及民族汉文档案文献标准、民族声像档案文献标准和民族语言文字档案文献标准等诸多方面，其中，民族汉文档案文献、民族声像档案文献等都可参照国家档案、古籍等的成熟标准进行规范化建设，而民族语言文字档案文献标准的制定与统一实施则更为复杂，因此，民族语言文字标准的制定实施对民族档案文献的规范化管理更具有推动作用。民族语言文字标准主要包括两类：一类是民族语言文字及其衍生的标准；另一类是涉及民族语言文字信息处理、交换、管理的技术标准等。前一类标准使用范围比较广泛，既可以用于一般的社会生活，也可以用于计算机；后一类标准主要用于计算机信息处理①。

维吾尔文、哈萨克文、柯尔克孜文3种文字都是以阿拉伯文为基础的拼音文字，大部分字母是共同的，所以在计算机处理这些文字时大都统一做在一个系统上，使系统具有同时处理这三种文字的功能。1989年，原国家技术监督局发布新疆大学和新疆语委牵头制定的国家标准《信息处理—信息交换用维吾尔文编码图形字符集》(GB12050 – 1989)。20世纪90年代初，新疆语委牵头组织有关单位的专家起草和制定计算机信息处理维吾尔、哈萨克、柯尔克孜、锡伯等文种的3项国家标准，成为各类相关民族语言文字软件开发共同遵循的标准。2005年4月，新疆质量技术监督局、区信息化办公室发布《信息交换用维吾尔文、哈萨克文、柯尔克孜文编码字符集、基本集与扩展集》《信息交换用维吾尔文、哈萨克文、柯尔克孜文字体字形》《信息交换用维吾尔文界面信息常用术语》等三项地方标准。这三项标准的发布对解决维吾尔文、哈萨克文、柯尔克孜文计算机编码不全、字体字形标准不一致、不统一，界面术语翻译不准确、不规范，软件之间互不兼容、互不支持等问题起到很大的作用，还将有效地解决当前新疆民族语言文字信息处理技术应用、推广、发展

---

① 金星华、张晓明、兰智奇：《中国少数民族文化发展报告 (2008)》，民族出版社2009年版，第37页。

及实现产业化的问题①。

1989年,原国家技术监督局发布延边电子信息中心起草的《信息交换用朝鲜文字编码字符集》(GB12052-1989)国家标准,共收入朝鲜文字符5300个。为实现朝鲜语信息处理国际化目标,该中心积极同朝鲜计算机中心、韩国国语信息学会、延边朝鲜语研究所联合,完成了三国通用的《国际标准信息技术用语词典(1—25)》编译工作,现已在朝鲜语字母排序、键盘排序安排等方面取得突破性进展②。

在蒙古文信息化标准制定方面,2006年,蒙古文信息技术国家标准工作组成立大会在内蒙古呼和浩特市召开。其后,工作组先后完成《信息技术蒙古文名义字符、显现字符与合体字16×16点阵字型白体》《信息技术蒙古文名义字符、显现字符与合体字32×32点阵字型白体》《信息技术蒙古文名义字符、显现字符与合体字16×16点阵字型新闻体》《信息技术蒙古文名义字符、显现字符与合体字32×32点阵字型新闻体》《信息技术面向信息处理的蒙古文标记集》等标准制定工作,这些标准的制定推进了蒙古文信息化工作的规范化进程③。

藏文信息技术标准化工作始于1993年,经过藏文专家、计算机专家和信息标准专家们的共同努力,完成制定藏文编码国际标准的最终方案④。1997年7月,在第33届WG2会议及SC2会议上正式获得通过,共包括藏文及梵文字母、标点符号、天文历算符号193个编码字符(俗称小字符集),编码空间为U0F00—0FFF。这一标准的通过使藏文成为我国少数民族文字中第一个具有国际标准的文字。与此同时,国家公布《信息技术信息交换用藏文编码字符集(基本集)》(GB16959-1997)和

---

① 金星华、张晓明、兰智奇:《中国少数民族文化发展报告(2008)》,民族出版社2009年版,第39—40页。

② 教育部语言文字信息管理司:《少数民族语言文字的标准化和信息化建设》,国家民委门户网站,2018年6月10日,https://mzy.muc.edu.cn/info/1019/1079.htm,2023年5月27日。

③ 河北省标准化研究院文献室:《蒙古文信息技术国家标准工作组成立》,河北省标准文献共享服务平台,2006年6月27日,https://www.bzsb.info/public/articleHtml/9_280_1_view.html,2023年5月27日。

④ 梁春阳、赵晖、李习文主编:《西部少数民族地区信息化绩效评估》,宁夏人民出版社2011年版,第259页。

《信息技术藏文编码字符集（基本集）点阵字形第一部分：白体》（GB/T 16960.1－1997）两项国家标准。但由于技术原因，国内外至今还没有利用小字符集通过动态叠加组合方式实现藏文信息处理的成功案例。2002年以来，我国两次向 ISO/IEC JTCI/SC2/WG2 提出"大丁藏文编码字符集"方案，但遭到拒绝。① 2004年3月，国家标准管理委员会决定成立藏文信息技术标准工作组。2005年8月，由西藏自治区藏语文工作委员会和西藏大学联合国内有关单位共同研制的藏文国家标准《信息技术信息交换用藏文编码字符集扩充集 A》《信息技术信息交换用藏文编码字符集扩充集 B》通过专家鉴定。前者包括藏文垂直预组合字符962个，后者包括5702个字符，编码位置在 GB13000 的专用平面 0F 平面，其排序遵循基本集的排序。与此同时，还通过了《信息技术藏文编码字符集键盘字母数字区的布局》标准，键盘布局按字元频度设计，结构合理，输入速度快，不易出错，初步解决了藏文键盘布局不统一的问题②。

彝文信息化标准制定主要有：其一，国家标准。1991年，四川省民委和国家机械电子工业部制定《信息交换用彝文编码字符集》（GB 13134－91），《字符集》收彝文规范字819个，带次声调符号彝文345个，一个替音符号 C（wu），共计1165个彝文字符③，编码于16区—28区，其他图形符688个，编码于1区—9区。1991年，四川省民委和国家机械电子工业部共同发布《信息交换用彝文字符15×16点阵字模集及数据集》（GB13135－91），该标准提供彝文字形1165个，其他图形符号688个。这两个标准于1992年实施。1996年，西南民族大学制定《信息交换用彝文字符24×24点阵字模集及数据集》（GB/T 16683－1996），该标准于1997年实施。其二，国际标准。沙马拉毅主持制定的《通用多八位彝文编码字符集》国际信息标准方案于1994年4月作为中国提案提交国际信息组织第25次会议。经过讨论，WG2 会议同意接纳中国彝文提

---

① 金星华、张晓明、兰智奇：《中国少数民族文化发展报告（2008）》，民族出版社2009年版，第41页。
② 教育部语言文字信息管理司：《少数民族语言文字的标准化和信息化建设》，国家民委门户网站，2018年6月10日，https://mzy.muc.edu.cn/info/1019/1079.htm，2023年5月27日。
③ 殷建民：《中国多民族文字编码标准研究》，《中国传媒科技》2005年第4期。

案，并提交下次 WG2 第 26 次会议讨论①。通过三轮国家投票，终于在 1998 年丹麦会议上审定通过，并录入 2000 年版的国际信息标准集，作为彝文国际信息标准颁布实施。其三，国家专利。1999 年，计算机彝文拼音输入码和彝文笔画码基本定型，1165 个彝文字符、43 个声母和 10 个韵母的拉丁字母输入码、笔画输入码及其在计算机键盘的布局申报国家专利，经过四年的审查审定，于 2003 年获得了国家专利证书（专利号：ZL00112801.9，证书号：第 117415 号）②。

傣文信息化起步较晚，它一开始走的就是国际编码标准的道路。2001 年，德宏傣文编码国际标准获得通过，共收入 35 个字符，编码空间为 U1950—197F；2004 年，西双版纳新傣文编码国际标准获得通过，共收入 80 个字符，编码空间为 U1980—9DF，西双版纳老傣文的国际编码标准目前也正在制定中。此外，八思巴文编码方案经过多年的修改，现在已送 WG2 和 UTC 成员复审。2005 年，教育部、国家语委向云南省语委下达《纳西东巴象形文字编码字符集国际标准》的研发任务，纳西东巴文的国际标准有望在不久的将来问世。其他一些古文字，如西夏文、契丹文、贵州古彝文的编码标准也在研究和制定中③。

（三）少数民族档案管理系统开发

就我国少数民族档案数字化管理系统而言，目前，少数民族档案专业管理系统研发使用得不多，已经开发使用的主要管理软件有"蒙古文档案管理软件系统"和"西藏历史档案管理系统"等。

2001 年 7 月，内蒙古档案馆、内蒙古师范大学共同研制完成蒙古文档案管理软件系统并通过技术鉴定。这一管理软件系统主要功能有：（1）档案数据维护功能，包含蒙、汉案卷级目录的增、删、改，蒙、汉文件级目录的增、删、改以及档案原文扫描等功能。（2）蒙、汉档案目录检

---

① 沙马拉毅：《彝文信息处理技术三十年发展历程与展望》，《中文信息学报》2011 年第 6 期，http：//www.yixueyanjiu.com/details.jsp？class=8&id=27173，2023 年 5 月 27 日。

② 沙马拉毅：《彝文信息处理技术三十年发展历程与展望》，《中文信息学报》2011 年第 6 期，http：//www.yixueyanjiu.com/details.jsp？class=8&id=27173，2023 年 5 月 27 日。

③ 教育部语言文字信息管理司：《少数民族语言文字的标准化和信息化建设》，国家民委门户网站，2018 年 6 月 10 日，https：//mzy.muc.edu.cn/info/1019/1079.htm，2023 年 5 月 27 日。

索功能，包含蒙、汉文件级目录检索，蒙、汉案卷级目录检索功能。（3）蒙、汉档案目录及卡片打印功能，包含蒙、汉文件级目录及卡片打印，蒙、汉案卷级目录及卡片打印功能。（4）代码表维护功能，包含保管期限、责任者、文号、文本四个代码表内容增、删、改和打印功能。（5）系统维护功能，包含用户权限管理，用户密码修改，数据库备份、恢复以及数据导出为其他格式：Access 数据库，Excel 文件和文本文件；以及其他格式数据库导入功能等①。该项目主要技术特点有：一是设计制作了 5 种不同字体的蒙古文 TrueType 字库，较好地满足了中文 WINDOWS 环境下蒙古文档案信息的显示、打印的需求。二是设计开发出针对蒙古文特殊要求的蒙古文文本编辑 ActiveX 控件，实现了水平编辑光标，蒙古文纵向不等长编辑显示，同时提供了基本的删除、插入、修改、剪贴板复制和粘贴等编辑操作。三是设计开发了蒙古文文本标签 ActiveX 控件，蒙古文文本列表 ActiveX 控件和蒙古文文本模拟显示、打印 ActiveX 控件。这些软插件为蒙古文档案信息的输入和输出提供了全面支持。四是软件主体采用 Microsoft Visual Basic6.0 开发，蒙古文软插件完全按照面向对象的编程机制，内部通过调用相关的 WINDOWS API 函数来实现，代码独立性高，共享性好，可以在多种开发环境中，特别是浏览器中再利用。五是数据库采用大型数据库系统 SQL SERVER7.0，单机运行采用 SQL SERVER7.0 桌面版，网络运行采用 SQL SERVER7.0 服务器版。六是整个系统按 Client/Server 模式进行设计，采用面向对象编程技术实现，用独立的数据访问对象 ADO 来实现程序与数据库的接口，使应用程序与数据库访问相互独立；大量数据访问工作由服务器端数据库存储过程来完成，提高了系统性能，有利于应用程序与数据库的发展和升级。2002 年，该系统获国家档案局优秀科技成果一等奖②。

"十一五"时期，为贯彻落实国家档案局"档案资源存量数字化，增量电子化"的信息化建设方针，在西藏自治区局馆大力支持下，自治区

---

① 国家档案局：《蒙古文档案管理软件系统》，国家档案局网，2011 年 12 月 27 日，http：//www.saac.gov.cn/xxgk/2011-12/27/content_ 12876.htm，2023 年 5 月 27 日。

② 国家档案局：《蒙古文档案管理软件系统》，国家档案局网，2011 年 12 月 27 日，http：//www.saac.gov.cn/xxgk/2011-12/27/content_ 12876.htm，2023 年 5 月 27 日。

档案局馆历史档案处自主研发出"西藏历史档案管理系统"软件，该软件具有档案保管、档案整理、档案利用及系统管理等四大功能，并按档案管理实际工作需要设立多个模块，用于开展历史档案的具体管理工作。经过实际应用，该软件对历史档案的保管、著录、抢救保护、编译及开发利用等一系列工作都能予以支持，完全实现了西藏历史档案数字化管理[1]。"西藏历史档案管理系统"的研发使用极大地推进了自治区档案局馆历史档案信息化建设进程，对全区历史档案的保管、整理和利用等信息化建设工作提供了可资借鉴的模式。由于创新实用，2010 年，"西藏历史档案管理系统"获得国家档案局优秀科技成果三等奖[2]。

除专门的民族档案文献管理系统外，相关图书馆或研发机构等也开发出部分民族文献信息管理系统，用于民族文献的数字化信息管理。如2017 年 5 月，内蒙古大学建成蒙古文数字图书馆，这一数字图书馆涵盖蒙古文文献管理系统、资源数字共享平台，蒙古学信息服务平台等九大文献信息资源体系，并与包头市公共图书馆、各高校图书馆等实现了蒙古文文献信息资源共建共享。其依托的文献信息管理系统——耶里巴文献信息管理系统，首次全面应用蒙古文编码国际标准的相关技术进行蒙古文文献管理信息系统的开发，同时采用更加适合数字图书馆运行机制的 DC（Dublin Core Metadata Initiative）元数据实现文献管理系统集成，有效整合印本和数字文献资源。这一系统开启了国内高校图书馆标准蒙古文文献管理系统的先河，在中央民族大学等 7 所高校图书馆和相关单位使用，是首套与国家标准、国际标准接轨的蒙古文文献管理系统[3]。为实现各收藏单位蒙古文文献数字化共建共享提供了条件。

2007 年，西藏大学图书馆成立藏文文献管理系统科研项目组，经过两年研发，开发出藏文文献管理系统。该系统主要研究藏文文献信息

---

[1] 才拉·索迦：《西藏历史档案规范化整理取得实效》，《兰台世界》2011 年第 29 期。

[2] 国家档案局：《西藏历史档案数字化整理取得实效》，《中国档案报》2011 年第 12 期，https：//www.saac.gov.cn/daj/c100266/201112/c1eb2734c3c44aaf9b6636ce7485dec4.shtml，2023 年 5 月 27 日。

[3] 内蒙古教育资讯：《我国首家高校蒙古文数字图书馆——内蒙古大学蒙古文数字图书馆建成启用》，中国教育在线网，2017 年 5 月 17 日，https：//www.eol.cn/neimenggu/neimenggunews/201705/t20170517_1517127.shtml，2023 年 5 月 27 日。

（包括古籍和现代图书等）的录入、整理、查找、维护和借阅等，功能与中文图书管理系统类似，但操作界面、建库和浏览方式全部使用藏文，形成一个纯藏文的数据库管理系统，可以解决藏文图书在计算机中管理维护难的问题。

藏文文献管理系统开发研究是建立在已有的藏文计算机技术基础之上的，其业务管理功能的开发采用"金盘图书馆集成管理系统"的设计原理；支持同元藏文输入法，兼容其他语种；文献分类、著录以《中国图书馆分类法》为标准，符合国家编目原则，同时也解决了目前各地区在编制藏文文献目录中著录格式不统一的问题。藏文文献管理系统是在WINDOWS 操作系统环境下，选用 asp + sqlserver 语言编写而成，包括编目管理系统、数据查询、权限管理、客户管理、日志管理、新闻发布系统和辅助系统等七个模块[1]。编目管理模块以藏文输入法进行编目，包括登录号、索书号、篇名、作者、摘要、出版时间及馆藏分布，编目人员通过提交把数据录入数据库中。数据查询模块中，有一般查询和高级查询两种方式，可以按照作者名、关键字和文章名等进行检索。在权限管理模块，按用户不同等级分为以下几个权限：会员、普通用户、编目人员和系统管理员；各等级的用户只能行使权限有效范围内的管理，普通用户只能浏览文章的信息；会员还可以进行下载；编目人员可以对数据库中的书目数据进行插入、删除、修改、编辑等操作；而系统管理员为本系统最高用户，可进行任何操作。客户管理模块由系统管理员控制，可以对客户的信息进行修改、增加、删除等操作，也可以发送提示信息和警告信息。日志管理模块有详细的日志记录，记录用户在某一时刻做的动作及客户的 IP（internet protocol），即网络之间互连的协议地址、主机名。新闻发布系统模块则发布站内的主要信息、藏文文献信息、学科动态和网站公告等。辅助系统模块包括站内的一些基本常识、帮助文档、留言板、问管理员和管理员信箱等模块[2]。

藏文文献管理系统具有对藏文文献进行编目、整理、维护、检索、借阅等功能，以及功能完善的信息发布与管理平台。该系统广泛应用于

---

[1] 孙丽芹、王丽英：《藏文文献管理系统开发与研究》，《西藏科技》2009 年第 11 期。
[2] 孙丽芹、王丽英：《藏文文献管理系统开发与研究》，《西藏科技》2009 年第 11 期。

各大寺院、图书馆、档案馆、资料室、博物馆、党政机关、相关科研单位等的藏文文献管理，不仅作为单位内部对藏文文献进行收集整理的系统，也可以链接到相关藏学网站上，为藏文文献资料信息化加工、管理及共建共享提供了一个网络管理平台①。

（四）民族语言文字网站建设发展

自 2000 年 1 月中国第一个少数民族语言网站——同元藏文网站开通以来，少数民族语言文字网站网页迅速发展②。目前藏文、蒙古文、维吾尔文、哈萨克文、朝鲜文、彝文都建立了自己的网站网页，藏语、维吾尔语、蒙古语还实现了网上互动交流。

藏文比较著名的网站有中国西藏信息中心、同元藏文网、西藏语言文字网藏文版等。2006 年 6 月，青海开通中国藏族网通网站，作为全国首家大型藏文综合门户网站③，该网站主要特色有：其一是中国藏族网通软件系统采用国际或国内领先技术，是国际上唯一支持藏语文内容检索的网站系统，可同时实现汉文、藏文、英文的站内检索；其二是建立有大型藏文数据库，为网站内容充实和今后开展大型文化研发打下坚实基础；其三是支持动态视频点播和发布，可以实现视频文件资源的在线发布；其四是采用国内最先进的内容管理系统，从写稿、审核、签发、撤签、归档全套自动管理。

维吾尔文目前比较有名的网站有 Uigur Linux（维文 Linux 中心）、Zaman（时代）、Uighursoft（乌鲁木齐维软公司）、Almassoft（乌鲁木齐金钻电脑公司）、Izadinix（探索）、"新疆语言文字网"等。综合性网站有 Uighur News、维吾尔在线、Oyghan、SabiLar、Uighurnet、阿凡提、"纳福"等。2006 年 11 月，开通了新疆维吾尔自治区政府网站维吾尔文版，以符合维吾尔、哈萨克、柯尔克孜少数民族文字信息化国家标准规范，

---

① 郭向东、陈军、党燕妮：《西部少数民族文献资源建设研究》，科学出版社 2018 年版，第 119—121 页。

② 中新社：《世界首家藏文网站在兰州建成》，新浪科技时代，2000 年 8 月 22 日，https: //tech. sina. com. cn/news/internet/2000 - 01 - 31/16804. shtml，2023 年 5 月 27 日。

③ 《全国首家大型藏文新闻综合门户网站中国藏族网通即将"面世"》，《青海日报》2006 年 6 月 23 日第 1 期。

第三章　西部国家综合档案馆民族档案文献遗产资源共建优势与问题

提供政务信息及网上政务服务①。

2001年5月，内蒙古开通首个蒙古文网站——蒙古文化网站，至今，已开通100多家蒙古文网站，比较著名的有蒙古文化、蒙科立蒙古文网站、草原雄鹰、曾经草原等网站。2006年3月，呼伦贝尔市新巴尔虎左旗人民政府开通蒙古文版的新巴尔虎左旗政务网站，填补了呼伦贝尔市蒙古文版政务网站的空白。其后，又开通《呼伦贝尔日报》社蒙古文网站，成为全国报业第一家蒙古文网站，填补了蒙古文报纸没有网站的空白②。

2000年，中国第一个彝文网站——西南民族大学彝学网站建设成功，该网站第一次用彝、汉、英三种文字，系统宣传介绍彝族的悠久历史、语言、文字、风俗等。进入21世纪后，彝文网站开始逐年增多。目前，国内已经开通的彝文网站还有人民网（彝文版）、中国彝学网（彝文版）、彝族人网（彝文版）等彝文网站。彝文网站的建立、开通，彝文多媒体软件，如轻松学彝语、跟我学彝语、在线学彝语等的研制应用，为彝族地区经济、社会、教育、科技、文化的繁荣发展，以及彝族与世界的交流开创了新的途径③。上述几种传统少数民族文字虽有自己的网站，但技术含量不高，加之缺乏完全支持少数民族文字的网络平台，一些网站为了信息传输的准确性和完整性，只好将民族文字转成拉丁字母输入和显示，或者制成图片上网，实际上并没有从根本上解决民族文字的上网问题。

第二节　西部国家综合档案馆民族档案文献遗产资源共建滞后问题

文献信息共建共享是指成员机构按照一定的方式组成联盟，按照

---

① 金星华、张晓明、兰智奇：《中国少数民族文化发展报告（2008）》，民族出版社2009年版，第48页。
② 教育部语言文字信息管理司：《少数民族语言文字的标准化和信息化建设》，国家民委门户网站，2018年6月10日，https: //mzy. muc. edu. cn/info/1019/1079. htm，2023年5月27日。
③ 王成平：《彝文信息技术的开发实践与彝语文现代化、信息化的探索研究》，《毕节学院学报》2013年第31期。

"优势互补、互利互惠、自愿参加、共建共享"的原则,从资金、文献资源、人才和技术等方面进行全方位的联合协作①。目前,制约共建共享的因素主要有:缺乏全局观念,资源共享意识淡薄;僵化滞后的管理体制;缺乏相应的标准化制度;现代信息技术发展应用的局限;信息安全和版权问题的制约等②。为开展西部国家综合档案馆民族档案文献资源共建研究,课题组在两年调查研究中,对相关机构,及其负责人或工作人员等进行过民族档案文献基本收藏管理数据,以及资源共建问题,如"影响档案馆、图书馆、博物馆、文化馆、民委古籍办、民族研究所和非遗保护中心等资源共建影响因素","影响民族档案(古籍、文物)数字化资源建设的主要影响因素"等开展过问卷调研和访谈调研,以下根据调研数据,结合对课题的分析研究,探讨民族档案文献资源共建的主要滞后问题。

一 现行机构设置体制的制约

在现行文化体制下,基于民族档案文献的民族文献、民族古籍、民族文物或民族史料等多元属性,西部民族档案文献主要为档案馆、图书馆、博物馆、民委古籍办等收藏;此外,尚有纪念馆、高等院校图书馆、民族研究所、文管所、宗教局、政协、史志办等也都征集保护有丰富的民族档案文献。为保护非物质文化遗产,西部各省区的所设置的文化馆或非遗保护中心积极开展建档保护工作,从而形成了大量的民族非遗档案文献。这些单位分属国家文化部、教育部、民委、档案局和文物局等部门领导,各系统都结合自己工作性质,设定具体工作职能。如《档案法》第二章"档案机构及其职责"第八条规定:"中央和县级以上地方各级各类档案馆,是集中管理档案的文化事业机构,负责接收、收集、整理、保管和提供利用各分管范围内的档案。"③ 2015年1月颁布的《博

---

① 陆凤红:《以特色数据库的建设与共享展示西部少数民族文献的价值》,《图书馆理论与实践》2009年第6期。
② 孙玉杰:《浅析高校图书馆信息资源共建共享存在的问题及对策》,《黑龙江科技信息》2009年第27期。
③ 国务院办公厅:《中华人民共和国档案法》,中国政府网,2020年6月21日,https://www.gov.cn/xinwen/2020-06/21/content_5520875.htm,2023年5月27日。

物馆条例》第二条规定："本条例所称博物馆,是指以教育、研究和欣赏为目的,收藏、保护并向公众展示人类活动和自然环境的见证物,经登记管理机关依法登记的非营利组织。"① 1982年12月颁布的《省（自治区、市）图书馆工作条例》第二条"其主要任务"中的第四项为："搜集、整理与保存文化典籍和地方文献。"② 1984年,依据《国务院办公厅转发国家民委关于抢救、整理少数民族古籍的请示的通知》要求,西部各省区都设立了民委古籍办,其工作职责如《云南省少数民族古籍办职能职责》第一条规定："负责组织、协调、联络、指导全省的少数民族古籍抢救、保护、翻译、整理、出版和研究工作。"③ 1992年2月,文化部发布的《群众艺术馆、文化馆管理办法》第五条规定："省、自治区、直辖市；计划单列市；地（州、盟）、地级市设立群众艺术馆。县、旗、县级市、市辖区设立文化馆。文化主管部门根据需要可适当设立文化馆分馆,属文化馆派出机构。群众艺术馆与文化馆是业务指导关系。"其职责第十七条规定为："搜集、整理、保护民族民间文化艺术遗产。建立、健全群众文化艺术档案（资料）。"④

在非遗建档保护方面,2011年6月施行《非物质文化遗产法》第七条规定："国务院文化主管部门负责全国非物质文化遗产的保护、保存工作；县级以上地方人民政府文化主管部门负责本行政区域内非物质文化遗产的保护、保存工作。县级以上人民政府其他有关部门在各自职责范围内,负责有关非物质文化遗产的保护、保存工作。"第十三条规定："文化主管部门应当全面了解非物质文化遗产有关情况,建立非物质文化遗产档案及相关数据库。除依法应当保密的外,非物质文化遗产档案及

---

① 国务院：《博物馆条例》,国家法律法规数据库,2015年2月9日,https：//flk.npc.gov.cn/detail2.html? ZmY4MDgwODE2ZjNjYmIzYzAxNmY0MTJhMzllNzFhYjk,2023年5月27日。
② 国家文化部：《省（自治区、市）图书馆工作条例》,百度百科,https：//baike.baidu.com/item/15597388? fr = aladdin,2023年5月27日。
③ 云南省少数民族古籍整理出版办公室：《云南省少数民族古籍整理出版规划办公室》,云南省民宗委网站,2022年7月8日,https：//mzzj.yn.gov.cn/html/2022/jigouzhizeweishujigou_0708/9788.html,2023年5月27日。
④ 文化部：《群众艺术馆、文化馆管理办法》,文化馆网站,2022年8月3日,http：//www.chaonan.gov.cn/stcnwgltj/gkmlpt/content/2/2100/post_2100777.html#2998,2023年5月27日。

相关数据信息应当公开,便于公众查阅。"[①] 2006年9月,我国在中国艺术研究院成立中国非遗保护中心,承担全国非物质文化遗产保护的有关具体工作,履行非物质文化遗产保护工作的政策咨询;组织全国范围普查工作的开展;指导保护计划的实施;进行非物质文化遗产保护的理论研究;举办学术、展览(演)及公益活动,交流、推介、宣传保护工作的成果和经验;组织实施研究成果的发表和人才培训等工作职能[②]。此后,各省区也建立非遗保护中心,开展非遗建档保护工作。如2007年,云南省非遗保护中心正式成立,工作宗旨是保护文化遗产,弘扬民族文化,职责是进行非物质文化遗产调查、评价、鉴定、利用、保护和研究;保护采集、编辑、存储云南省非物质文化遗产项目及其代表性传承人的文字、图片、音像资料,建立档案和数据库[③]。在现行文化体制下,西部民族档案文献的分散保存状况对其资源外围建设产生的滞后影响有以下三点。

1. 组织协调机制缺失问题。部分学者从博物馆、图书馆和档案馆数字资源整合的视角,提出了组织协调机制缺失问题。如于可欣认为,LAM隶属于不同的文化部门,依次为国家文化部、档案局、文物局。经过长时间的发展,这三个文化机构已经建立起适合各自的管理模式与配套的制度体系。因此,想要使LAM数字资源成功整合,切实可行地打破这三馆之间不同体系与管理模式的隔阂成为急需解决的一大问题[④]。高雄认为,图书馆、档案馆与博物馆隶属于不同的文化管理系统,宏观上缺乏一个组织和协调不同文化管理系统的部门,机构之间也没有建立一种科学合理、能够平衡各方利益的合作服务机制,因此,造成图书馆、档案馆和博物馆之间缺乏统一的馆藏政策,条块分割,资源建设重复,难

---

① 全国人大常委:《中华人民共和国非物质文化遗产法》,全国人大网,2011年2月25日,http://www.npc.gov.cn/npc/c12488/201102/ec8c85a83d9e45a18bcea0ea7d81f0ce.shtml,2023年5月27日。

② 中华人民共和国文化和旅游部:《中国非物质文化遗产保护中心》,2018年10月25日,中国非物质文化遗产网站,https://www.ihchina.cn/Article/Index/detail?id=175,2023年5月27日。

③ 云南省文化和旅游厅:《云南省非物质文化遗产保护中心》,云南省非物质文化遗产保护中心网站,2015年5月27日,http://www.ynich.cn/view-ml-110-1866.html,2023年5月27日。

④ 于可欣:《博物馆、图书馆和档案馆数字资源整合刍议》,《现代交际》2016年第3期。

以共享①。

2. 文化资源价值错位问题。资源创建、管理与利用的生命周期理论认为，文化资源内容在生命周期内的选择是相互依赖的，其所做出的选择，有可能阻碍或促进信息的正确流向，或使信息失去灵活成分，或失去适应环境的能力。用户存取文化资源信息的所有操作都是在一定的描述环境与一定配置的网络内进行的。文化资源拥有单位具有不同的管理环境，对文化资源的信息价值也有不同的理解，因此在文化资源的生命周期内可能出现不同的处理方式，这将使得同类资源可能处于不同的生命周期，而在知识服务网络上无法整合②。基于民族档案文献的多元属性，这些档案文献多以档案、古籍、文物或史料等形式，为档案馆、图书馆、博物馆、民委古籍办、文化馆或史志办等收藏，收藏单位的不同，导致了其档案文献作用的指向性各有侧重。如档案的作用是记录历史、信息交流、维护权益、创造经济效益等；古籍具有"历史、学术、艺术价值"；文物则"以教育、研究和欣赏为目的"。各个机构保存的民族档案文献价值错位问题，也对其资源外围建设造成一定影响。

3. 保存单位利益博弈问题。从 LAM 研究视角看，图书馆、档案馆和博物馆协作问题不仅仅是单纯的数字资源整合问题，三类公共文化服务机构是否可以有效协作，实际上反映的是相关国家公共文化管理体制的差异性。武汉大学的刘家真认为，各自为政的行政管理体系是我国图书馆、档案馆、博物馆资源整合的第一大障碍。尽管从理论上说，"中国数字图书馆"应该成为整合各类资源的中心平台，但是，在实践中该项目却很难整合来自档案馆和博物馆的数字资源③。因此，从战略层面，全面审视我国图书馆、档案馆、博物馆协作过程中各类利益主体之间的博弈关系，在顺应 LAM 整合领域国际潮流的同时，探索出一条可以为相关各方所共同接受，同时又可以发挥各自优势的体系架构，保障图书、档案、

---

① 高雄：《我国图书馆、档案馆与博物馆数字资源整合研究》，《档案管理》2016 年第 2 期。

② 刘家真：《我国图书馆、档案馆与博物馆资源整合初探》，《中国图书馆学报》2003 年第 3 期。

③ 刘家真：《我国图书馆、档案馆与博物馆资源整合初探》，《中国图书馆学报》2003 年第 3 期。

博物数字资源建设和数字化服务的可持续发展,是解决这一问题的当务之急①。具体就西部民族档案文献资源共建问题而言,如何兼顾档案馆、图书馆、博物馆和民委(或民宗局)古籍办、高等院校图书馆、民族研究所,以及文化馆或非遗保护中心等单位的利益,构建形成其资源共建领导、组织和协调机制,开展散存民族档案文献资源整合共建工作,是西部民族档案文献资源共建工作亟待解决的主要问题。

二 规范标准差异的阻碍问题

标准化建设是西部民族档案文献资源共建亟待解决的一个主要问题,其内容涉及档案、古籍和文物等管理规范标准,以及民族语言文字标准、民族档案分类整理标准、编目著录标准、数字化资源建设标准等诸多方面。从少数民族语言文字标准化建设来看,长期以来,我国少数民族语言文字的标准化和信息化建设工作虽然发展较快,但是与少数民族语文信息化的迫切需求相比,还存在着标准体系化建设不完善、国家标准和国际标准的衔接等一些亟待解决的问题。从 LAM 研究视角分析,我国 LAM 各自的资源类型、数据格式、元数据标准有较大差别,资源载体功能各异,互操作存在较大困难。另外,长期分开管理产生 LAM 内各不相同的管理方式,也直接影响我国 LAM 数字资源的整合。例如,当图书馆在对书刊进行描述时,倾向于逐一地对个体进行描述,而档案馆和博物馆在对馆藏进行描述时,更倾向于使用多级别、多途径的方法。因此,不同的描述方法给信息的组织、揭示以及对文化内容的选择带来了不同程度的障碍②。具体而言,规范标准建设的滞后性与差异性对西部民族档案文献资源共建造成如下影响:

(一)对民族语言文字规范造成影响

其一,标准规范体系建设亟待完善。我国各少数民族传统通用的语言文字都制定了一些规范和信息编码标准。但由于民族语言规范化程度

---

① 赵生辉、朱学芳:《我国图书馆、档案馆、博物馆数字化协作框架 D-LAM 研究》,《情报资料工作》2013 年第 4 期。

② 刘家真:《我国图书馆、档案馆与博物馆资源整合初探》,《中国图书馆学报》2003 年第 3 期。

不高，部分民族语言方言差异较大，加之民族文字字形各异、复杂①，其标准规范还存在一系列亟待解决的问题：一是目前少数民族语言文字标准体系较为粗疏，只是搭建了一个初步框架，内部许多标准还有待制定完善；二是民族文字字符集不全或不合适，严重影响了标准的科学性和通用性；三是有些文字的编码标准虽然确定下来了，但在技术上还有待实现，少数民族语言文字信息处理标准的国际化工作发展缓慢；四是由于少数民族语言文字部分标准是"事实标准"，还存在诸多缺陷，标准的修订完善问题亟待解决。

其二，国家标准和国际标准衔接问题。我国少数民族语言文字国家标准在和国际标准的衔接上发展滞后，造成许多少数民族语言文字标准长期游离于国际标准之外。标准化建设是推动少数民族语言文字信息化发展的基础，也是信息系统有效运行的保证。没有其相关国际化标准作为基础和保障，少数民族信息化的发展就很难真正实现国际化，进而影响到少数民族优秀民族传统文化的传播发展②。

（二）对资源目录体系建设造成影响

从民族档案文献资源共建状况看，无论是资源外围共建、还是数字化资源整合建设等，都需要解决以著录标引为核心的目录体系构建问题，而亟待解决的则是档案、古籍和文物著录标引不同问题。从档案著录标准来看，主要国家标准有《档案著录规则》（DA/T 18-1999）、《档案主题标引规则》（DA/T 19-1999）、《革命历史档案著录细则》（DA/T 17.1-1995）、《民国档案著录细则》（DA/T 20.1-1999）等。图书著录标准中，和民族档案文献相关的主要有2008年7月，国家质量监督检验检疫总局、中国国家标准化管理委员会发布，2009年1月实施的《古籍著录规则》（GB/T 3792.7-2008）、《古籍元数据规范》（WH/T 66-2014）、《管理元数据规范》（WH/T 52-2012）等。文物著录标准主要有《馆藏文物登录规范》（WW/T 0017-2013）、《文物艺术品元数据规范》

---

① 教育部语言文字信息管理司：《少数民族语言文字的标准化和信息化建设》，国家民委门户网站，2018年6月10日，https://mzy.muc.edu.cn/info/1019/1079.htm，2023年5月27日。

② 教育部语言文字信息管理司：《少数民族语言文字的标准化和信息化建设》，国家民委门户网站，2018年6月10日，https://mzy.muc.edu.cn/info/1019/1079.htm，2023年5月27日。

（DB11/T 1219 – 2015）等。由于标准针对的著录标引对象不同，其著录项目、内容和要求也各不相同。如国家行业标准《档案著录规则》（DA/T18 – 1999）"著录项目"规定，著录项目是"揭示档案内容和形式特征的记录事项。包括题名与责任说明项、稿本与文种项、密级与保管期限项、时间项、载体形态项、附注与提要项、排检与编号项"[①]。

《古籍著录规则》（GB/T 3792.7 – 2008）"著录项目和著录单元"规定："著录项目和著录单元包括如下内容：题名与责任说明项：正题名、并列题名；出版发行项：出版地、出版者、出版年修版地、修版者、修版年印刷地、印刷者、印刷年；载体形态项：文献数量及特定文献类型标识，其他形态细节、尺寸、附件；丛编项：丛编正题名、丛编并列题名、丛编其他题名信息、丛编责任说明、丛编编号、分丛编标识和（或）题名、分丛编其他题名信息、分丛编责任说明、分丛编编号；附注项：标准书号及获得方式项（不适用）。"[②]

著录标引标准的不同直接影响到西部民族档案文献资源外围建设目录体系构建、数字化资源整合共建的目录体系建设，以及资源数据库建设的框架建设和元数据设置，及其数据内容登录等。因此，整合档案、古籍或文物等相关著录标引标准，对开展西部民族档案文献资源共建工作有重要推进作用。

（三）对文献资源联动存取造成影响

档案、图书或文物由于管理对象不同，相关管理与利用标准也各不相同。国家颁布的档案、图书和文物等相关管理与利用标准参见表3 – 2。

表3 – 2　　国家档案、图书和文物主要管理与利用标准规范一览

档案主要管理标准规范	图书主要管理标准规范	文物主要管理标准规范
《归档文件整理规则》 （DA/T 22 – 2015）	《中国少数民族文字古籍定级》 （GB/T 36748 – 2018）	《文物保护单位开放服务规范》 （GB/T 22528 – 2008）

[①] 中华人民共和国国家档案局：《档案著录规则（DA/T18 – 1999）》，国家档案局政务网，2018年7月14日，https://www.saac.gov.cn/daj/hybz/202206/beb7ba0f09ee4742ad4bb93bce2504b0.shtml，2023年5月27日。

[②] 中华人民共和国国家质量监督检验检疫总局和中国国家标准化管理委员会：《古籍著录规则（GBT 3792.7 – 2008）》，2008年7月16日。

续表

档案主要管理标准规范	图书主要管理标准规范	文物主要管理标准规范
《档案馆指南编制规范》（DA/T 3－1992）	《公共图书馆服务规范》（GB/T 28220－2011）	《文物保护单位标志》（GB/T 22527－2008）
《照片档案管理规范》（GB/T 11821－2002）	《乡镇图书馆统计指南》（WH/T69－2014）	《文物展品标牌》（GB/T 30234－2013）
《磁性载体档案管理与保护规范》（DA/T 15－1995）	《社区图书馆服务规范》（WH/T 73－2016）	《馆藏文物出入库规范》（WW/T 0018－2008）
《档案缩微品保管规范》（DA/T 21－1999）	《图书馆参考咨询服务规范》（WH/T 71－2015）	《馆藏文物展览点交规范》（WW/T 0019－2008）
《缩微摄影技术用35mm卷片拍摄技术图样和技术文件的规定》（GB/T 15021－1994）	《公共图书馆评估指标 第1部分：省级图书馆》（WH/T70.1－2015）、	《文物藏品档案规范》（WW/T 0020－2008）
《缩微摄影技术在16mm卷片上拍摄档案的规定》（DA/T 4－1992）	《公共图书馆评估指标 第2部分：市级图书馆》（WH/T70.2－2015）	《文物保护工程文件归档整理规范》（WW/T 0024－2010）
《档案缩微品制作记录格式和要求》（DA/T 29－2002）	《公共图书馆评估指标 第3部分：县级图书馆》（WH/T70.3－2015）	
《数码照片归档与管理规范》（DA/T 50－2014）	《信息与文献——公共图书馆影响力评估的方法和流程》（WH/T 84－2019）	

西部民族档案文献资源外围建设的一个重要目的就是以资源一体化建设为理念，通过构建联合目录体系、规范管理方式，实现民族档案文献资源检索、查阅和利用的共建共享。而档案馆、图书馆或博物馆等单位管理标准规范的不同，就会对其资源的联动存取造成影响。首先，开放范围不同造成的影响。档案、图书和文物存在着开放范围的不同，如档案有开放时限的限制，文件密级的限制；而古籍和文物则是公开向社会公众开放。其次，利用制度不同造成的影响。一般而言，到档案馆查阅档案文献需要携带身份证，办理相关查阅手续；到图书馆借阅古籍文

献需要办理借书证；而博物馆则是公开向社会开放，各个机构管理规范不一对民族档案文献的存取利用造成了影响。再次，利用方式不同造成的影响。就利用方式而言，档案馆主要有阅览、复制、展览、编研，以及网站和新媒体开发等方式；图书馆除馆内借阅外，广泛开展数字化利用；博物馆主要是文物的公开展示，同时，也开展虚拟展览和新媒体开发等利用服务。由此可见，管理规范的差异，对西部民族档案文献联机存取和开放利用都造成了影响。

（四）对数字资源建设管理造成影响

从民族档案文献资源共建状况看，更需要解决的是数字资源整合共建的标准化建设问题，主要有：

其一，数字化标准的统一问题。国家主要档案、图书和文物数字化管理标准规范参见表3-3。

表3-3 国家主要档案、图书和文物主要数字化管理标准规范一览

档案主要管理标准规范	图书主要管理标准规范	文物主要管理标准规范
《纸质档案数字化技术规范》（DA/T 31-2005）	《图书馆馆藏资源数字化加工规范 第2部分：文本资源》（GB/T 31219.2-2014）	《石窟文物三维数字化技术规范》（DB41/T 1338-2016）
《电子文件归档与管理规范》（GB/T 18894-2002）	《图书馆馆藏资源数字化加工规范 第3部分：图像资源》（GB/T 31219.3-2014）	《文物建筑数码照片资料管理规范》（DB41/T 1543-2018）
《公务电子邮件归档与管理规则》（DA/T 32-2005）	《图书馆馆藏资源数字化加工规范 第4部分：音频资源》（GB/T 31219.4-2014）	《石窟寺文物本体三维扫描测绘技术规程》（DB61/T 1173-2018）
《CAD电子文件光盘存储、归档与档案管理要求》（GB/T 17678.1-1999）	《图书馆馆藏资源数字化加工规范 第5部分：视频资源》（GB/T 31219.4-2014）	
《数码照片归档与管理规范》（DA/T 50-2014）		

数字化标准是西部民族档案文献数字资源整合共建的基础，只有整合档案、古籍和文物的数字化标准，才能实现其数字化资源共建，为进

一步实现其资源共享提供条件。

其二，数字化检索的影响。目前，档案数字化检索和元数据标准主要有《中国档案机读目录格式》（GB/T 20163-2006），此外，还有国家档案局、中央档案馆办公室 2008 年 3 月发布的《电子文件元数据标准》等。图书馆相关标准有《古籍元数据规范》（WH/T 66-2014）、《信息与文献 图书馆射频识别（RFID）第一部分：数据元素及实施通用指南》（GB/T 35660.1-2017）、《信息与文献 图书馆射频识别（RFID）第二部分：基于 ISO/IEC 15962 规则的 RFID 数据元素》（GB/T 35660.2-2017）等；博物馆相关标准的有《管理元数据规范》（WH/T 52-2012）、《文物艺术品元数据规范》（DB11/T 1219-2015）等。西部民族档案文献数字化资源共享是其整合共建的一项重要内容，也是实现其快捷查询利用数字化档案文献信息资源的重要方式。因此，整合档案、图书和文物数字化检索元素，构建统一的检索体系与元数据标准，对促进西部民族档案文献数字化资源共享利用有重要作用。

三 档案文献基础性整理问题

从西部民族档案文献的收集整理情况看，其档案文献的分类整理分为两种类型：

其一，综合性分类整理。其中，最为典型的是由国家民委组织，全国少数民族古籍整理研究室负责编纂的《中国少数民族古籍总目提要》。《中国少数民族古籍总目提要》是中国第一部少数民族古籍解题书目套书，是抢救、整理和出版少数民族文献遗产的重要举措。《总目提要》的编纂工作始于 1997 年，全书总体设计约 60 卷、110 册。至 2011 年 6 月，已出版 23 个民族卷共 19 册：《纳西族卷》《白族卷》《东乡族卷·裕固族卷·保安族卷》《土族卷·撒拉族卷》《锡伯族卷》《哈尼族卷》《回族卷·铭刻》《柯尔克孜族卷》《羌族卷》《毛南族卷·京族卷》《仫佬族卷》《达斡尔族卷》《土家族卷》《鄂温克族卷》《鄂伦春族卷》《赫哲族卷》《苗族卷》《侗族卷》《黎族卷》等[1]。

---

[1] 余盼兮：《〈中国少数民族古籍总目提要〉：中华民族文化的奇葩》，《中国民族报》2011 年 8 月 12 日第 7 版。

就《中国少数民族古籍总目提要》整理出版而言，其实质上已经成为探索西部民族档案文献整合集中，以及进行科学分类整理的成功案例，主要依据有：一是收录材料的原始性。从《中国少数民族古籍总目提要》收录的民族文献看，其中大部分文献都是具有原始性的档案文献。如1997年7月，国家民委办公厅《关于印发〈中国少数民族古籍总目提要〉编写纲要的通知》，其"收录范围"[①]包括"历史上存留下来的民族文字碑铭和文书"，这是独具民族特色的少数民族文字文书、碑刻历史档案；"民族起源、民族迁徙、文明起源等传说和民族史诗、叙事诗等有文献价值的中、长篇文献"等，为具有档案史料价值的少数民族口述档案；而"1949年以前成书并已流传使用的民族古籍"大多是少数民族直接形成的，具有档案的原始性，依据民族档案文献的多元性理论，可视为民族古籍档案文献。二是收录档案文献的全面性。《中国少数民族古籍总目提要》收录档案文献极为丰富，包括少数民族乡规民约、房产地契、各类呈文、婚姻合约等文书档案；少数民族文字典籍、经卷经文、文人著述等古籍档案；墓志铭、摩崖石刻、宗族碑、功德碑、地界碑、村规民约碑等碑刻档案；史诗、神话、传说、民间故事、民间歌谣等口述档案，收录范围涉及西部少数民族档案文献的各种类型。三是分类整理的科学性。《中国少数民族古籍总目提要》分类整理参考《中图法》分类顺序排列，并根据少数民族古籍实际情况，对《中图法》作适当调整[②]。其分类序号为：A. 宗教；B. 哲学；C. 伦理学；D. 政治、法律；E. 军事；F. 经济；G. 文化、教育、体育；H. 语言、文字；I. 文学；J. 艺术；K. 历史、地理；O. 数理化科学；P. 天文历法；R. 医药卫生；S. 农业科学；T. 工业技术；U. 交通运输；Z. 综合性图书；W. 其他。著录条目包括：条目汉语名称及其民族文字原文、拉丁字母转写，概述语，流传地，内容提要，研究价值，卷册，作者（讲唱者、笔录及翻译者），版本，保

---

① 国家民委办公厅：《关于印发〈中国少数民族古籍总目提要〉编写纲要的通知》，国家民委网站，2011年10月21日，https://www.neac.gov.cn/seac/mzwh/201012/1076801.shtml，2023年5月27日。

② 雷兴魁、雷晓静：《试论〈中国少数民族古籍总目提要〉的纲领性和发散性作用》，《回族研究》2007年第3期。

存和收藏情况等内容①，具有较好的规范性与科学性。

其二，收藏性分类整理。从西部民族档案文献的收集整理情况看，许多省市级档案馆、图书馆、博物馆、民委古籍办、民族研究所、文化馆或非遗保护中心等，都对所征集到的民族档案文献进行了分类整理和编制目录等基础性整理工作。以民族图书馆民族文献的整理编目为例，西部民族图书馆编辑的馆藏民族文献目录以及用汉文编辑的民族文献目录，数量更多。西南民族大学图书馆编辑了《西南民院馆藏地方目录》《民族资料目录》《藏传佛教资料目录》《西南民院馆藏期刊民族资料目录》《民族文献提要1949—1989》《羌族民间文学资料集》。湖北民族学院图书馆编辑了《1980—1998年土家族文献资料索引》《土家族情报资料通讯》《中国少数民族史料·傩文化研究索引》《古傩史料汇编·湖北方志卷》等资料，为土家族研究提供了较为便利的文献资源。中央民族大学图书馆编辑了《馆藏民族学科图书内容提要》《中国民族研究文献目录》《中国少数民族作家文学作品目录索引》《中国少数民族民间文学作品目录索引》等②。民族地区文献收藏机构的协调工作也起到了重要作用。例如，1990年西南地区民族院校图书馆协同编制了《民族和民族文献联合目录》；1997年，四川省高校图书馆情报工作委员会联合四川地区高校图书馆编辑出版了《四川省高校图书馆西南少数民族文献综录》，西南民族大学、广西民族学院、贵州民族学院、西藏民族学院、云南民族学院及中南民族学院等联合编制了《西南地区民族院校图书馆馆藏民族文献联合目录》等③。

虽然大多数省市级档案馆、图书馆、博物馆、民委古籍办、民族研究所、文化馆或非遗保护中心等，都对所保存的民族档案文献进行了分类整理工作，但就总体而言，许多收藏单位对征集到的民族档案文献还

---

① 国家民委办公厅：《关于印发〈中国少数民族古籍总目提要〉编写纲要的通知》，国家民委网站，2011年10月21日，https://www.neac.gov.cn/seac/mzwh/201012/1076801.shtml，2023年5月27日。

② 王小林、陈军：《基于异构网络的西部少数民族文献联合数据库建设》，《图书与情报》2014年第2期。

③ 郭向东、陈军、党燕妮：《西部少数民族文献资源建设研究》，科学出版社2018年版，第159页。

处于粗放式管理状态，主要问题如下：

（一）多数收藏单位尚未分类整理

从西部许多民族档案文献收藏单位看，除部分省市级单位外，一些省市级和多数县市级收藏单位尚未对征集到的民族档案文献进行分类整理，许多单位所收集的民族档案文献大多堆放在办公室。调研显示，收藏单位民族档案文献未进行分类整理的主要原因有：

其一，档案文献数量较少。西部一些县市级民族档案文献收藏单位，如民委古籍办、政协、出版社、民语委或博物馆等，为开展编研、译注或出版等业务工作需要，征集到部分民族档案文献，这些档案文献数量不多，为工作方便，大多堆放在办公室柜架之中。以内蒙古自治区部分市（盟）民委图书馆、古籍办、蒙博物馆、古语文办公室和寺庙等蒙古文古籍文献保护情况为例，其保管档案文献数量情况参见表3-4。由于保管条件简陋，加之管理制度松懈，极易造成档案文献的损坏或丢失。

表3-4 内蒙古自治区部分市（盟）蒙古文古籍文献保护情况统计[①]

文献保护机构	文献种类	文献保护机构	文献种类	文献保护机构	文献种类
赤峰民族师范高等专科学校图书馆	18	内蒙古兴安盟民族事务处	16	内蒙古乌兰察布盟凉城县图书馆	1
赤峰民族师范高等专科学校蒙语系	10	内蒙古自治区锡林郭勒盟档案馆	5	内蒙古赤峰市阿鲁科尔沁旗巴拉其如特庙	12
内蒙古赤峰市图书馆	17	内蒙古锡林郭勒盟报社资料室	3	内蒙古阿拉善盟阿拉善左旗民宗局	7
内蒙古赤峰市喀喇沁旗博物馆	5	包头市蒙古语文办公室	14	内蒙古巴彦淖尔盟乌拉特后旗政协资料室	10
内蒙古赤峰市阿鲁科尔沁旗根培庙	2	内蒙古巴彦淖尔盟乌拉特前旗莫日根庙	1	内蒙古自治区阿拉善盟阿拉善左旗延福寺	3
内蒙古赤峰市阿鲁科尔沁旗旗志办	3	内蒙古巴彦淖尔盟蒙古语文办	25	内蒙古阿拉善盟额济纳旗王府旧址	2

① 德力格尔：《〈中国蒙古文古籍总目〉编纂情况及全国蒙古文古籍的鉴别统计》，《蒙古学信息》1999年第1期；以及课题组实地调研。

第三章 西部国家综合档案馆民族档案文献遗产资源共建优势与问题

其二，没有专职管理人员。调研显示，西部许多收藏单位，如民委古籍办、民族研究所、文化馆、政协、出版社、民语委或博物馆等都没有专职管理人员对征集到的民族档案文献进行专门保管，一般只有办公室工作人员或从事编研、译注等方面的研究人员兼职进行管理。以楚雄州部分调研单位彝文档案文献保管情况为例，参见表3-5。这些兼职人员流动性大，没有专业的档案或图书保管知识以及保护意识，所收集到的民族档案文献或者存放在办公室，或者直接带回家中使用，没有对其进行分类整理，这也是造成民族档案文献无序化保管及其损毁流失的主要因素。

表3-5 楚雄州部分调研单位收藏彝文档案文献分类整理情况[①]

彝文档案文献收藏机构	收藏数量	管理人员和存放情况	分类整理情况
楚雄州档案馆	150册	专职，存放档案库房	未进行分类整理，编制简单目录
楚雄州博物馆	36卷	兼职，陈列展览	未进行分类整理，未编制目录
楚雄州图书馆	1600册	专职，存放在资料室	未进行分类整理，编制检索目录
楚雄师范学院图书馆	92卷	兼职，堆放在办公室	未进行分类整理，编制简单目录
楚雄州彝族文化研究所	1150卷	兼职，堆放在办公室	未进行分类整理，编制简要目录
楚雄州民委	30余册	兼职，堆放在办公室	未进行分类整理，未编制目录
楚雄州彝族文化研究院	10余卷	兼职，堆放在办公室	未进行分类整理，未编制目录
楚雄州双柏县文化和旅游局	200卷	兼职，堆放在办公室	未进行分类整理，未编制目录
双柏老虎笙演艺有限公司	30余册	兼职，堆放在办公室	未进行分类整理，未编制目录

---

① 资料来源于课题组实地调研材料。

（二）部分收藏单位整理方法简陋

就调研情况而言，随着国家对民族文化遗产保护工作的重视，西部一些收藏单位，尤其是县市级收藏单位也加强了对民族档案文献的规范管理，对所收集到的民族档案文献进行了分类整理，并编制简要管理目录。以西双版纳部分调研单位收藏傣族档案文献分类整理情况为例，其分类整理情况参见表3-6。

表3-6　西双版纳部分调研单位收藏傣族档案文献分类整理情况①

傣文档案文献收藏机构	收藏傣文档案数量	分类排序情况	目录编制情况
西双版纳州档案馆	371部，995册	排序整理，存放档案库房	编制简要目录
西双版纳州民族研究所	400部，1500册	存放在资料室	编制简要目录
西双版纳州图书馆	30册	存放在资料室	编制简要目录
景洪市档案馆	25册	排序整理，存放档案库房	编制简要目录
西双版纳州政协	20部	未整理，存放办公室	未编制目录
景洪县政协史志办	19册	未整理，存放办公室	未编制目录
西双版纳州佛学院	60册	排序整理，存放资料室	编制简要目录
勐海县档案馆	266册	排序整理，存放档案库房	编制简要目录
勐腊县档案馆	776册	排序整理，存放档案库房	编制简要目录

总体而言，西部部分州市级和多数县市级收藏单位对收集到的民族档案文献只是进行了初步整理，主要原因有二：

其一，管理人员业务素质较差。由于许多收藏单位的民族档案文献是由办公室人员或研究人员兼职保管，没有专业的档案或图书分类整理知识，从而影响了民族档案文献分类整理与目录编制的质量与水平。以西双版纳佛学院图书馆收藏的傣文档案文献为例。该图书馆收藏资料丰富，主要包含图书、档案、期刊、内部资料、实物、贝叶经等各种文献

---

① 资料来源于课题组实地调研材料。

类型。其中，傣文档案文献共有 60 多册，主要有缅甸大藏经一套，包括本生经 8 册，记述 547 个佛经小故事；贝叶经手抄本 1 套；构皮经书 30 本左右，是一些常诵经文；以及部分老傣文经书教材等。图书馆资料室由傣族工作人员都比迪兼管，他主要从事傣文佛经翻译工作，用 10 年时间做了很多巴利三藏和老傣文经文的译注工作，特别是佛学院僧侣需要使用的仪轨经书等。他没有档案或图书管理的专业知识和经验，自学中国图书分类法，对傣文经书进行了简单的排序、编目和排架等整理工作[①]。

其二，民族文字档案译注困难。西部许多民族地区的档案馆、图书馆、博物馆、文化馆等都征集到部分民族文字档案文献，由于这些单位缺少掌握民族文字的民族或汉族翻译人才，不仅不能对民族文字档案文献进行译注利用，由于不了解内容，对其分类整理也极为困难。以西双版纳州档案馆为例，西双版纳州档案馆珍藏有傣文经书 371 部，共 995 册，其中，绵纸经 197 部，共 488 册；贝叶经 174 部，共 507 册。据档案馆工作人员介绍，由于档案馆缺乏专门的傣文档案文献翻译人才，傣文经书请州民族研究所研究人员编制过简要目录，主要登记项目有：序号、经书名、性质、册数、编号和备注等，主要问题是"目录上只有音译的题名，而且用字不统一"。傣文档案文献分类整理的主要困难还是译注人才的缺乏问题，人才缺失导致的主要问题有：不了解贝叶经内容无法归类问题；经书标题的音译，不知道实际含义问题；100—500 字汉字的经书内容提要翻译撰写问题等。

随着傣文档案文献数字化工作的开展，州档案馆将和州民族研究所合作，对傣文档案文献进行重新分类整理，工作计划为：一是对贝叶经内容进行分类；二是把目录进行汇总，重新进行编制等。具体工作是：（1）音译名进行汉字统一；（2）尽量使用意译把题目翻译出来；（3）将分散的贝叶经册进行集中整理；（4）内容重复的通过备注项说明；（5）目录数字化，生成数字化目录；（6）对贝叶经和棉纸经进行拍照扫描，进行数字化建设。这项工作的开展将极大地推进西双版纳州档案馆

---

① 资料来源于课题组实地调研材料。

傣文档案文献分类整理及其数字化建设工作的发展①。

四 共建单位信息权益的保障

（一）对共建单位工作支撑的重要性

在现行体制下，为保护抢救民族文献，档案馆、图书馆、博物馆、民委（或民宗局）古籍办、纪念馆、民族研究所、文化馆或非遗保护中心等，或从民族档案文献，或从民族古籍、民族文物等视角，征集抢救了一大批民族档案文献，作为本单位进行民族文献保护工作的主要业绩，以及开展发掘利用工作的重要依据。因此，在开展西部民族档案文献资源外围建设工作中，无论是以目录体系构建，还是以数字化资源整合集中的资源共建工作，既要考虑到其档案信息资源的共建共享，也要顾及民族档案文献收藏的信息权益。主要理由如下：

1. 民族文献是保护工作业绩的重要展现。无论是档案馆，或是图书馆、博物馆、民委古籍办，以及文化馆或非遗保护中心等，都把民族档案文献、民族古籍、民族文物或非遗档案文献等的征集保护，作为本单位的一项重要业务工作。以内蒙古自治区档案局（馆）为例，1984 年，内蒙古自治区档案局（馆）设立蒙文档案部，其主要职责为：收集、征集散存在区内外有关内蒙古地区具有保存价值的蒙文历史档案，并对其进行整理、编目、提供利用；开展蒙文历史档案的研究，进行史料的出版工作；开展蒙文档案现代化管理；与国际、省际间进行蒙文档案学术交流与合作等工作②。蒙文档案部设置之后，广泛开展蒙古文档案文献的接受征集工作，迄今，共收集到 20 个全宗，共 63258 卷蒙古文档案文献，在蒙古文档案文献保护方面作出显著成绩③。

在民委古籍办系统，1985 年，根据《关于批转自治区社会科学院

---

① 资料来源于课题组实地调研材料。
② 内蒙古自治区档案馆：《内蒙古自治区档案馆蒙古文档案部工作简介》，内蒙档案信息，2021 年 8 月 11 日，http：//www.archives.nm.cn/information/nmg_dangan44/msg21935222717.html，2023 年 5 月 27 日。
③ 内蒙古自治区档案馆：《内蒙古自治区档案馆馆藏蒙古文档案简介》，内蒙档案信息，2015 年 10 月 29 日，http：//www.archives.nm.cn/information/nmg_dangan44/msg21948222801.html，2023 年 5 月 27 日。

第三章 西部国家综合档案馆民族档案文献遗产资源共建优势与问题

〈关于整理出版藏文古籍实施方案的报告〉的通知》，西藏自治区社会科学院开始筹建藏文古籍出版社，成立藏文古籍丛书编辑委员会。1989年，西藏藏文古籍出版社正式成立。筹建小组先后从拉萨、日喀则、那曲、仁布及区外一些地方搜集到散存原始古籍300余部，整理部分有关历史、宗教、医药、历算、地质风物、哲学、文学、语言、工艺等方面的古籍文献，并选择了其中的12部（13册），总计300多万字，交付西藏人民出版社出版。1988年9月，西藏藏文古籍出版社筹建工作组发起在拉萨召开的"五省区藏文古籍工作协作会议"，至2000年，第七次协作会议成立六省市区藏文古籍工作协作领导小组，极大地推进了藏文古籍征集保护工作的开展。如1999年全区正式启动藏文古籍编目工作后，各地市积极开展藏文古籍的普查、征集或登录工作。作为自治区"古籍办"的社科院，组织了以藏文古籍出版社为主的编目组，大力开展藏文古籍的普查征集工作。此外，西藏社会科学院在1997年成立民族研究所，下设《格萨尔》抢救办公室（即西藏自治区《格萨尔》研究中心）。民族所十分重视《格萨尔》的抢救整理工作，自20世纪80年代初，先后寻访民间说唱艺人56名，录制艺人说唱本近100部，整理50多部，收集旧版本、手抄本藏文古籍近100部。目前，正在开展《〈格萨尔〉艺人桑珠说唱本》的录音、整理和出版工作，现已整理出版20部，预计整理出版40余部[①]。

2. 民族文献是整理发掘工作的重要依据。档案馆、图书馆、博物馆、民委（或民宗局）古籍办和民族研究所等单位所承担的另一项重要职责是对征集到的民族文献进行整理、研究、译注和出版。而在实际工作中，民族文献的整理出版已经成为这些单位业绩评定的重要指标。以云南省古籍办系统为例，自1984年以来，云南省民委古籍办投入了大量的人力、物力和财力，依托征集到的5000多册古籍文献，开展民族古籍整理出版工作。主要成果有：组织出版了一套《云南民族古籍丛书》，包括彝、傣、纳西、回、哈尼、白、苗、瑶、基诺、藏、普米、傈僳、景颇等民族的古籍70余部，编辑出版《彝族原始宗教绘画》《云南回族人物碑传

---

① 本课题组：《藏族说唱家桑珠说唱本首发式日前在拉萨举行》，《民族文学研究》2001年第4期。

精选》《彝族打歌调》《求取占卜经》《景颇族传统祭词译注》《沙萨纳芒鉴》《苗族指路经》等古籍文献,在民族古籍的翻译出版方面取得显著成绩。此外,大理州规划出版了《大理丛书》,现已出版《金石篇》《本主篇》等 20 余册。2000 年,丽江市投资 400 多万元,由云南人民出版社出版了 5000 多万字共 100 卷的《纳西东巴古籍译注全集》,并获得了第五届国家图书奖荣誉奖。2002 年,西双版纳州投资 700 多万元,规划启动《中国贝叶经全集》100 卷的整理、翻译、出版工作,截至目前,已翻译完成 90 卷,出版 30 卷。2005 年,楚雄州在编译出版《彝文古籍译丛》的基础上,投入 1000 万元,启动《彝族毕摩经全集》100 卷的编译出版工程,目前已完成 53 卷编译工作,出版了 30 卷。至今,云南省整理出版民族古籍达 600 多册 10000 余种[①]。再如内蒙古自治区档案馆蒙文档案部积极开展蒙古文档案文献编研工作,相继编纂了《东蒙自治政府蒙文档案汇编》《内蒙古人民革命党蒙文资料选编》《准格尔旗蒙文专题资料汇编》《准格尔旗王公台吉世袭及福晋册封》《成吉思汗八白室与蒙文档案汇编》《成吉思汗金书》,与中国第一历史档案馆、内蒙古大学蒙古学研究中心合作出版了《清内秘书院蒙古文档案汇编》等档案史料汇编[②]。

(二)档案文献信息权益保障问题

1. 单位利益保障问题。2016 年 7 月,中央办公厅、国务院办公厅印发的《国家信息化发展战略纲要》提出,"探索建立信息资产权益保护制度,实施分级分类管理,形成重点信息资源全过程管理体系。加强采集管理和标准制定,提高信息资源准确性、可靠性和可用性。依法保护个人隐私、企业商业秘密,确保国家安全"[③]。相关档案法规也设立专门条款,维护档案文献所有权单位或个人的档案信息权益。如《档案法》第

[①] 普学旺:《云南省少数民族古籍抢救保护工作情况汇报》,云南省图书馆网站,2011 年 2 月 24 日,http://www.ynlib.cn/Item/7.aspx,2023 年 5 月 27 日。

[②] 内蒙古自治区档案馆:《内蒙古自治区档案馆蒙古文档案部工作简介》,内蒙古档案信息,2021 年 8 月 11 日,http://www.archives.nm.cn/information/nmg_dangan44/msg21935222717.html,2023 年 5 月 27 日。

[③] 国务院办公厅:《中共中央办公厅 国务院办公厅印发〈国家信息化发展战略纲要〉》,中国政府网,2016 年 7 月 27 日,https://www.gov.cn/xinwen/2016-07/27/content_5095336.htm?cid=303,2023 年 5 月 27 日。

二十三条规定:"公布属于国家所有的档案,按照下列规定办理:(1)保存在档案馆的,由档案馆公布;必要时,应当征得档案形成单位同意或者报经档案形成单位的上级主管机关同意后公布;(2)保存在各单位档案机构的,由各该单位公布;必要时,应当报经其上级主管机关同意后公布;(3)利用属于国家所有的档案的单位和个人,未经档案馆、档案保存单位同意或者前两项所列主管机关的授权或者批准,均无权公布档案。属于集体所有、个人所有以及其他不属于国家所有的对国家和社会具有保存价值的档案,其所有者向社会公布时,应当遵守国家有关保密的规定,不得损害国家的、社会的、集体的和其他公民的利益。"① 赵生辉等认为,档案馆、图书馆和博物馆等机构在开展资源整合建设时,"应该考虑到相关各方的利益诉求,在实现体系整体价值实现的同时,要保证所有参与协作的各方都能够从协作当中受益,从而使相关各方都有足够的动力参与协作,完成协作要求的各类任务"②。从西部民族档案文献保管机构看,各个单位所保存的档案文献的数量内容、类型构成、形成年代、利用价值,以及档案文献的齐全完整程度等都各不相同。基于保存文献的差异,各个收藏单位就拥有了不同的文献信息权益。因此,在西部民族档案文献资源外围建设中,就要兼顾档案馆、图书馆、博物馆、民委古籍办或非遗保护中心等单位的信息权益,从共建单位信息权益保障、资源整合共建义务、标准规范实施、资源建设成果共享等方面构建信息权益保障协议,维护共建单位信息权益,保障其资源外围建设工作的开展。

2. 知识产权保护问题。《档案法》第二十五条规定:"利用、公布档案,不得违反国家有关知识产权保护的法律规定。"③ 2017 年 3 月,国务院发布《国务院关于新形势下加强打击侵犯知识产权和制售假冒伪劣商品工作的意见》第一条提出,"修订完善相关法规和标准,改革创新监管

---

① 国务院办公厅:《中华人民共和国档案法》,中国政府网,2020 年 6 月 21 日,https://www.gov.cn/xinwen/2020-06/21/content_5520875.htm,2023 年 5 月 27 日。

② 赵生辉、朱学芳:《数字社会记忆资源跨机构聚合机制研究》,《档案学研究》2014 年第 2 期。

③ 国务院办公厅:《中华人民共和国档案法》,中国政府网,2020 年 6 月 21 日,https://www.gov.cn/xinwen/2020-06/21/content_5520875.htm,2023 年 5 月 27 日。

制度和机制，加强信息技术等新技术新手段运用，强化事中事后监管，全面提高打击侵权假冒工作水平，加快建设知识产权强国，为实现全面建成小康社会奋斗目标提供有力支撑"①。关于文献信息资源整合建设知识产权问题，刘小瑛认为，目前欧洲许多信息共享项目以进入公有领域的信息资源数字化为主。对我国而言，除选取进入公有领域的信息资源外，还可与各期刊杂志社、作者签订版权协议，以此取得信息资源的使用权②。开展西部民族档案文献资源外围建设，无论是实体文献联机检索服务，还是数字化资源整合共建，或是信息网络传播利用等，都会涉及知识产权保护问题。为此，在民族档案文献资源共建工作中，要尊重著作人权益，签订版权协议，保护知识产权，促进西部民族档案文献资源外围建设与数字资源整合共建工作的开展。

五 数字化及其资源建设问题

我国西部地区相关机构或学者十分重视少数民族档案、古籍或文物等文献数字化资源建设理论与实践研究。如2010年7月，甘肃省图书馆馆长郭向东申请国家社科基金项目"西部少数民族文献资源建设研究（10XTQ014）"获得立项，2016年11月完成项目研究，其成果有《西部地区图书馆馆藏发展政策分析——基于少数民族文献的讨论》《基于异构网络的西部少数民族文献联合数据库建设》等相关文献。其中《西部地区图书馆馆藏发展政策分析——基于少数民族文献的讨论》一文结合我国西部地区图书馆的馆藏特色，分析西部少数民族文献出版、存藏与利用情况，认为西部地区图书馆要重视对少数民族文献的搜集和利用，采用短期目标和中长期规划相结合方式，以阅读推广、珍贵文献保护、专业人才培养等方法，加大对少数民族文献的保护利用，使图书馆成为传承民族优秀文化的主阵地，并为民族文化交流融合做出贡献。《基于异构网络的西部少数民族文献联合数据库建设》一文从文献资源基础、数字

---

① 国务院办公厅：《国务院印发〈关于新形势下加强打击侵犯知识产权和制售假冒伪劣商品工作的意见〉》，中国政府网，2017年3月22日，https：//www.gov.cn/xinwen/2017-03/22/content_5179709.htm，2023年5月27日。

② 刘小瑛：《我国图书馆、档案馆、博物馆数字资源整合面临的主要问题及应对策略》，《图书馆学研究》2014年第12期。

处理技术及网络信息基础三个方面分析基于异构网络的民族文献特色联合数据库的构建条件，从前期规划、特色数据库建设等方面提出联合数据库建设基本策略，并强调应注重人才培养、严把数据质量、实时更新数据，才能保证数据库建设的可持续发展。其成果关于西部少数民族文献资源建设思想、数据库构建理念与方法，对少数民族档案文献特色数据库建设有启示作用。

在少数民族古籍特色数据库建设方面取得显著成果的是李仲良教授，其学术贡献主要是：其一，少数民族古籍数字化保护理论研究。2013年6月，李仲良教授申报国家社科基金一般项目"彝文古籍及其数字化保护与利用研究（13BTQ042）"获得立项。2017年，依据课题研究成果所撰著作《彝文古籍及其数字化保护与利用研究》出版，该书主要探讨我国彝文古籍的类型、主要分布、保存及数字化现状调查研究；彝文古籍数字化保护与利用，以及彝文古籍数据库系统建设理念、方法和技术，进而提出推进我国彝文古籍的数字化保护与利用方案及对策建议。其主要学术观点为：首先，彝文古籍是中华传统文化的重要组成部分，但彝文古籍数字化保存现状不容乐观，严重影响了彝文古籍的保护传承和共享利用。其次，应充分运用多媒体、数据库、移动网络等现代信息技术手段，改进和完善我国彝文古籍数字化保护与利用方案。再次，民族、文化等政府部门应进一步加强对彝族等少数民族古籍数字化保护与利用工作的重视，出台相关政策，建立健全少数民族古籍数字化保护传承和共享利用工作机制。其二，建成示范性彝族古籍特色数据库。其成果有二：一是《彝文古籍数据库》[①]，收录彝文古籍2000余条；二是《彝族文化遗产数据库》[②]，录入数据4万余条。其理论与实践成果，为本课题特色数据库建设提供了理念思路和技术方法。

少数民族古籍、文物或文献数字化建设课题还很多，如国家社科基金一般项目有侯明昌"云南少数民族口述文献价值及其数字化语音库建

[①] 楚雄师范学院图书馆：《楚雄师范学院彝文古籍数据库》，http：//ywgj.cxtc.edu.cn：8080/xmlui/，2023年5月27日。

[②] 楚雄师范学院图书馆：《彝族文化遗产数据库》，http：//yzwh.cxtc.edu.cn：8080，2023年5月27日。

设——以纳西族东巴为个案的实证研究（10CTQ015）"、陈海玉"云南傣族医药古籍文献整理及其基础数据库建设研究（11CTQ041）"、王晋"白族口承文艺非物质文化遗产调查及专题数据库建设（12CTQ018）"、高建辉"西南彝族口述历史资料搜集整理及其有声数据库建设（16XTQ008）"和韩卫红"藏族口述文献开发利用及数字化研究（16XTQ010）"等；教育部人文社会科学规划项目有宋光淑"东巴文化研究专题文献数据库（9922076）"、甘友庆"云南少数民族金石文献数据库建设（11XJC870001）"等。

同时，也形成了一批研究成果，如论文有黄正良《白族古籍文献专题数据库建设刍议》（2011）、贺科伟《我国古籍数字化标准体系建设刍议》（2011）、周卫红《藏文文献数字图书馆的构建——以美国藏传佛教资源中心数字图书馆（TBRC）为例》（2012）、高建辉《贵州彝文古籍保存现状及其数字化保护策略调查研究》（2015）、吉差小明等《彝文古籍数字化研究现状与展望》（2016）等，其研究内容涉及少数民族古籍、文物或文献的生存状况，传统载体数字化转化、特色数据库建设、管理软件设计研发，以及数字化资源共建共享等问题，对少数民族档案文献的数字化保护与特色数据库建设有较好的借鉴启示作用。从民族档案文献数字化资源建设理论研究与实践方法情况来看，亟待解决的主要问题有：

（一）档案文献数字化建设问题

在本书研究过程中，课题组对西部相关民族档案文献的数字化情况进行了调研，所设计的主要问题有：贵单位民族档案文献收集方式、保存数量、编目和保管条件等状况；民族档案文献数字化数量、管理软件开发，及其数字化方式等。从民族档案文献数字化建设情况看，一些省市级单位情况较好。如广西壮族自治区少数民族古籍办征集到壮族文书3000份，一般古籍500册，经书4500册，非遗建档档案文献50盘；毛南族一般古籍有100册，经书200册；仡佬族文书有1000册，一般古籍100册，经书200册。其中，壮族数字化档案文献2500册；毛南族数字化档案文献50册；仡佬族数字化档案文献1000册，民族档案文献数字化总数共计3550册，均采用外包的方式完成。又如云南省民委古籍办共征集到彝文古籍1369册，2009—2010年，云南省民委古籍办和中山大学签订合作协议，由中山大学图书馆徐坚老师带领部分人员，利用数码相机和扫描设备，将所征集到的彝文古籍全部进行扫描加工，完成数字化建设。同时，也为跨系统跨区域民族档案文献信息资源整合共建提供了成功案例。西南民族大学彝族文献馆珍藏有彝文文书、经书等6300册，采用外包方式对部分重要彝文文书和经书进行了数字化。西双版纳州档案馆珍藏有傣文经书371部共995册。其中，绵纸经197部共488册，贝叶经174部共507册。就其傣文档案文献数字化而言，该馆已经对15万页的贝叶经进行数字化建设，目前，通过使用馆内数字化设备，共扫描了5万页，占总数的1/3，在其数字化建设方面取得初步成果①。而大部分调研单位收藏的民族档案文献都未进行数字化，如贵州省毕节市彝文文献翻译研究中心珍藏有彝文文书、经书等档案文献1000册，都为堆放保存，未进行数字化建设；贵州民族大学图书馆收藏彝文古籍221册，尚未开展数字化工作②。现以贵州省部分调研单位彝文档案文献数字化建设为例，了解西部民族档案文献数字化建设工作情况。部分收藏单位彝文档案文献数字化情况参见表3-7。

表3-7　　贵州省部分单位存藏彝文档案文献数字化建设情况③

彝文档案文献收藏机构	彝文档案数量	数字化情况	数字化方式
贵州民族大学民族文化研究院	200多卷	未进行数字化	无
贵州民族大学图书馆	221册	未进行数字化	无
贵州省博物馆	20多卷	未进行数字化	无
贵州工程应用技术学院彝学院	106卷	完成数字化	外包完成
毕节市档案馆	157卷	未进行数字化	无
毕节学院彝学研究院	300册	完成数字化建设	外包完成
毕节彝文文献翻译研究中心	1000册	部分数字化	单位完成
大方县民委	284部	未进行数字化	无
赫章县民委	71部，250册	未进行数字化	无
威宁县民委	50册	未进行数字化	无

---

① 资料来源于课题组实地调研材料。
② 资料来源于课题组实地调研材料。
③ 资料来源于课题组实地调研材料。

续表

彝文档案文献收藏机构	彝文档案数量	数字化情况	数字化方式
水城县民委	90册	未进行数字化	无
六盘水市民委	30册	未进行数字化	无

上述可知,随着社会进步与信息技术的普及应用,多数收藏单位开始重视民族档案文献数字化建设工作,就总体情况而言,档案馆、图书馆民族档案文献数字化建设工作较好,而一般县市级民委古籍办、民族研究所、文化馆等单位的数字化工作尚属起步阶段,还有待于国家政策、经费、人才与技术支持。

(二)特色数据库设计建设问题

我国少数民族文献数据库建设工作发展较快,特色数据库建设成果主要有少数民族古籍数据库、医药文献数据库、口述文献数据库和濒危语言数据库等。以云南省部分高校民族档案文献数据库建设为例,云南民族大学建成有部分民族档案文献特色数据库,主要有云南民族语音数据库、少数民族文献相关数据库等。其中,西南少数民族特色文献数据库是重要民族档案文献资源库,该库是CALIS三期专题特色库——云南高校图书馆特色资源数据库建设项目的组成部分,获得云南高校数字图书馆共享平台——特色资源数据库子项目经费支持。该数据库收录了丰富的各类西南少数民族文献,特别是云南各地民族古籍文献、口头传承整理的文献,选录西南民族特色文献的书目、期刊、民族古籍、剪报等资源,具有特色性、权威性、实用性的特点,实现了各类文献、视频等资源的整合建设,可进行文献资源动态分析,为读者提供深层次、多渠道、全方位的特色资源服务。

云南艺术学院图书馆建成极具民族特色的云南民族艺术资源数据,该数据库依托CALIS云南省中心云南高校数字图书馆共享平台,以云南艺术学院图书馆云南地方民族艺术特色馆藏资源为基础,按照CALIS的标准和规范进行建设。该数据库重点梳理、收录了一批最具云南特色,兼具独特性、原始性的民族艺术文献。该数据库包括5个子库,数据库建设情况参见表3-8。

表3-8　云南艺术学院图书馆云南民族艺术资源数据库子库情况①

序号	特色数据库子库名称	特色数据库子库建设内容
1	云南民族音乐子库	包括云南原生态民歌、云南民族宗教音乐、云南作曲家作品、云南少数民族乐器、云南民族音乐学术研究成果等
2	云南戏剧子库	包括云南本土戏剧、少数民族戏剧作品、云南民族戏剧学术研究成果等
3	云南民族、民间美术子库	包括云南民族民间美术作品、云南民族民间工艺品、云南本土画家作品、云南走向全国和世界的画家表现云南民族题材的作品等
4	云南民族舞蹈子库	包括云南原生民族舞蹈、云南本土舞蹈家作品、云南民族舞蹈学术研究成果等
5	云南曲艺特色子库	该库收集了大量的云南曲艺原始档案文献，主题鲜明，资源丰富

大理学院图书馆构建的民族档案文献数据库最具特色的是南诏大理文献专题数据库，该数据库包括4个子库，数据库建设情况参见表3-9。

表3-9　大理学院图书馆南诏大理文献专题数据库情况②

序号	特色数据库子库名称	特色数据库子库建设内容
1	南诏大理国文献库	包括南诏大理国古籍文献、南诏大理国重要研究论著等
2	南诏大理典籍库	包括史籍文典、滇榆方志、碑刻铭文、家谱、经卷中南诏大理国史料辑录与标引等
3	南诏大理实物图片库	包括重要文物图片及简介、重要古迹图片及简介等
4	研究成果论著题录库	包括著作题录、论文题录、考古研究报告等

楚雄师范学院图书馆长期重视民族文献数字化采集与建设工作，在

---

① 资料来源于郭向东、陈军、党燕妮《西部少数民族文献资源建设研究》，科学出版社2018年版，第159页；以及部分调研材料。
② 资料来源于郭向东、陈军、党燕妮《西部少数民族文献资源建设研究》，科学出版社2018年版，第159页；以及部分调研材料。

民族档案文献数据建设方面取得丰硕成果，其中，最具特色的是彝族文化数字资源平台[①]、彝族古籍数据库[②]、楚雄彝族优秀文化作品数据库[③]、西南彝族口述历史资料数据库[④]、中缅跨境民族口承文化数据库和艺术作品数字化赏析与展示数据库[⑤]等，数据库建设情况参见表3-10。

表3-10　楚雄师范学院图书馆民族档案文献特色数据库建设情况[⑥]

序号	特色数据库名称	特色数据库建设内容
1	彝族文化数字资源平台	该数据库是楚雄师范学院图书馆的自建特色数据库，包括4万多条数据，建设时间是2016—2017年，资金来源是中央财政的专项经费200万元。数据库涵盖国内外目前能搜集到的各类有关彝族和彝学研究的普通图书、古籍、报刊、论文、网络资源、音视频资料、人物、图片、彝语教学资源、家谱族谱、手稿信札、石刻拓片等一、二、三次文献。其内容涉及彝族的语言文字、历史、地理、宗教、哲学思想、文学艺术、社会经济、生产生活、婚姻家庭、民俗习惯、族际交往、文化遗产等领域，可在楚雄师范学院图书馆的网站和平台上检索、浏览和下载
2	彝族古籍数据库	该数据库建设时间是2013—2017年，是国家社科基金项目"彝文古籍及其数字化保护与利用研究"的研究成果之一，项目负责人是李仲良研究馆员。数据库收录了当时收集到的彝文古籍200多卷，内容涵盖民俗类、宗教类、文学艺术类、天文律历类、火把节祭祀经、丧葬祭经、伦理道德教育类、作祭经、招福神、丧葬经等。每本古籍都详细著录了主题、责任者、发布时间、题目等字段

---

① 楚雄州图书馆彝族文献数据库系统：《彝族文化数字资源平台》，http://yzwh.cxtc.edu.cn:8080/，2023年5月27日。

② 楚雄师范学院图书馆：《彝族古籍数据库》，http://ywgj.cxtc.edu.cn:8080/xmlui/，2023年5月27日。

③ 楚雄师范学院图书馆：《楚雄彝族优秀文化作品数据库》，http://ynadl.ynnu.edu.cn/Home/libraryShow/20，2023年5月27日。

④ 楚雄师范学院图书馆：《西南彝族口述历史资料数据库》，http://yzksls.cxtc.edu.cn:8081/，2023年5月27日。

⑤ 楚雄师范学院图书馆：《中缅跨境民族口承文化数据库和艺术作品数字化赏析与展示数据库》，http://211.83.177.3:8082/，2023年5月27日。

⑥ 资料来源于课题组实地调研材料。

第三章　西部国家综合档案馆民族档案文献遗产资源共建优势与问题

续表

序号	特色数据库名称	特色数据库建设内容
3	楚雄彝族优秀文化作品数据库	该数据库的建设时间是2015年，是目前了解楚雄彝族文化优秀作品较为全面、完整的数据库。收录了研究楚雄彝族历史、人文、医学、教育等相关学术文献，反映楚雄彝族文化的书画、建筑、服饰的图片精选作品，最具典型性和代表性的楚雄彝族歌舞视频专辑，以及楚雄彝族古籍代表作品和彝族文字。该数据库已收录楚雄彝族文化优秀作品近2万条，其中不少作品属独有资源
4	西南彝族口述历史资料数据库	该数据库是国家社科基金项目"西南彝族口述历史资料搜集整理及其有声数据库建设"的研究成果之一，项目负责人是高建辉副研究馆员，项目建设时间是2017—2019年，目前收集了4000多条彝族口述历史资料，数据来源包括田野调查、出版物、网络资源和音像制品等，口述的采访对象包括普通人（包含彝族和其他民族）、彝族文化研究学者（包含彝族或其他民族）、彝族毕摩（彝族）、彝族手工艺人和非物质文化遗产传承人（彝族）、领导干部和社会名人（彝族或其他民族）五类，数据库的内容涵盖历史政治、语言与文学、歌谣与艺术、科技与教育、哲学宗教、礼仪习俗等，具体包括州县乡村史、民族发展史、个人及家族史、社会评论、神话传说、创世和叙事史诗、民间故事、语言文字、酒歌、生活及劳动歌、礼仪习俗歌、情歌、艺术史、生产生活技艺、医药卫生、天文历法、理想信念、道德伦理、宗教祭祀、人生礼仪、节庆习俗、生产生活习俗、禁忌与习惯、讲座会议、学术资料、影视剧集、宣传介绍音视频、口述者肖像和访谈照片。每条数据都根据"楚雄师范学院图书馆口述历史资料著录要求"进行了著录，著录的元数据主要包括题名、关键词、来源、版权所有者、采访者和记录者姓名、口述者、被采访人的详细信息、语种、方言类型、主题分类、采访地点、采访时间、口述者详情、对应的音频文件名、访谈时的场景照片和口述者的肖像照片、其他注意事项等。资源采集地点主要以云南为主，四川贵州为辅。目前该网站可以实现所有字段和数据的普通检索和高级检索

续表

序号	特色数据库名称	特色数据库建设内容
5	中缅跨境民族口承文化数据库	该数据库是国家社科基金项目"中缅跨境民族口承文化资料整理及其数据库建设"的研究成果之一，包含中缅跨境民族中较为具有代表性的景颇族、傈僳族、傣族、佤族四种民族的口承文化资料，有图片、图书、音频、视频资料。该数据库还在建设中，还未上线
6	艺术作品数字化赏析与展示数据库	该数据库包含了部分彝族图片档案文献，这些资源都是来源于楚雄师范学院图书馆展厅展出的书画和艺术作品，比如彝文书法作品、彝族绘画作品、彝族手工艺品等，该数据库正在建设中

就建设情况而言，少数民族档案文献遗产特色数据库设计与建设亟待解决的问题有：首先，应用档案全宗理论，以民族，如维吾尔族、蒙古族、藏族、彝族、傣族和阿昌族等为建设单位，构建少数民族档案文献遗产特色数据库。其次，基于民族记忆完整性构建理念，对特色数据库进行全面性建设。具体而言，就是要将能记录与反映少数民族社会历史发展的少数民族现行文件、历史文书、古籍、石刻、木刻、金文、印章和贝叶经等，以及包括少数民族口述档案的少数民族濒危非物质文化遗产建档档案文献，少数民族不可移动濒危物质文化遗产建档档案文献等各种数字化档案文献，进行整合建设，以全面构建、保护与传承民族记忆。再次，在特色数据库资源建设模块设计方面，依据其民族文化遗产保护理论，将少数民族档案特色数据库资源划分为三大建设模块：一是传统载体少数民族档案文献数字化资源模块；二是少数民族非物质文化遗产档案文献数字化资源模块；三是不可移动物质文化遗产档案文献数字化资源模块。特色数据库建设是共建单位民族档案文献数字化要解决好的首要问题，其科学构建对整合共建单位数字资源、实现各个省区民族档案文献资源数据库的完整构建与共享，更好地发掘利用其档案信息资源有重要现实作用。

（三）数字化资源共建共享问题

少数民族数字资源共建共享需要解决的主要问题有：其一，共建机制构建问题。针对复杂的行政隶属关系给共建共享工作带来的制约,就要建立多机构协同参与的协作机构,组织、协调西部民族档案文献数字资源共建共享工作。具体而言,就要建立以西部各省区文化厅为领导的资源共建委员会,构建共建工作领导、组织和协调机制,制定相应的标准体系,开展共建单位外围建设,以及数字资源整合共建工作,兼顾各建设单位的利益,实现"1+1+1>3"的协作共赢。其二,标准规范实施问题。制定民族档案文献数字化加工与语义标注规范,确定数字化加工处理的标准流程、重点控制要素和数据加工方法,以档案馆为重点,以图书馆、博物馆、文化馆(或非遗保护中心)、民委古籍办,以及民族研究所等单位所保存的少数民族古籍、文物或文献为对象,通过数字化扫描、语义著录等方法构建标准规范的数字资源体系,统一民族档案文献数字化资源建设工作。其三,共建主体确立问题。即以西部各省区数字档案馆为共建主体,以共建共享为建设理念,以数字化建设标准统一实施为推动,整合共建单位民族档案文献数字资源,开展民族档案文献数字资源整合共建工作,实现其档案文献资源的共享开发。其四,信息资源共享问题。在数字人文视域下,围绕主题进行档案文献数字资源的语义整合,建立与公共文化信息资源管理集成化、精细化、智能化潮流相适应的服务形态,除了满足档案文献跨机构集成检索需求之外,还可以支持基于本体的智能化检索,通过专业网站、新媒体等平台,共享开发民族档案文献信息资源。

第 四 章

西部国家综合档案馆民族档案文献遗产资源共建模式构建

第一节 两种共建模式提出与理论实践基础

一 实体资源外围共建模式理论与实践支撑

基于实体资源外围体系共建模式，就是以西部各省区国家综合档案馆为民族档案文献资源建设中心，将保存有民族档案文献的图书馆、博物馆、民委古籍办、民语委、社科院、文化馆、非遗保护中心、史志办、方志办和出版社等机构作为共建单位，通过构建外围资源建设机制、规范标准构建、联合目录编制、文献资源跨库查询，以及协作整合开发等方式，共同构建西部民族档案文献资源建设体系，实现其档案文献资源的体系化建设与共享开发。资源外围共建的主要依据有以下两个方面。

（一）理论依据

其一，多元属性理论。西部民族档案文献属于民族文化遗产范畴，并具有民族档案、民族文物和民族古籍等方面的多重属性，因此，除档案馆外，大多为图书馆、博物馆、民委古籍办、民语委、社科院、文化馆、非遗保护中心、史志办、方志办和出版社等保存。基于这一理论，为维护民族档案文献资源建设的完整性，可将西部各省区国家综合档案馆确立为共建核心机构，以收藏有民族档案文献的图书馆、博物馆、民委古籍办、民语委、社科院、文化馆、非遗保护中心、史志办、方志办和出版社等为共建单位，依据档案分级管理原则，开展民族档案文献资源共建工作，实现其档案文献资源的体系化建设，在整合建设民族档案

第四章 西部国家综合档案馆民族档案文献遗产资源共建模式构建

文献资源的同时，全面开发利用这一珍贵民族档案文献遗产。

其二，社会记忆理论。1992年，联合国教科文组织发起了世界记忆工程，这一工程关注的是文献遗产，具体而言，就是手稿、图书馆和档案馆保存的任何介质的珍贵文件，以及口述历史的记录等。其目的是实施联合国教科文组织宪章中规定的保护和保管世界文化遗产的任务，促进文化遗产利用的民主化，提高人们对文献遗产的重要性和保管必要性的认识[1]。档案的主要功能是传承社会记忆，这一关系是对档案与社会记忆关系的基本认识，即认为档案是社会记忆的载体或工具[2]。记忆是一种文化心理，档案则是一种文化载体和文化建构的"管理文化"，档案工作应充分利用档案的记忆属性，发挥档案的文化价值[3]。从民族记忆构建理论来看，不仅是民族档案，或是民族古籍、民族文物等，都是民族记忆的承载媒介，因此，开展西部民族档案文献资源外围共建，实质上就是将各个外围建设单位民族档案文献所承载的民族文化信息，以资源体系构建的方式，进行民族记忆重建，以完整地构建、保护与传承这一珍贵民族历史记忆。[4]

其三，共建共享理论。文献信息资源建设是指一定范围内的文献信息机构对文献信息资源进行有计划的积累和合理布局，以满足、保障社会发展和国家建设需要的全部活动。文献信息资源建设包括微观和宏观两个方面，宏观文献信息资源建设是指根据一个地区、一个国家乃至国际间的需要而进行全局的文献信息资源布局和协调发展工作；而微观文献信息资源建设是指各个文献信息机构对文献信息的收集、组织、管理、贮存等工作。共建共享是指在信息资源建设和服务过程中，文献信息机构建立广泛的合作、协作、协调关系，宏观布局和科学规划文献信息资源，利用各种技术、方法和途径，共同揭示、建设、开发和利用信息资源，追求对文献信息资源的完备保障，以最大限度地满足用户信息需求

---

[1] 肖黎煜：《彝族石刻历史档案整合性保护研究》，博士学位论文，云南大学，2012年。
[2] 丁华东：《档案记忆观的兴起及其理论影响》，《档案管理》2009年第1期。
[3] 曲春梅、王静、王宁：《近年来我国档案与记忆研究综述》，《档案学研究》2017年第1期。
[4] 覃兆刿：《档案文化建设是一项"社会健脑工程"——记忆·档案·文化研究的关系视角》，《浙江档案》2011年第1期。

的全部活动①。文献资源共建共享理论为西部民族档案文献外围资源共建，及其档案信息资源共享开发提供了理论支撑。

（二）实践基础

其一，国家政策法规。《档案法》第八条规定："中央和县级以上地方各级各类档案馆，是集中管理档案的文化事业机构，负责接收、收集、整理、保管和提供利用各分管范围内的档案。"第十二条规定："博物馆、图书馆、纪念馆等单位保存的文物、图书资料同时是档案的，可以按照法律和行政法规的规定，由上述单位自行管理。档案馆与上述单位应当在档案的利用方面互相协作。"②《档案法实施办法》第十四条规定："既是文物、图书资料又是档案的，档案馆可以与博物馆、图书馆、纪念馆等单位相互交换重复件、复制件或者目录，联合举办展览，共同编辑出版有关史料或者进行史料研究。"③《文物保护法（2017 年修正本）》第三条规定："古文化遗址、古墓葬、古建筑、石窟寺、石刻、壁画、近代现代重要史迹和代表性建筑等不可移动文物，根据它们的历史、艺术、科学价值，可以分别确定为全国重点文物保护单位，省级文物保护单位，市、县级文物保护单位。历史上各时代重要实物、艺术品、文献、手稿、图书资料、代表性实物等可移动文物，分为珍贵文物和一般文物；珍贵文物分为一级文物、二级文物、三级文物。"第三十六条规定："博物馆、图书馆和其他文物收藏单位对收藏的文物，必须区分文物等级，设置藏品档案，建立严格的管理制度，并报主管的文物行政部门备案。"④

其二，档案文献现状。由前述可知，鉴于西部民族档案文献的多元属性，除档案馆外，主要为图书馆、博物馆、民委古籍办、民语委、社

---

① 金胜勇、于淼：《继承还是颠覆——共建共享对传统文献信息资源建设理论的影响》，《图书馆工作与研究》2005 年第 4 期。

② 全国人民代表大会常务委员会：《中华人民共和国档案法》，中国人大网，2020 年 6 月 20 日，http：//www.npc.gov.cn/npc/c30834/202006/14a5f4f6452a420a97ccf2d3217f6292.shtml，2023 年 5 月 27 日。

③ 国家档案局：《中华人民共和国档案法实施办法》，中国政府网，2020 年 12 月 26 日，https：//www.gov.cn/zhengce/2020-12/26/content_5574390.htm，2023 年 5 月 27 日。

④ 全国人民代表大会常务委员会：《中华人民共和国文物保护法（2017 年修正本）》，国家文物局网，2017 年 11 月 28 日，http：//www.ncha.gov.cn/art/2017/11/28/art_2301_42898.html，2023 年 5 月 27 日。

科院、文化馆、非遗保护中心、史志办、方志办和出版社等机构收藏。如内蒙古自治区作为蒙古族的主要聚居区，其蒙古文档案文献的遗存极为丰富，主要保存在档案馆、图书馆、博物馆和民委古籍办等单位。以内蒙古自治区蒙古文档案文献分布为例，蒙古文文书主要保存在内蒙古自治区档案馆、阿拉善左旗档案馆、鄂尔多斯市档案馆、土默特左旗档案馆、突泉县档案馆、莫力达瓦达斡尔族自治旗档案馆、呼伦贝尔市档案馆等。其中，仅内蒙古自治区档案馆系统收藏蒙古文历史文书就有151292卷（册、件）[①]。除档案馆外，内蒙古自治区社会科学院图书馆收藏6280种，内蒙古图书馆收藏2100种，内蒙古师范大学图书馆收藏1625种，内蒙古大学图书馆收藏1524种，内蒙古日报社资料室收藏383种，内蒙古自治区赤峰市民委古籍办收藏336种，内蒙古自治区鄂尔多斯市档案馆收藏279种，内蒙古民族大学图书馆收藏215种，内蒙古通辽市蒙医研究所收藏109种[②]。受管理体制、单位资源建设结构，以及业绩评估或整理出版工作的开展等诸多限制，将这些民族档案文献集中到档案馆管理极为困难。因此，采取资源外围建设的方式，既兼顾了民族档案文献分布保管现状，又以资源外围建设的方式构建完整的民族档案文献资源体系，这对全面构建、保护与传承西部民族文化遗产有现实意义。

二 数字资源整合共建模式理论与实践支撑

基于数字档案馆建设的整合集中共建模式，就以西部各省区数字档案馆为民族档案文献数字资源集中建设中心，将保存有民族档案文献的图书馆、博物馆、民委古籍办、民语委、社科院、文化馆、非遗保护中心、史志办、方志办和出版社等机构作为共建单位，以共建共享为理念，兼顾各方信息权益与知识产权保护，通过资源数据库、数据仓储建设等方式，对共建单位民族档案文献数字资源进行整合汇总，实现其信息资源的集中建设与共享开发。其整合共建的主要依据如下：

（一）理论依据

其一，数字人文理论。"数字人文"是指围绕人文社会科学领域特定

---

① 中国档案学会：《少数民族档案史料评述学术讨论会论文选集》，档案出版社1988年版。
② 宝音：《蒙古文古籍整理与研究综述》，《内蒙古民族大学学报》（社会科学版）2012年第38期。

研究对象知识本体的数字化保存和应用，所进行的相关信息资源采集、加工、组织、服务、研究、教育等活动总称。"数字人文"是知识管理思想通过数字化技术在人文社会科学领域的应用，是人文社会科学领域数字信息资源深度整合的结果，有助于弥补人文计算领域多学科分散研究的不足，有助于实现人文社会科学领域研究范式的转型，最终促进人文社会科学领域知识的创新和传播[1]。"数字人文"是人文社会科学领域本体数字化保存和应用领域的总称，必须通过具体学科的特定实践项目得以体现，这些项目称为"数字人文项目"。"数字人文项目"主要特征有：（1）面向主题（subject oriented）；（2）关注本体（ontology focused）；（3）基于数字仓储（digital repository based）；（4）跨学科整合（cross-disciplines integration）；（5）多机构协同（multiple institutions collaboration）；（6）持续性开发（long-term development）。如从多机构协同（multiple institutions collaboration）特征看，数字人文项目建设是一个系统工程，其数字仓储包含了数字图书馆、数字档案馆和数字博物馆与主题相关的各类数字资源，信息服务融合了数字图书馆、数字档案馆和数字博物馆的共同特征。同时，项目需要有专门的开发机构、高水平专家的支持、稳定的资金供给作为保障，需要多个机构相互协作才能完成[2]。

其二，大数据理论。对于大数据目前尚无统一定义，学术界对其"4V"的表述为："大数据"是以体量巨大（Volume）、类型繁多（Variety）、存取速度快（Velocity）、价值密度低（Value）为基本特征的数据集。"4V"描述的只是大数据的特征，并非大数据的本质。大数据蕴含的是计算和思维方式的转变，其核心不在于数据有多庞大，而在于大数据能提供给我们的将是更快的运算、更丰富的数据分析结果。2015年9月，国务院印发的《促进大数据发展的行动纲要》认为，"大数据是以容量大、类型多、存取速度快、应用价值高为主要特征的数据集合，正快速发展为对数量巨大、来源分散、格式多样的数据进行采集、存储和关联

---

[1] Unsworth J., *What is Humanities Computing, and What is Not*? Paderborn：Mentis Press，2002.

[2] 赵生辉、朱学芳：《我国高校数字人文中心建设初探》，《图书情报工作》2014年第58期。

分析，从中发现新知识、创造新价值、提升新能力的新一代信息技术和服务业态"①。大数据的本质不在于"大"，而在于大数据的分析和应用，在于创造新价值。在传统档案工作实践中，许多记录虽然具有"原始记录性"，因其保存成本远远大于利用价值而不能作为"档案"保存下来。在大数据时代，一方面，随着云计算等新的存储技术的广泛应用使数据存储的成本越来越低，许多以前无法存储的记录都可以保存下来；另一方面，"一些价值密度低的原始记录在大数据应用中产生了巨大的价值，有了档案的完全属性"②。"档案大数据"内涵包括三个方面：一是"档案大数据"应该是指档案部门产生的大数据；二是"档案大数据"指的是档案部门管理的各类档案数据；三是"档案大数据"本质上指的是档案工作领域的大数据应用。我们不能笼统地把档案都称为大数据，但从本质上说，档案无疑属于大数据的范畴，更准确的说法应该是：档案是大数据的一个重要来源。从理论层面看，大数据具有档案的完全属性；但在实际工作中，绝大多数大数据并没有成为"档案"。我们需要全面准确地把握"档案大数据"的内涵，它既是指档案部门管理的各类档案数据，又包含档案部门自身产生的大数据，而其核心之意应是档案工作领域的大数据应用③。

（二）实践基础

1. 数字档案馆建设。国家档案局 2010 年 6 月发布的《数字档案馆建设指南》将数字档案馆界定为："数字档案馆是指各级各类档案馆为适应信息社会日益增长的对档案信息资源管理、利用需求，运用现代信息技术对数字档案信息进行采集、加工、存储、管理，并通过各种网络平台提供公共档案信息服务和共享利用的档案信息集成管理系统。"④ 国外还有一类数字档案馆是由图书馆等机构发起而由档案馆、博物馆等机构参

---

① 国务院：《国务院关于印发促进大数据发展行动纲要的通知》，中国政府网，2015 年 9 月 5 日，https：//www. gov. cn/zhengce/content/2015 - 09/05/content_ 10137. htm，2023 年 5 月 27 日。

② 郑金月：《数据价值：大数据时代档案价值的新发现》，《浙江档案》2015 年第 12 期。

③ 郑金月：《关于档案与大数据关系问题的思辨》，《档案学研究》2016 年第 6 期。

④ 国家档案局：《数字档案馆建设指南》，国家档案局网，2019 年 10 月 9 日，https：//www. saac. gov. cn/daj/gfxwj/201910/664c740247e54ca19b06abf2700243ec. shtml，2023 年 5 月 27 日。

与的项目，其中较为典型的是美国伊利诺伊州数字档案馆。该"数字档案馆"主要是由该州的图书馆和行政部门联合建设和维护，参加者有15个机构，除了伊利诺伊州档案馆之外，还包括两所学校，一个历史研究会和一个博物馆。其项目的主要目的是在网上为用户提供有关该州历史和现状的信息，同时为项目参加机构向伊利诺斯州数字档案馆上传数据提供工具。这样的合作项目还有美国的西北数字档案馆（northwest digital archives），该数据库于2002年初由13个机构共同建立。该项目得到美国国家人文基金批准，资助金额为两年35万美元。参加该项目的13个机构除了高校和历史协会之外，还包括华盛顿州档案馆、西雅图市档案馆。该数据库最终将安装在华盛顿州立大学，为各类研究人员提供在线的信息检索和服务。因为在欧美国家数字图书馆的建设中包括档案资源，因此这种由图书馆、档案馆参加的基于信息共享的数字档案馆非常普遍。其核心部分主要是数据库和网站建设。数字档案馆建设的过程中除了遇到数字化技术、数据压缩、数据组织、信息检索等技术问题之外，还会遇到数字化权、著作权、隐私权等法律难题。由于该类型的项目主建方不是档案机构，也就无形中降低了从专业角度对它进行分析的价值。从目前掌握的材料看，似乎还没有由若干档案馆联合建立的基于信息共享的数字档案馆[①]。

2. D-LAM协作实践。D-LAM协作实践全称是"D-LAM（Digital-Library & Archive & Museum）"（图档博数字化协作实践）。在国外，图书馆、档案馆和博物馆通常被合称为LAM，多个国家的政府和各类国际组织在推动LAM合作方面做了大量工作[②]。2000年，英国成立博物馆、图书馆和档案馆理事会（MLA-Resource），以推动和指导三类机构之间的合作[③]；2003年，美国修改《博物馆图书馆服务法》（*Museum and Library Services Act*，MLSA），从法律层面上确保博物馆和图书馆的持续合作；西班牙成立名为FESABID（西班牙档案学、图书馆学、文献学和博物馆学

[①] 于丽娟：《国外数字档案馆建设概况》，《中国档案》2003年第3期。
[②] 赵生辉、朱学芳：《我国图书馆、档案馆、博物馆数字化协作框架D-LAM研究》，《情报资料工作》2013年第4期。
[③] 李农：《欧美图书馆、博物馆、档案馆馆际合作趋势》，《图书馆杂志》2008年第8期。

第四章 西部国家综合档案馆民族档案文献遗产资源共建模式构建

协会联盟）的组织，目的是推动图书馆、文化管理中心、档案馆、博物馆的协作；德国于 2001 年成立了名为欧洲图书馆、档案馆、博物馆联盟（EUBAM）的专业组织，目标是在德国国内和欧盟各国两个层面推动图书馆、博物馆、档案馆、美术馆在文化科学信息领域的合作；2004 年，加拿大颁布《加拿大图书档案馆法令》(Library and Archive of Canada, LAC)，实现了国家图书馆和档案馆的正式合并；2005 年，欧盟宣布实施"欧洲文化和科学内容数字化协作行动计划"，推动图书馆、档案馆和博物馆等文化机构数字化服务的协作[1]。

在实践方面，美国博物馆和图书馆服务协会关于图书馆、博物馆和学校合作的报告书中，明确提出合作可提升博物馆和图书馆在公众中的地位，改善它们的服务和项目，并更好地满足多样化用户的需求，特别是那些未能得到充分服务的用户[2]。加拿大将该国的国家图书馆和国家档案馆两者整合为国家图书档案馆（Library and Archives Canada，简称 LAC），集合了原国家图书馆和档案馆的资源、服务、人员，不仅为加拿大当代民众和后代保存历史文献遗产，而且成为加拿大人民获取图书档案资源与服务的平台[3]。英国专门设立了博物馆、图书馆和档案馆理事（Museums, Library and Archives Council，简称 MLA），统筹管理三馆的资源和经费运用，让三馆为越来越多的英国公民提供高质量的实践活动，丰富公民的生活。德国图书馆、档案馆和博物馆门户（BAMP）项目等，都是面对社会公众共享人类文化和信息资源的需求，充分运用现代信息技术手段，探索图书、档案、博物数字化资源的融合，构建面向公共文化服务的数字化服务平台的实践。[4] D-LAM 图档博数字化协作实践，为西部民族档案文献数字资源整合共建提供了借鉴。

---

[1] 赵生辉、朱学芳：《我国图书馆、档案馆、博物馆数字化协作框架 D-LAM 研究》，《情报资料工作》2013 年第 4 期。

[2] 高雄：《我国图书馆、档案馆与博物馆数字资源整合研究》，《档案管理》2016 年第 2 期。

[3] 郑燃、李晶：《我国图书馆、档案馆与博物馆数字资源整合研究进展》，《情报资料工作》2013 年第 3 期。

[4] 高雄：《我国图书馆、档案馆与博物馆数字资源整合研究》，《档案管理》2016 年第 2 期。

第二节 两种共建模式实践应用的现实意义

一 有利于濒危民族档案文献遗产整合保护

（一）便于落实国家文化遗产保护政策

1972年，联合国教科文组织发起世界遗产项目，提出自然遗产和文化遗产的保护问题。1992年，联合国教科文组织发起了世界记忆工程，提出文献遗产，即手稿、石刻、贝叶经等实物文献，以及口述文献遗产的保护问题。2003年10月17日，联合国教科文组织大会通过的《保护非物质文化遗产公约》。为做好对各民族文化遗产挖掘保护工作，履行我国加入联合国教科文组织《保护非物质文化遗产公约》的义务，党和国家制定了各类文化遗产长期保护政策，推进这一保护工作的开展。2005年12月，国务院颁布的《关于加强文化遗产保护的通知》指出："文化遗产是不可再生的珍贵资源。[1] 地方各级人民政府和有关部门要从对国家和历史负责的高度，从维护国家文化安全的高度，充分认识保护文化遗产的重要性，进一步增强责任感和紧迫感，切实做好文化遗产保护工作。"[2] 2005年3月，国务院发布《关于加强我国非物质文化遗产保护工作的意见》，要求"通过全社会的努力，逐步建立起比较完备的、有中国特色的非物质文化遗产保护制度，使我国珍贵、濒危并具有历史、文化和科学价值的非物质文化遗产得到有效保护，并得以传承和发扬"[3]。2007年10月，党的十七大报告指出，中华文化是中华民族生生不息、团结奋进的不竭动力。"要运用现代科技手段开发利用民族文化丰厚资源。加强对各民族文化的挖掘和保护，重视文物和非物质文化遗产保护，做

---

[1] 赵佳琪、彭国斌：《影像记录对非物质文化遗产保护的再思考》，《传媒论坛》2019年第2期。

[2] 国务院：《国务院关于加强文化遗产保护的通知》，中国政府网，2008年3月28日，https://www.gov.cn/zhengce/content/2008-03/28/content_5926.htm，2023年5月27日。

[3] 国务院：《国务院办公厅关于加强我国非物质文化遗产保护工作的意见》，中国政府网，2005年8月15日，https://www.gov.cn/zwgk/2005-08/15/content_21681.htm，2023年5月27日。

好文化典籍整理工作。"① 2009年7月，《国务院关于进一步繁荣发展少数民族文化事业的若干意见》提出："结合第三次全国文物普查和非物质文化遗产普查，开展少数民族文化遗产调查登记工作，对濒危少数民族重要文化遗产进行抢救性保护。""加大现代科技手段运用力度，加快少数民族文化资源数字化建设进程。"② 2011年6月施行的《非物质文化遗产法》第三条规定："国家对非物质文化遗产采取认定、记录、建档等措施予以保存，对体现中华民族优秀传统文化，具有历史、文学、艺术、科学价值的非物质文化遗产采取传承、传播等措施予以保护。"③ 2012年11月，党的十八大报告提出，要"建设优秀传统文化传承体系，弘扬中华优秀传统文化"④。2017年1月，中共中央办公厅、国务院办公厅印发的《关于实施中华优秀传统文化传承发展工程的意见》强调，要"开展少数民族特色文化保护工作，加强少数民族语言文字和经典文献的保护和传播，做好少数民族经典文献和汉族经典文献互译出版工作"。2017年10月，党的十九大报告指出："文化是一个国家、一个民族的灵魂。文化兴国运兴，文化强民族强。"进而提出"加强文物保护利用和文化遗产保护传承"的重要精神。西部国家综合档案馆民族档案文献资源共建工作，就是要贯彻落实党和国家文化遗产保护方针政策，在少数民族文化遗产统一抢救的框架之下，整合档案馆、图书馆、博物馆、民委古籍办、民族研究所，以及文化馆和非遗保护中心的力量，以资源外围共建、数字信息资源整合集中等方式，保护抢救西部濒危民族档案文献，实现其资源建设和开发的整合，更好地抢救、传承与发掘利用这一珍贵民族历史文化遗产。

---

① 国务院：《国务院批准公布首批〈国家珍贵古籍名录〉及"全国古籍重点保护单位"》，中国政府网，2008年3月27日，https://www.gov.cn/govweb/gzdt/2008-03/27/content_930156.htm，2023年5月27日。
② 国务院：《国务院关于进一步繁荣发展少数民族文化事业的若干意见》，中国政府网，2009年7月23日，https://www.gov.cn/zhengce/content/2009-07/23/content_5614.htm，2023年5月27日。
③ 全国人民代表大会常务委员会：《中华人民共和国非物质文化遗产法》，2011年2月25日，https://www.gov.cn/flfg/2011-02/25/content_1857449.htm，2023年5月27日。
④ 人民日报：《人民日报全文刊发胡锦涛十八大报告》，央视网，2012年11月18日，http://news.cntv.cn/18da/20121118/100674_2.shtml，2023年5月27日。

(二）便于整合保护濒危民族档案文献

民族档案文献保护有实体保护和信息迁移保护等方式，而数字化保护则是信息迁移保护的一种重要方式。西部民族档案文献资源共建的一项重要内容就是依托各省区数字档案馆和网络平台，将图书馆、博物馆、文化馆、民委古籍办、民族研究所，以及非遗保护中心等民族档案文献收藏机构作为共建单位，以数字资源整合共建的方式，共同开展西部民族档案文献资源数字化集中建设。其工作意义如下：

1. 实现散存档案文献数字化整合集中。数字化保护是西部濒危民族档案文献信息迁移保护的一种重要方式，具有资源整合的集成性、多媒体全方位的展现性，以及信息资源开发的全面性等方面的优势。就实际工作开展而言，其最大的滞后因素是民族档案文献资源的分散性问题。以藏族档案文献为例，藏文档案文献保存最完好的是西藏自治区档案馆，所存藏文档案文献是1959年西藏平叛、改革中收集到的拉萨地区原西藏地方政府各机构和部分贵族、官员、寺庙、拉章和上层喇嘛保存的文书档案，共有90个全宗约300万卷（册）。除档案馆外，西藏图书馆收藏藏文古籍共1.5万函，10万余册。其中，最为珍贵的是民族文化宫回送的1300函藏文古籍。此外，西藏社会科学院图书馆珍藏有6万册（函）；西藏大学图书馆藏书量有22万册，以藏文图书为主；西藏农牧学院图书馆，西藏自治区党校图书馆等也珍藏有部分藏文古籍[①]。1989年，西藏藏文古籍出版社成立之时，筹建小组先后从拉萨、日喀则、那曲、仁布及区外一些地方搜集到藏文古籍300余部。此外，西藏自治区博物馆、文物管理委员会等单位还保存有部分藏文印信，如西藏自治区博物馆珍藏有明永乐十年的"司徒之印"（银，高12厘米、边长9.5厘米）、明万历年间的"朵儿只唱图记"（象牙，高6.3厘米、边长5.2厘米）、明永乐时期的"也失藏卜印"（象牙，高7厘米、边长4.3厘米）、清乾隆"居美朗吉印章"（铁、金、木，高13.2厘米、边长5厘米）、清代"五世达赖喇嘛之印"（檀香木、铁，高8.8厘米、边长11.2厘米）和"七世达赖喇嘛之印"（金，重8257克，10.4厘米、边长11.3厘米）等。在非遗档案文献方面，目前，西藏有联合国人类非物质文化遗产代表作2项（藏

---

① 阿华：《论藏文文献的开发和利用》，《中国藏学》2000年第4期。

戏、格萨尔）；国家级代表性项目 89 项，国家级代表性传承人 68 名；自治区级代表性项目 323 项，自治区级代表性传承人 350 名；市地级代表性项目 487 项，市地级代表性传承人 254 名；县级代表性项目 1364 项，县级代表性传承人 425 名。其中，藏戏国家级代表性项目 8 项、西藏自治区级代表性项目 12 项，国家级代表性传承人 12 名、自治区级代表性传承人 11 名。全区已普查建档的格萨尔说唱艺人共 94 人，其中，国家级代表性传承人 3 名，自治区级代表性传承人 7 名，形成了丰富的非遗档案①。

开展西部民族档案文献资源共建工作，就可依托西部各省区的数字档案馆和网络平台，将各个散存单位珍藏的民族档案文献以数字化的方式进行整合集中，实现其档案信息资源的迁移保护。

2. 实现散存档案文献数字化规范保护。通过数字化资源整合建设方式，对西部散存民族档案文献进行信息迁移保护的优势主要有：

（1）数字资源长期存储。如何对数字信息进行长期存取，避免数字时代历史记忆的丢失是国内外档案馆、图书馆等研究解决的重点课题。如 1996 年，澳大利亚国家图书馆制定了《澳大利亚数字载体长期存取与保护的原则》。② 他们认为，保证数字信息的长期存取必须考虑几个方面：一是系统设计，信息制作，总数据库及背景信息的产生与采集；二是档案馆、图书馆、博物馆对数字信息的识别、鉴定、选择与收集以及数字载体的长期管理、维护与迁移等。为了保证电子档案的长期存取，美国国家档案与文件署制定了《国家战略：制定与贯彻联邦政府电子文件的产生、传输、存储与长期保存的标准》，其条款涉及数据管理、数据转换和文献传送政策及标准的发展等问题。为实现数字信息的长期存储，国家档案局也制定了相应的管理规范与标准，如《纸质档案数字化规范》（DA/T 31 - 2017）、《录音录像档案数字化规范》（DA/T 62 - 2017）、《录音录像类电子档案元数据方案》（DA/T 63 - 2017）等。西部民族档案文

---

① 王雨霏：《西藏非遗抢救保护工作：撑起传统文化"保护伞"》，中国西藏新闻网，2018 年 4 月 19 日，http://www.scio.gov.cn/dfbd/dfbd/document/1627834/1627834.htm，2023 年 5 月 27 日。

② 李丽云：《国外数字资源长期保存研究》，《兰台世界》2010 年第 24 期。

献的数字资源整合集中，就要依据国家电子档案转化的统一标准，将共建单位收藏的民族档案文献进行数字化、并对相关元数据进行规范保存，从而实现其数字资源的长期储存。

（2）数字载体科学保管。对于电子档案的保存国家档案局或相关档案机构都制定了严格保管标准，对其载体进行科学保护。如国家质量监督检验检疫总局、中国国家标准化管理委员会2016年8月发布的《电子文件归档与电子档案管理规范》（GB/T 18894-2016）规定，离线存储介质的保管除参照纸质档案保管要求外，还应符合下列条件：应作防写处理，避免擦、划、触摸记录涂层；应装盒，竖立存放或平放，避免挤压；应远离强磁场、强热源，并与有害气体隔离；保管环境温度选定范围：光盘17℃—20℃，磁性载体15℃—27℃；相对湿度选定范围：光盘20%—50%，磁性载体40%—60%。[①] 西部散存民族档案文献进行集中整合后，其文件载体即可归档保存。一般而言，西部各省区档案馆库房都有较好的温湿度控制，防光、防尘、防火、防虫和防磁化等电子档案保管条件。利用档案馆科学保管条件对民族档案文献进行保护，可更好地实现其档案信息的长期存取。

（3）电子档案备份保护。关于电子档案备份保护《电子文件归档与电子档案管理规范》（GB/T 18894-2016）规定，电子档案离线备份的基本要求如下：应采用一次写光盘、磁带、硬磁盘等离线存储介质，参照GB/T 2828.1-2012，GB/T 12628-2008，GB/T 17678-1999，DA/T 15-1995，DA/T 38-2008等标准实施电子档案及其元数据、电子档案管理系统配置数据、日志数据等的离线备份；电子档案离线存储介质至少应制作一套。可根据异地备份、电子档案珍贵程度和日常应用需要等实际情况，制作第二套、第三套离线存储介质，并在装具上标识套别；应对离线存储介质进行规范管理，按规则编制离线存储介质编号，按规范

---

① 国家档案局：《电子文件归档与电子档案管理规范（GB/T 18894-2016）》，江苏省档案网，2022年3月11日，http://www.dajs.gov.cn/art/2022/3/1/art_ 915_ 60713.html，2023年5月27日。

结构存储备份对象和相应的说明文件，标识离线存储介质等①。对西部民族档案文献数字资源进行备份保护，尤其是异地备份保护，对防止其数字信息损毁丢失，永久传承与保护这一珍贵数字文献遗产有重要现实意义。

二 有利于民族档案文献遗产资源体系建设

从西部民族档案文献保存现状看，基于民族档案的民族文献、民族古籍或民族文物等多元属性，这些重要档案文献除档案馆外，广泛为图书馆、博物馆、民委古籍办、民语委、社科院、文化馆、非遗保护中心、史志办、方志办和出版社等单位所收藏，其散存状况割裂了民族档案文献之间的有机联系，破坏了国家综合档案馆民族档案文献资源的体系化建设，极不利于其档案文献原件安全保护、民族记忆的完整传承，及其档案文献信息资源的全面性开发。西部民族档案文献资源共建的理念就要以国家综合档案馆为核心，将保存有民族档案文献的图书馆、博物馆、民委古籍办、社科院、文化馆、非遗保护中心等作为共建单位，依据协同治理、数字人文和共建共享等理论，通过档案文献资源外围共建、档案文献数字资源整合建设等方式，将散存民族档案文献资源进行体系化建设，以完成构建与传承民族记忆，更好地保护、传承与开发这一珍贵民族历史文化遗产。

（一）贯彻落实国家民族档案文献资源建设政策

党和国家对少数民族档案资源建设工作极为重视。1960年8月，国家档案局在内蒙古自治区呼和浩特市召开全国少数民族地区档案工作会议，会上，时任国务院副总理乌兰夫、国家档案局局长曾三作重要讲话，强调开展少数民族档案工作的重要性，并对这一工作发展提出了具体的方针政策。1987年11月，中国档案学会在昆明召开少数民族档案史料学术研讨会，时任中国档案学会理事长裴桐、国家档案局局长韩毓虎和副理事长张仲仁、特木额出席了会议。副理事长特木额作了题为《加强少

---

① 山东省人力资源和社会保障厅：《山东省人力资源社会保障业务电子档案技术规范》，山东省人力资源和社会保障厅网，2019年1月17日，http：//hrss.shandong.gov.cn/articles/ch06459/202012/34f5e3a9-4b3c-4679-9472-fcd324742526.shtml，2023年5月27日。

数民族档案史料的研究，为两个文明建设服务》的工作报告，理事长裴桐作会议总结。韩毓虎局长就民族档案工作、《档案法》和全国民族档案工作的开展等问题发表了讲话①。这次会议加深了对少数民族档案内涵外延的认识，促进了少数民族档案资源工作的开展。为抢救逐渐损毁消亡的人类记忆，1992年，联合国教科文组织发起"世界记忆工程"，提出对文献遗产，包括手稿、图书馆和档案馆保存的任何介质的珍贵文件以及口述历史的记录等的保护问题。2000年，国家档案局启动"中国档案文献遗产工程"，由"工程"领导小组，国家咨询委员会（由国内文献、档案、图书、古籍、史学界著名学者和专家组成）和办公室组成专门的工作机构，以评选《中国档案文献遗产名录》的方式，倡导推进档案文献遗产保护工作。在中央和地方制定的档案政策法规方面，许多内容和条款都涉及少数民族档案及其资源建设工作问题。②如2011年11月，国家档案局第9号令发布的《各级各类档案馆收集档案范围的规定》第三条规定："新中国成立前本行政区内各个历史时期政权机构、社会组织、著名人物的档案列入综合档案馆收集范围。"③《云南省档案条例》第二十条规定："有关单位应当加强对记述和反映少数民族政治、经济、文化等活动档案的收集、整理、保护和开发利用。"④《甘肃省档案条例》第二十条规定："综合档案馆向社会征集本行政区划的档案文献遗产、地方特色档案、少数民族档案和名人档案时，有关单位和个人应当支持和配合。"⑤ 2014年，杨冬权《在全国档案局长馆长会议上的讲话》中，重点阐述"档案资源建设有效推进"问题，将在"海南、云南建立少数民族档案，

---

① 本刊编辑部：《中国档案学会少数民族档案史料评述学术讨论会在昆明召开》，《云南档案》1987年第6期。
② 国家档案局：《各级各类档案馆收集档案范围的规定》，国家档案局网，2021年11月21日，https://www.saac.gov.cn/daj/xzfgk/202112/66fde533456a45ee9f4e6242e54a81e7.shtml，2023年5月27日。
③ 《各级各类档案馆收集档案范围的规定》，《中国档案》2011年第12期。
④ 云南省档案局：《云南省档案条例》，云南省档案局网，2021年5月28日，http://www.ynda.yn.gov.cn/html/2021/zhengcefagui_0528/5531.html，2023年5月27日。
⑤ 甘肃省档案局：《甘肃省档案条例》，国家法律法规数据库网，2009年11月27日，https://flk.npc.gov.cn/detail2.html?NDAyOGFiY2M2MTI3Nzc5MzAxNjEyODVlNjJlZTFkOTU，2023年5月27日。

开始系统采集口述档案"①。开展西部民族档案文献共建工作,有利于贯彻落实党和国家开展民族档案资源建设工作的方针政策,构建其档案资源体系,推进民族档案文献资源建设工作的发展。

(二) 实现民族档案文献三大资源体系整合建设

上述可知,在国家政策法规的支持下,我国国家综合档案馆民族档案工作逐渐开展,民族档案文献资源建设取得进展。就整体建设情况而言,还存在着馆藏数量单薄、档案类型单一,以及档案内容不能满足民族记忆保护传承等方面的实际问题,其中,最为紧要的是由于管理体制的不同,导致的档案文献资源分散保存问题。以楚雄彝族自治州民族档案文献的保管情况为例。从民族档案文献资源结构看,首先,楚雄州可移动收集到的物质民族档案文献,包括民族文书、古籍,以及石质、木质、金属器皿等实物档案,这些档案文献主要为档案馆、彝族文化研究所等机构保存。如楚雄彝族自治州档案馆迄今已经收集到彝文文书或古籍文献58个卷宗约150册;彝族碑刻拓片500余片;接收、征集到彝族碑刻、瓦当、服饰、生活用品等具有楚雄彝族特色的实物档案230件(资料来源于课题组调研材料)。此外,楚雄彝族自治州保存彝文古籍最多的是楚雄彝族文化研究所,分别收集、复印了古彝书1000余卷,拓印彝文碑刻60余幅;州民委古籍办有30余册;图书馆收集、抄录1200余册(资料来源于课题组调研材料)。其次,楚雄州非遗建档档案文献主要保存在楚雄州文化馆设置的"楚雄非遗保护中心"。2003年以来,楚雄州开展非遗的普查、收集、整理、申报,保护工作成绩斐然,至2018年,建立了国家级、省级、州级、县市级四级非遗保护名录体系,共公布了保护名录398项,其中,国家级13项,省级49项,州级80项,县级256项。命名了项目代表性传承人1311人。其中国家级12人、省级75人、州级226人,县级998人。州文化馆建档保护的非遗档案文献主要有国家级非物质文化遗产保护项目9项;省级非物质文化遗产保护项目11项;州级非物质文化遗产保护项目17项;省级非物质文化遗产项目代表性传承人22项;州级非物质文化遗产项目代表性传承人38项,在彝族非物质

---

① 杨冬权:《在全国档案局长馆长会议上的讲话》,《中国档案报》2014年12月29日第2版。

文化遗产建档保护方面取得了显著成果（资料来源于课题组调研材料）。再次，楚雄州博物馆，对全州境内的一些重要的彝族古遗址、古墓葬、古建筑，以及历史文化名城等不可移动文化遗产，使用文字、拍摄或摄制等方式进行建档保护，从而形成了部分不可移动民族物质文化遗产建档档案文献。而依托楚雄州档案馆，以楚雄彝族文化研究所、州民委古籍办、州图书馆、州博物馆、州文化馆和州师范学院等机构为外围建设单位，开展彝族档案文献资源共建工作，就实现了彝族可移动收集的物质档案文献、彝族非物质文化遗产建档档案文献和彝族不可移动民族物质文化遗产建档档案文献三大彝族档案文献的资源整合建设，既维护了彝族档案文献信息资源之间的有机联系，便于彝族社会记忆的完整构建，还有利于其档案信息资源的全面开发与社会共享。

三　有利于档案所承载民族记忆的完整构建

档案与社会记忆之间呈现建构关系，档案是建构社会记忆的重要资源，档案工作者和档案部门应当是建构社会记忆的积极因素。档案记忆基本观点认为：档案是建构集体记忆重要且不可替代的要素；档案工作者有责任通过自身的业务活动积极主动地参与集体记忆的建构、维护与传承；档案工作者的观念、工作原则与方法对于集体记忆的真实、完整与鲜活产生正面或负面的影响[①]。档案馆作为传承人类社会历史记忆的主要文化机构，其馆藏范围涉及政治、历史、经济、军事和科技等诸多方面。民族档案文献是各民族社会历史记忆的传承媒介，其资源共建对民族社会记忆的全面构建、保护与传承都有重要意义。

以新疆民族档案文献资源建设为例。新疆地区的各级国家综合档案馆保存有民族档案文献80万卷，包括维吾尔文和汉、满、蒙、藏等文字档案文献。其中，有在吐鲁番阿斯塔那墓出土的唐代档案残片和元代八思巴印本。如新疆维吾尔自治区档案馆保存的维吾尔族档案文献极其丰富，主要构成有清代档案，共19218卷，最早为康熙五十一年（1712）的档案，大部分是清光绪、宣统年间，新疆吐鲁番厅、抚民府、监督府、

[①] 冯惠玲：《档案记忆观、资源观与"中国记忆"数字资源建设》，《档案学通讯》2012年第3期。

第四章　西部国家综合档案馆民族档案文献遗产资源共建模式构建

营游府、巡检府、善后局等机关形成的档案。档案文献主要有清朝皇帝颁发给新疆蒙古族土尔扈特部落首领的三件敕谕；道光、咸丰、同治年间的地亩文契、坎井文约、功牌、护照等。民国档案，主要有民国元年（1912）至1949年新疆历届政权机构及所属团体、企业事业单位形成的档案文献，以汉、维、蒙、哈、满、英、俄等多种文字书写而成。此外，还有1949年以后产生的，详细记载新疆各族人民在中国共产党领导下完成民主革命与进行社会主义革命和建设的历史进程①。从新疆维吾尔自治区档案馆馆藏资源所承载的民族记忆看，主要问题有：一是从内容的广度和深度上不能全面记录各个民族的历史发展情况；二是从民族档案文献的类型上不能完整反映各个民族社会历史发展记忆。以新疆维吾尔自治区档案馆为中心，将保存有新疆少数民族档案文献的自治区图书馆、博物馆、民宗委古籍办、社科院、文化馆、非遗保护中心、史志办、方志办和出版社等作为共建单位，共同开展民族档案文献的资源共建工作，就可从内容信息与档案类型等方面全面构建与传承新疆少数民族社会历史记忆：

1. 从内容信息上全面构建新疆少数民族社会历史记忆。新疆维吾尔自治区主要居住有汉族、维吾尔族、哈萨克族、回族、蒙古族、柯尔克孜族、锡伯族、塔吉克族、乌孜别克族、满族、达斡尔族、塔塔尔族、俄罗斯族等民族，是中国五个少数民族自治区之一。据统计，新疆全区已搜集、登记造册或掌握情况的，历史上各少数民族产生形成的民族文书、古籍等有近4万册（件），各单位搜集、登记造册的有23338册（件），已掌握的民间收藏有15000多册（件），其主体是维吾尔族档案文献，核心是维吾尔文字档案文献。从收藏单位情况看，保管最多的是民宗委古籍办系统，仅新疆维吾尔自治区民宗委古籍办就有6169册（件），并且多数为公元100—500年的民族档案文献（资料来源于课题组调研材料）。各地州市古籍办收藏有4752册（件），其中，伊犁州民宗委古籍办有700册，巴州民宗委古籍办74册，博州民宗委古籍办140册，昌吉州民宗委古籍办400册，克州民宗委古籍办380册，阿勒泰地区民宗委古籍办451册，塔城地区民宗委古籍办326册，哈密地区民宗委古籍办398

---

① 杨中一：《中国少数民族档案及其管理》，档案出版社1993年版，第116—120页。

册，吐鲁番地区民宗委古籍办 200 册，阿克苏地区民宗委古籍办 256 册，喀什地区民宗委古籍办 800 册，和田地区民宗委古籍办 474 册，乌鲁木齐市民宗委 144 册，克拉玛依市民宗委 9 册。此外，各级图书馆、博物馆等收藏 2710 册（件），其中，仅新疆社会科学院图书馆收藏的就有 2000 余册。自治区博物馆珍藏有大量少数民族文字形成的文书、简牍，除维吾尔文外，还包括汉文、卢文、梵文、吐蕃文、阿拉伯文和波斯文等多种文字书写的档案文献遗产①。自治区图书馆收藏有部分回鹘文、察合台文、波斯文、阿拉伯文等古籍文献，其他还有一些用汉文记录的维吾尔族档案文献。将这些机构作为共建单位，开展新疆少数民族档案文献资源共建，一是在记录范围上可全面记录与传承维吾尔族、哈萨克族、回族、蒙古族、柯尔克孜族、锡伯族等民族社会历史记忆；二是在信息记录的完整性方面，系统记录与反映了这些少数民族政治、历史、经济、军事、科技、文艺、哲学、伦理、宗教和民俗等方面的社会历史发展情况，完整构建、保护与传承了新疆少数民族社会历史记忆。

2. 从档案类型上全面构建新疆少数民族社会历史记忆。从民族档案文献的类型保存情况看，自治区图书馆、民宗委古籍办、社科院、史志办、方志办和出版社等单位所保存的主要有少数民族文书、古籍、声像或印章等档案类型；少数民族档案非遗档案文献主要为群艺馆或非遗保护中心保存；而反映新疆少数民族社会记忆的实物档案主要保存在博物馆。以新疆维吾尔自治区博物馆为例，自治区博物馆所收藏的各民族具有实物档案性质的文物有 3.2 万件（号），其中包括锦、绮、绫、罗、纱、缦、绢、印染、刺绣等大量汉唐丝织品，毯、毡、绦带、刺绣等古代毛织品；汉文、回鹘文、佉卢文、吐火罗文、梵文、古和田文、吐蕃文、阿拉伯文、粟特文等多种文字书写的文书、简牍；晋唐时期木雕、泥塑俑像及纸本、绢本人物，花鸟绘画，具有斯基泰文化特征的青铜器，以及新疆各兄弟民族的服饰与工艺品。②此外，还有部分古生物化石和古尸标本等。其中，较为典型的有青铜武士俑，高 40 厘米，1981 年出土。武士俑头戴高筒尖顶弯钩宽沿帽，上体裸露，腰系短裙，大眼高鼻，体

---

① 易雪梅、金颐：《西北地区古籍文献资源存藏现状概述》，《社科纵横》2008 年第 9 期。
② 格格：《西域的颜值》，《流行色》2016 年第 7 期。

格强健。据分析，该俑的身份当是公元前5世纪前后，生活在今新疆伊犁地区的古代塞人武士。"五星出东方利中国"锦护膊，长18.5厘米、宽12.5厘米，1995年出土，汉代。此锦的纹样和文字，是根据东汉时期广泛流行的五行学说而设计的。锦面上织出的虎、鸟、避邪（神鹿）等动物，也与五行学说中关于东西南北中五方的空间观念相联系，另有四个排布成四方形的圆环纹，可能是星象图的象征。早期石人，和青铜时代匈奴至中世纪的突厥和蒙古的祖先石人崇拜有着内在的文化传承，一代接一代祭拜传承过程进行时，就形成了为先祖立石以期永志的习俗。彩绘踏鬼天王木俑，是新疆维吾尔自治区博物馆的镇馆之宝，唐代，公元618—907年，1973年新疆吐鲁番阿斯塔那墓葬出土。高86厘米，由天王脚踏小牛鬼两部分构成。天王身披盔甲，全身显现红、黄、白、绿、黑、紫等，浓眉倒立、双目圆瞪，动作和形象威风凛凛。彩绘伏羲女娲绢画，唐代，公元618—907年，吐鲁番阿斯塔那墓地出土。绢画绘伏羲在左，左手执矩，女娲在右，右手执规，人首蛇身，蛇尾交缠，头上绘日，尾间绘月，周围绘满星辰[①]。这些实物档案弥补了档案馆、非遗保护中心等单位收藏的民族文书、古籍或非遗档案文献等在记录少数民族社会历史发展方面形象性不足的缺憾，全面、完整地反映了新疆各民族社会生活的各个方面，对完整构建与传承新疆民族记忆做出了重要历史贡献。

四　有利于民族档案文献遗产资源整体开发

上述可知，民族档案文献具有民族文献、古籍或文物等多元属性，主要为档案馆、图书馆、博物馆、民委古籍办、民语委、民族研究所、文化馆、非遗保护中心、史志办、方志办和出版社等单位保管。在民族文化遗产保护框架下，依托国家综合档案馆和民族档案文献收藏单位开展资源共建工作，不仅有利于民族档案文献资源管理体系的构建，更好地保护、构建与传承民族记忆，还有利于其档案信息资源的全面发掘利用，更好地传播与弘扬优秀民族传统文化。

---

① 玛依古丽·艾：《西域历史的记忆　新疆历史文物陈列》展出侧记，天山网，2014年10月14日，https：//news.ifeng.com/a/20141014/42198846_0.shtml，2023年5月27日。

1. 便于协调相关机构力量，促进其信息资源全面性开发。就档案馆、图书馆、博物馆、民委古籍办、民族研究所、文化馆、非遗保护中心等民族档案文献收藏单位而言，民族档案文献的开发力量以民委古籍办或民族研究所等最为雄厚。以广西壮族自治区少数民族古籍工作办公室为例，"领导小组办公室"成立于1986年3月，在近三十年的工作实践中，在民族古籍抢救、搜集、保护与整理出版工作上取得显著成果。如在民族古籍抢救方面，先后抢救、搜集到广西11个世居少数民族的古籍约10000多册（件），其中，有21部壮族和毛南族古籍分别列入第一、二、三、四批《国家珍贵古籍名录》，① 35部壮族、毛南族、仫佬族古籍分别列入第一、二批《广西珍贵古籍名录》，成为国内收藏壮族古壮字古籍、毛南族土俗字古籍、仫佬族古籍、瑶族古籍等少数民族特色古籍最多最集中的单位。② 在民族古籍整理方面，先后翻译出版《壮族麽经布洛陀影印译注》《布洛陀经诗译注》《中国瑶族布努支系——密洛陀古歌》等少数民族古籍成果800多种，计6000多万字。其成果荣获广西社会科学研究优秀成果奖、广西文艺创作铜鼓奖、桂版优秀图书奖、中国民族图书奖、中国民间文学山花奖等奖项20多个③。再以丽江市东巴文化研究院为例，丽江市东巴文化研究院的前身是1981年成立的云南省社会科学院东巴文化研究室，1991年改为东巴文化研究所，2004年6月更名为丽江市东巴文化研究院。20多年来，东巴文化研究院在东巴典籍的抢救、整理和传承方面取得重要成果，整理、翻译东巴经1300多册。其中，经过分类、剔除重本，汇编成原文、记音、对译、意译"四对照"的100卷《纳西东巴古籍译注全集》于2000年正式出版，并荣获第五届国家图书奖；1993年，编辑出版《东巴文化艺术》画册，获第七届中国图书奖；2003年，编纂出版《中国少数民族古籍总目提要·纳西族分卷》；2003年，编撰出版《中国西南文献丛书·纳西族分卷》；2003年，由研究院收藏管理的897种东巴古籍文献，被联合国教科文组织世界记忆工程咨询委

---

① 马艳：《地方自治条例缺少民族特色地域特点》，《法制日报》2016年9月16日。
② 张璇：《薪火相传 生生不息——广西壮族自治区民族研究与民族语言文字保护工作纪实》，《中国民族》2016年第7期。
③ 赵甘阳、赵俊源：《广西民族古籍发掘整理出版成果综述》，广西日报网，2017年4月12日，https://www.ddgx.cn/show/13896.html，2023年5月27日。

员会批准列入《世界记忆遗产名录》。此外，东巴文化研究所与其他单位合作，摄制了 8 种东巴教仪式录像资料和 45 盘东巴诵经录音资料，① 在民族档案文献发掘利用方面做出重要贡献（资料来源于课题组调研材料）。开展资源共建工作，可依托各级文化厅相关领导部门，构建资源建设与开发协调机制，整合民委古籍办、民族研究所等雄厚的开发利用，利用档案馆、图书馆或博物馆等单位收藏的珍贵民族档案文献资源，合作开展民族档案文献的整理、研究与公布出版工作，为社会各界提供利用这一珍贵的民族历史文化遗产。

2. 便于整合相关档案资源，促进其信息资源完整性开发。西部民族档案文献的分散保存状况所造成的一个重要问题就是割裂了其档案文献之间的有机联系及其资源建设的完整性，极不利于从整体上全面把握、评估民族档案文献的整体价值，对其进行全面开发利用。

以云南省昆明市保存的南诏大理国写本佛经为例。1956 年 8 月，在大理市北汤天董氏宗祠发现《护国司南抄》，仅存收尾两卷残卷和正文数行，保留较多的是该经卷所附的注释。经卷系轴装，卷子长 689 厘米，高 30.8 厘米，共 430 行，用棉纸抄写。两残卷分别藏于云南省社会科学院历史研究所和云南省图书馆。此外，云南省图书馆所藏有众多南诏大理国写本佛经，其中，列入《云南省图书馆馆藏善本书目录》者共有 14 卷。其中，尤其是《大般若波罗蜜多经》卷 41，经卷背面抄写的太和《龙关赵氏族谱》价值极为珍贵。云南省博物馆则收藏有大理崇圣寺千寻塔出土的大理国写经，宽 23 厘米，写于大理国天开十年（1214）。这些重要的南诏大理国写本佛经保管的分散性破坏了档案文献之间的有机联系，造成了各单位所存档案文献的"碎片化"问题，极不利于南诏大理国写本佛经的整体性发掘利用。

再以傣文贝叶经档案文献遗产编研为例。傣文贝叶经是我国珍贵的民族文化遗产，除记载佛教经典之外，还有傣族的天文历法、社会历史、法律法规、民情民俗、医理医药、生产生活、伦理道德、文学艺术等诸多方面的内容。② 傣文贝叶经档案文献主要分布在云南省，如在西双版纳

---

① 王克岭：《西部少数民族地区文化旅游提升发展对策》，社会科学文献出版社 2017 年版。
② 依旺：《浅析〈中国贝叶经全集〉的直译和意译》，《民族翻译》2009 年第 4 期。

州，州档案馆共收藏有371部，995册；西双版纳州傣族文化研究所有400部，1500册；州政协有20余册；州文管所215册；州文化馆43册；西双版纳傣族自治州佛教协会保存有60册；景洪市档案馆25册；景洪县政协史志办19册；勐海县档案馆266册；勐腊县档案馆776册。在德宏州，州民语委搜集了400部；德宏州档案馆珍藏有傣文档案文献60余部，100多册；德宏州群艺馆搜集到140余部；潞西市文化馆120余部；文物管理所30余部；梁河档案馆312部；盈江县文化馆100余部，盈江县档案馆19册；陇川县文化馆100余部，陇川县档案馆2册；瑞丽市文化馆100余部，瑞丽县档案馆26册；畹町县文化馆26册（资料来源于课题组调研材料）。在普洱地区，地区档案馆也搜集到8个案卷约40册傣文档案文献，其中包括贝叶经3卷；孟连县档案馆收存有20余册（份）；孟连县博物馆珍藏有数百册等（资料来源于课题组调研材料）。2002年，西双版纳州投资700多万元，规划启动《中国贝叶经全集》100卷的整理、翻译和出版工作。在编研工程中，西双版纳自治州政府和人民出版社邀请70多名专家学者，历时9年，调查走访多家傣文贝叶经收藏单位，收集经书400多部，搜集、整理傣族古籍总目录2100多条，最终整理、出版了《中国贝叶经全集》。该丛书100卷共114册，收入150余种作品计9100多万字，内容涵盖傣族天文历法、民情民俗等。[①] 傣文贝叶经不仅是佛教经典，它更是傣族传统文化的集大成者，是傣族人民的"百科全书"[②]。由上述可知，开展民族档案文献资源共建，有利于整合相关收藏单位的档案文献资源，维护档案文献之间的有机联系，从民族记忆完整构建、保护与传承的视角，全面发掘利用西部民族档案文献遗产。

第三节　民族档案文献遗产共建性案例调研

一　贵州省黔南州水书档案文献遗产集中共建案例调研

水族主要聚居在贵州省黔南布依族苗族自治州三都水族自治县和荔

[①] 圣凯：《赵朴初对中国佛教优良传统的思考》，《佛学研究》2012年第0期。
[②] 李成生、杨燕：《贝叶经：刻在树叶上的文化》，云南日报网，2008年7月4日，http://www.fjnet.com/whys/whysnr/200807/t20080704_75324.htm，2023年5月27日。

波县，水书档案文献是新中国成立前水书先生等水族知识分子在社会历史活动中以水书文字为记录符号产生的不同形式的历史记录。水书档案文献大多是以水族地区所产纸张撰写的经书为主，此外还有摩崖、碑刻、水书大钱、牛角水书和口碑水书等类型。水书档案文献是水族文化的重要承载媒介，内容涵盖历史源流、民间知识、天文历法、原始宗教、农事出行等方面，在保护水族历史文化方面发挥了重要作用。党和国家长期重视水族文化遗产的抢救工作，贵州省各级政府也从政策法规、经费人员保障等诸多方面，开展水书档案文献保护工作。

（一）党和政府对水书档案文献遗产抢救工作的支持

1. 以政策法规保障水书档案文献的保护工作。如 2003 年 3 月，荔波县人民代表大会通过《关于抢救整理开发利用民族古老文化——水书，并申报为世界文化遗产的决议》。2006 年，国家文物局批准贵州省博物馆关于《贵州水族地区水书抢救性征集方案》的报告。从 20 世纪 80 年代开始，政府及相关部门开展对水书档案文献抢救工作，关注水书档案文献的生存状态，并为水书档案文献的存续创造良好的环境。[①] 如 2008 年 1 月，三都水族自治县召开的第十四届人民代表大会会议通过《水书文化保护条例》。同年，《条例》为贵州省人民代表大会批准通过。《条例》的制定实施促进了水书档案文献保护的法制化建设。其后，荔波县政府为加强水书档案文献保护工作，制定了《荔波县水书抢救保护工作实施办法》等。这些政策法规的执行极大地推动了水书档案文献的集中保护工作。

2. 将水书档案文献的保护列入政府工作规划。如在贵州黔南州，抢救水书已成为黔南州政府工作的一项重要内容，为此，州政府确定了"保护为主、抢救第一、合理利用、传承发展"的工作方针，并制订出分阶段抢救水书档案文献的五年计划。工作内容为：第一阶段（2004 年 6 月至 2006 年 5 月），重点进行普查和征集，成立水书抢救领导小组和水书研究所，抽调专人开展普查和征集工作，特别是要对水书先生进行普查，做好登记、立传、建档工作，并进行录音、录像，建立水书资料库和人才库；第二阶段（2006 年 6 月至 2008 年 5 月），主要是进行整理、

[①] 瞿智琳：《水书档案存续研究》，硕士学位论文，云南大学，2013 年。

破译和出版，聘请水书先生和研究专家对水书进行破译和注音，并培养年轻的水书人才；第三阶段（2008年6月至2009年5月），主要进行保护、研究和开发利用工作，筹建水族民俗博物馆，作为水书陈列展示的窗口。① 2008年10月施行的《三都水族自治县水书文化保护条例》第五条规定："自治县人民政府应当将水书文化保护纳入国民经济和社会发展规划，所需经费列入自治县财政预算。自治县人民政府设立水书文化专项保护资金，用于水书文化的保护、抢救、征集、翻译、出版、奖励等。"②

3. 在项目审批方面支持水书档案文献的研究。如在2004—2007年的三年间，国家社科基金规划办公室批准了关于水书的5项研究项目的立项，其中，贵州民族学院获4项研究项目，分别是贵州民族学院研究员潘朝霖的"象形文字的最后领地——水书解读"、贵州民族学院教授唐建荣的"水书抢救保护与开发利用研究"、贵州民族学院教授韦宗林的"释读旁落的文明——濒危水族古文字与古汉字的对比研究"，以及贵州民族学院副教授蒙爱军的"水书版本与内容调查研究"；另外一项国家社科基金项目是黔南民族师范学院梁光华教授的"水族水书语音语料库系统研究"③。水书研究科研项目的批准立项不仅通过基金支持推动了水书档案文献的研究，其研究还从理论与实践方面促进了水书档案文献保护工作的发展。

（二）确立档案馆水书档案文献遗产集中保护的地位

首先，在水书档案文献保护工作中，贵州省各级政府认识到国家综合档案馆在水书抢救中的重要作用，制定颁布了一系列政策法规，确立档案馆核心地位，以国家综合档案馆为主，以图书馆、博物馆、民委古籍办、民族研究所、文化馆或非遗保护中心等为辅，共同开展水书档案文献集中保护工作。如三都水族自治县为集中保护水书档案文献，于

---

① 刘守华：《水书：古老文明的遗存》，文秘帮网，2022年8月29日，https：//www.wenmi.com/article/pwzmmd0079q6.html，2023年5月27日。

② 三都水族自治县人民代表大会常务委员会：《三都水族自治县水书文化保护条例》，百度网，2008年6月20日，https：//wenku.baidu.com/view/a6d5b2387fd184254b35eefdc8d376eeaeaa17a8.html？_wkts_=1685201907755，2023年5月27日。

③ 瞿智琳：《水书档案存续研究》，硕士学位论文，云南大学，2013年。

2008年10月起颁布施行《三都水族自治县水书文化保护条例》。其中，第六条规定："自治县人民政府文化行政主管部门是水书文化保护的主管部门。主要职责是组织对水书文化的普查、征集、整理，民间口头传承的水书文化采集、录制等。"第七条提出："自治县人民政府民族宗教部门协助文化行政主管部门做好水书文化的抢救、保护、研究，水书传承人的认定、保护和培训。"第八条则直接规定："自治县档案管理部门负责水书的接收、搜集、整理、保管和提供利用。"① 2005年，为全面开展水书抢救工作，荔波县政府颁布的《荔波县水书抢救保护工作实施办法》明确规定："县档案局为全县水书行政管理部门，水书原件的征集和收购由档案馆负责，其他任何单位和个人不得经营、征集、收购水书原件和水书物件，严禁倒卖或者私自出售、赠送给外地人和外国人，违者视情节轻重，由相关部门处理。"② 这些方针政策的实施，极大地促进了档案馆水书档案文献集中保护工作的开展。③

其次，成立水书抢救工作领导小组，支持档案馆的集中保护工作。为保证各级国家综合档案馆更好地开展水书档案文献保护工作，当地政府相继成立抢救水书工作领导小组，指导、组织和协调档案馆水书档案文献的抢救工作。如2003年10月，荔波县成立"荔波县水书征集抢救工作领导小组"；2004年5月，黔南州成立"黔南州水书抢救工作领导小组"，从政策制定、经费投入以及人才培训等方面，领导、协调和支持国家综合档案馆水书档案文献的保护工作。

再次，加大经费投入，保证水书档案文献遗产抢救工作。为保障国家综合档案馆水书抢救工作的开展，贵州省各级政府投入大量抢救经费。如"十一五"期间，经贵州省档案局划拨的水书抢救和保护专项经费达220万元，累计抢救水书2.2万余册。2008年10月施行的《三都水族自

---

① 三都水族自治县人民代表大会常务委员会：《三都水族自治县水书文化保护条例》，百度网，2008年6月20日，https：//wenku.baidu.com/view/a6d5b2387fd184254b35eefdc8d376eeae-aa17a8.html？_wkts_=1685201907755，2023年5月27日。

② 唐建荣、任睢：《水书传承的社会生态思考》，《贵州社会科学》2008年第3期。

③ 荔波县政府办：《荔波"民族文化+旅游"推动扶贫多样化》，荔波县政府网，2021年3月17日，https：//www.libo.gov.cn/sylb/lykx/202103/t20210317_67216682.html，2023年5月27日。

治县水书文化保护条例》第五条规定："自治县人民政府设立水书文化专项保护资金，用于水书文化的保护、抢救、征集、翻译、出版、奖励等。"自开展抢救工作以来，三都县共投入资金15万元用于水书档案文献的集中保护工作。2002年7月，荔波县开始征集抢救水书，共投入征集抢救水书资金41.36万元。2005年3月，荔波县继2003年、2004年分别将首批中国档案文献"水书"的抢救工作列入当年的"十件实事"之后，再次将水书抢救、整理和利用工作纳入"2005年荔波县十件实事"中，并斥资115万元，支持水书的抢救和开发利用工作[①]。

（三）档案馆水书档案文献遗产集中性保护成效显著

1. 动员社会各界力量，全力开展征集工作。早在1966年12月，荔波县档案馆就开展水书征集工作，收集到5本珍贵的水书原件。20世纪80年代，在当地党委和政府的支持下，三都县档案局就将水书档案文献作为民族特色档案，开始其档案文献征集工作。如1980年3月，三都水族自治县县委批文成立"三都水族自治县民族文史研究组"，初步开展对水书档案文献的征集抢救工作；1986年，三都县档案局在国家档案局、贵州省档案局、黔南州档案局的支持下，把水书作为珍贵民族档案，在小范围内进行水书档案文献开展征集工作[②]。自此，档案馆开始参与水书档案文献的抢救工作，水书抢救工作也取得显著成果。2002年，水书入选国家档案文献遗产名录，国家档案馆把水书列入国家档案馆重点收藏的重点民族古籍名录。2002年10月，荔波县召开"全县水书先生暨征集抢救水书会议"，参会的43名水书先生无偿向档案馆捐赠祖传水书原件77本。其后，波县档案馆工作人员走访了80多名当地水书先生，经宣传动员，这些水书先生将所珍藏的许多水书都捐赠给荔波县档案馆。2003—2004年，国家财政部、档案局下拨全国重点档案抢救补助经费用于水书抢救，同时，各级财政也匹配下拨了专项经费。2003年，黔南州在全州范围内全面开展水书档案文献的征集工作，全州共征集到水书

---

① 荔波县档案局：《荔波县斥资115万元抢救"水书"》，贵州档案方志信息网，2005年3月21日，https://www.gzdafzxx.cn/xwzx/gzdt/200503/t20050321_51755388.html，2023年5月27日。

② 瞿智琳：《水书档案存续研究》，硕士学位论文，云南大学，2013年。

13771册，水族文字的对联、条幅30幅，还有一些水族工艺品及图片①。近年来，三都县和荔波县等档案馆对当地民间散存水书进行普查调研，全面开展水书档案文献征集工作。如在荔波县，档案馆还采用接收其他收藏单位保存水书，或征购、代存民间散存水书等的方式征集散存水书档案文献。三都水族自治县在全县范围内开展水书的抢救工作。抢救水书领导小组成员徒步到过30个乡（镇）、216个村、246个村民组，共征集水书4568册，水文字对联2幅、条幅15幅、水文字墓碑3块。2002年7月，荔波县开展了大规模的水书抢救工作，从民间征集到各种水书档案文献数千册。迄今，黔南州国家综合档案馆征集到的水书档案文献有2万多册，其中，三都县征集到1万多册；荔波县征集到水书原件9400余册（资料来源于课题组实地调研材料）。

2. 采取各种有效方式，管理水书档案文献。在水书档案文献管理方面，三都县和荔波县都开展了水书档案文献的托管代存业务工作，将部分民间散存水书先生的水书档案文献移交由档案馆代为保存。为保护水书档案原件，贵州黔南州部分档案馆设置了特藏室。2008年6月，荔波县档案馆获批成为首批"全国古籍重点保护单位"之一，为水书档案文献科学保护创造了条件。2010年6月，在国家档案局和贵州省档案局的支持下，荔波县档案馆按特藏室建设的要求，在原有库房的基础上，建成一个50平方米的特藏库，设置专门的恒温恒湿控制系统、监控系统、防盗报警系统和自动灭火系统等。其中，有防爆灯具、数字视频监控设备，适合于纸质水书原件消防安全的"SOK气溶胶"自动报警灭火装置；远程恒温恒湿测控设备，空调机、除湿机等先进保护设备。在水书档案文献鉴定编目方面，2006年，荔波县档案馆在贵州省档案局的帮助下，组织档案学、版本学、历史学、民族学及文献学等方面的专家对馆藏水书档案文献进行鉴定，初步鉴定出明代水书档案文献25册，清代水书档案文献3588册，民国时期水书档案文献526册，1949年10月后的水书档案文献117册；在鉴定的基础上，完成了4256件水书档案文献的著录工作。在水书档案文献数字化资源建设和保护方面，荔波县档案馆对馆藏水书开展全文扫描工作，2014年4月，荔波县档案局和水家学会向黔

---

① 刘守华：《水书：古老文明的遗存》，《寻根》2007年5月。

南州文化局申报的"水书习俗数据库"项目获得批准,极大地推动了水书档案文献的数字化集中保护工作的发展(资料来源于课题组实地调研材料)。

3. 开展档案编研工作,发掘档案信息资源。在征集保护的基础上,三都水族自治县于1990年成立水家学会后,加强水书破译工作,编辑出版了《水族民俗探幽》《汉水词典》,整理水族《丧葬卷》《祭祖卷》等20余种水书译稿。为推动水书的译注出版工作,2005年10月,黔南州成立水书抢救破译专家组,负责指导全州水书的译注、整理和出版工作。在编译方面,荔波县根据"十一五"时期水书工作的总体目标,从2007年起,全面实施《荔波县精品水书译著丛书》的编译出版工作。2007年11月,贵州省档案局、荔波县档案局(馆)完成明代精品水书《泐金·纪日卷》的联合译著工作。三都县档案局在黔南州档案局支持下,组织专门人员和水书先生,共同完成了馆藏精品水书《六十年吉书》的翻译工作。2008年2月,三都县档案局(馆)按照《中国少数民族古籍总目提要》编写纲要的要求,完成《中国少数民族古籍总目提要·水书卷》5000多卷共200万字纲要编写工作。2007年,贵州省档案局、贵州省史学会组织专家深入水族聚居区,对16位水书先生进行采访和录音,经翻译整理,于2010年6月完成了《揭秘水书——水书先生访谈录》的编译工作,在水书信息资源发掘利用方面做出重要贡献[①]。

(四)贵州水书档案文献遗产集中共建案例总结分析

1. 国家对水书档案文献保护的重视与支持。从贵州水书档案文献集中共建案例看,贵州省各级党委和政府长期重视水书档案文献抢救工作。首先,在方针政策制定方面,2003年3月,荔波县人民代表大会通过《关于抢救整理开发利用民族古老文化——水书,并申报为世界文化遗产的决议》;2006年,国家文物局批准贵州省博物馆关于《贵州水族地区水书抢救性征集方案》的报告等,都将水书列为珍贵文化遗产进行抢救。其次,贵州省、黔南州、三都县和荔波县等,也把国家综合档案馆的水

[①] 华林、刘为、杜昕:《贵州黔南州国家综合档案馆水书档案文献遗产集中保护案例研究》,《档案学通讯》2015年第2期。

书保护列入政府工作规划,作为一项长期工作予以重视和开展。[①] 再次,各级政府都投入大量的人力、物力和财力,支持国家综合档案馆的水书抢救工作,从而极大地促进了水书档案文献保护工作的长足发展。由此可见,党和国家的重视、支持与指导,是民族档案文献保护工作发展的重要条件。

2. 政策法规为水书档案文献保护提供保障。为保护水书档案文献,贵州黔南布依族苗族自治州、三都水族自治县和荔波县等,先后制定了一系列政策法规,保障水书档案文献遗产的抢救工作。这些政策法规主要有《黔南布依族苗族自治州自治条例》《三都水族自治县水书文化保护条例》《荔波县水书抢救保护工作实施办法》等。首先,这些政策法规确立了国家综合档案馆在保护水书档案文献中的核心地位;其次,为将水书档案文献保护工作纳入政府工作规划提供了依据;再次,对水书档案文献征集抢救、保管保护与发掘利用等工作的领导、组织和协调等作出细致规定,这对开展水书档案文献抢救工作,更好地保护与传承这一珍贵民族文化遗产具有重要的现实意义。

3. 档案馆水书档案集中保护具有开拓作用。从民族档案文献的集中保护工作看,就西部各民族地区的调研情况而言,纸质档案类保护条件最好的是档案馆,实物类则是博物馆。作为民族档案文献的主体构成部分,纸质档案文献类大多分散保存在档案馆、图书馆、民委古籍办等部门。贵州省三都县和荔波县档案馆对水书档案文献集中保护的意义在于:以颁布政策法规的形式,明确了档案馆在集中管理民族档案文献工作中的核心地位。这对为民族档案文献提供更好的保管条件、开展资源集中建设,及其档案文献资源的开发利用都有深远的现实意义。当然,档案馆对民族档案文献的集中保护也会带来一些现实问题,如体制问题、经费问题、译注人才的欠缺,以及整理发掘的协调问题等,这些问题还有待于分析研究民族档案文献的保管现状,提出严谨科学的方案予以解决。

4. 档案馆可承担民族档案文献保护的职责。从贵州黔南州保存水书原件各单位的保管条件对比情况看,档案馆拥有更好的保护设备和技术。如荔波县档案馆水书特藏室配备有去湿机、自动恒温恒湿系统,SOK 气

[①] 瞿智琳:《水书档案存续研究》,硕士学位论文,云南大学,2013 年。

溶胶自动灭火系统、遮光窗帘、档案密集架、铁皮柜、DDX-I 电子消毒柜、杀虫机等保护设备。设置古籍抢救保护科，有 2 名专业档案保护技术人员，可实施库房温湿度控制、防火、防光、防尘和防虫技术，以及破损水书的修复和数字化保护技术。相对而言，其他保存水书的县民族图书馆、文管所和民委古籍办等单位保护设备相对简陋（资料来源于课题组调研材料），极不利于水书原件的科学保护。因此，从保管条件等综合要素看，国家综合档案馆可承担少数民族档案文献保护的重要职责。

5. 贵州水书档案文献保护案例有现实意义。案例的现实意义表现为：其一，在全国首次以政策法规的形式，确立了国家综合档案馆在少数民族档案文献抢救工作中的核心地位。国家综合档案馆的核心抢救地位的确立，不仅便于少数民族档案文献的集中保护工作的开展，还可在全国民族地区起到示范作用，以理顺工作思路，充分发挥档案馆在少数民族档案文献集中保护工作中的核心作用。其二，保证了国家综合档案馆在少数民族档案文献抢救工作中社会职能的发挥。其作用一是解决水书征集主体众多的问题。由国家综合档案馆统一对水书进行征集，可以合理使用经费，制止恶性竞争，防止水书贩卖流失；二是以档案馆良好的保护设备和技术力量，为水书提供较好的保护条件；三是可发挥档案馆数字化资源整合建设、档案文献编研等方面的优势，更好地发掘利用这一宝贵的民族历史文化遗产。

二　内蒙古蒙古文档案文献遗产外围资源共建案例分析

（一）党和国家对蒙古文档案文献遗产保护工作的重视支持

蒙古族成文史书最早可追溯到 11—12 世纪。当时蒙古地区的克烈、泰出部就用文字记述历史故事。1204 年成吉思汗统一蒙古诸部后，维吾尔人塔塔统阿奉命创制文字，并用回鹘字母创制回鹘式蒙古文，用《青册》记录成吉思汗发布的法令、军令，以及训言、格言等。1260 年忽必烈继承汗位后，八思巴在藏文、梵文字母的基础上新造字母，创制"蒙古新字"。八思巴字作为元朝的官方文字使用了 110 年，形成了大量的碑刻、官印、符牌、钱钞和文书等文献。1648 年，蒙古族卫拉特部高僧扎雅班第达那木海扎木苏创制出托忒蒙古文以后，新疆蒙古族就用托忒蒙古文编写自己的历史，记载重大事件，进行文学创作，留下部分托忒蒙古文文献，比较有影响的如《四卫拉特史》《蒙古溯源史》《土尔扈特汗史》等①。现存蒙古文档案文献据统计，古籍总量达1.5万多种，文书档案文献12万多件，分布范围涉及全国十多个省区市②。

始自20世纪80年代，内蒙古各级党委和政府投入大量人力、财力，对全国现存蒙古文文献进行调查、登记和编目，对民间散存档案文献进行普查、摸底、搜集。1983年8月，黑龙江、吉林、辽宁、北京、内蒙古、甘肃、青海、新疆八省（区市）蒙古语文第四次协作会议在辽宁省阜新市召开。会议讨论修改了1983—1985年的协作规划，就今后蒙古语文的文化艺术、新闻宣传和蒙古族古籍征集、整理等方面的协作作了具体部署。1984年5月，内蒙古自治区成立了由区党委宣传部、文联、文化厅、民委、语委、社会科学院等负责同志组成的《格斯尔》工作领导小组，开展其征集、整理工作。1984年8月，根据国办发〔1984〕30号文件精神，成立了自治区少数民族古籍工作领导小组，负责蒙古族古籍征集抢救和整理出版工作。全区大部分盟市和三个自治旗先后建立了少数民族古籍工作机构，配备了一定数量的专兼职人员，形成了覆盖全区的古籍工作机制。所需经费从1985年起列入自治区5%民族机动经费项内，每年投入15万—20万元开展这一工作。1987年4月，内蒙古自治区少数民族古籍工作座谈会在呼和浩特市召开。会议主要内容是统一认识，明确各盟、市当前民族古籍工作的具体任务。会后以内语古字（1987）1号文件转发会议纪要，推动全区各盟、市民族古籍工作的开展。1988年7月，蒙文民族古籍协作省区民族古籍工作会议在辽宁省阜新蒙古族自治县召开，会议强调开展协作抢救工作的紧迫性，把蒙古族古籍工作研究推向新阶段。1991年，自治区古籍办与《格斯尔》工作办公室合并，进一步加强了蒙古族古籍的抢救、保护与整理工作。自治区古籍办成立以来，认真贯彻落实国家和自治区民族古籍工作的方针、政策，制定实施了"七五"至"十一五"规划，在蒙古文古籍文献的征集、抢救和整理出版方面发挥了重要作用。

---

① 宝音：《蒙古文古籍整理与研究综述》，《内蒙古民族大学学报》（社会科学版）2012年第5期。

② 铭古：《让草原开满鲜花》，《中国民族报》2008年6月27日。

在档案馆系统，1959年4月9日，内蒙古自治区党委根据中央的指示，批准成立了内蒙古自治区档案馆，全面收集、管理蒙古文档案文献遗产。1960年，国家档案局决定在内蒙古召开少数民族档案工作会议。3月18日，专门下发《关于召开少数民族档案工作会议的通知》。1960年8月25日，全国少数民族地区档案工作会议在内蒙古自治区呼和浩特市召开，会上，时任国务院副总理乌兰夫、国家档案局局长曾三作重要讲话，强调开展少数民族历史档案工作的重要性，并对这一工作的开展提出了具体方针。在文物系统，2003年，自治区党委、政府召开全区文化工作会议，提出建设民族文化大区的目标，并将文化遗产保护工作列入民族文化大区建设的重要议事日程；2005年8月，自治区人民政府决定，将每年的9月6日定为"草原文化遗产保护日"[①]。2006年，自治区文物部门提出建设"特色博物馆"的计划，被纳入全区"十一五"经济和社会发展规划。2006年，自治区人大审议通过《内蒙古自治区文物保护条例》，其中第29条提出重点保护民族文物的范围是："具有民族特点、历史特点和研究价值的反映少数民族的社会制度、生产方式、生活方式、文化艺术、宗教信仰、节日活动等有代表性的实物或者场所；与少数民族的重大历史事件、革命运动和重要历史人物有关的建筑物和纪念物；具有重要价值的少数民族文献资料。"[②] 此外，根据《自治区文物保护条例》的规定和国家关于文物保护"五纳入"的要求，自治区人民政府每年拨发500万元经费，用于对文物的征集保护。《条例》的颁布促进了蒙古族文物征集保护工作的发展，为蒙古文实物档案文献的集中保护提供了法规保障。

（二）相关机构蒙古文档案文献遗产资源建设工作广泛开展

作为蒙古文档案文献保护的主要机构，内蒙古自治区档案馆在散存蒙古文档案文献的征集抢救工作方面发挥了重要作用。如1959年4月9

[①] 内蒙古自治区人民政府：《内蒙古自治区人民政府关于设立草原文化遗产保护日的通知》，2005年7月12日，https://www.nmg.gov.cn/zwgk/zfxxgk/zfxxgkml/zzqzfjbgtwj/202012/t20201208_314196.html，2023年5月27日。

[②] 内蒙古自治区人民代表大会常务委员会：《内蒙古自治区文物保护条例》，国家法律法规数据库网，2005年12月1日，https://flk.npc.gov.cn/detail2.html?NDAyOGFiY2M2MTI3Nzc5MzAxNjEyODY2YjJkZDA1Y2U，2023年5月27日。

第四章 西部国家综合档案馆民族档案文献遗产资源共建模式构建

日，内蒙古自治区档案馆建立后，就接收了内蒙古党委办公厅档案处和内蒙古人委办公厅档案管理处等单位保存的原卓索图盟、哲里木盟科尔沁右翼后旗、呼伦贝尔副都统、四子王旗、伊克昭盟地区、东盟政府、兴安省政府、内蒙古自治运动联合会东盟总分会、内蒙古自治政府、茂明安旗、喀尔喀右旗的蒙古文历史档案（177 麻袋）。征集到蒙文革命历史档案共 100 柜子之多。1964 年，从内蒙古师范学院接收民国时期绥远省民政厅和钦差垦务大臣、垦务总局等机构的档案约 16000 斤。1968 年以后，接收内蒙古自治区直属机关撤销单位保存的一批民国时期绥远省档案。1982 年，接收内蒙古公安厅移交的绥远省警保处和高等法院等 14 个单位的历史档案。除这几次集中接收外，同时还接收了旗（县）保存的部分蒙古文历史档案。此外，还到有关省区和内蒙古地区的相关单位征集到部分 1949 年前的蒙古文档案。现今，内蒙古自治区档案馆馆藏蒙古文档案主要有内蒙古各盟旗札萨克衙门及副都统衙门形成的共 20 个全宗，63258 卷。档案种类以官方文书为主，其他有家谱世系表、户口地亩册簿等。内蒙古自治区档案系统收藏的蒙古文档案文献多为文书档案，数量丰富、原始性强，是研究蒙古族社会历史及清代以来中央政权对蒙政策的珍贵档案史料[①]。

内蒙古自治区图书馆系统蒙古文民族古籍的搜集工作始于 20 世纪 50 年代末。如 1947 年 5 月内蒙古自治区成立以后，有关单位开始着手蒙古文古籍的搜集工作，派出专人搜集北京隆福寺巷几家书肆出售的蒙古文古籍，以及蒙古文书社、嵩祝寺出版的木版蒙古文宗教古籍和其他种类的木版、铅印、石印蒙古文古籍；1953 年，内蒙古自治区政府设立内蒙古蒙古语文研究会，研究会章程第三条规定，"搜集与研究有关蒙古语图书资料及民间口头文学"，并详细制定了《有关蒙古语文研究资料搜集办法》[②]。对此，在题为《内蒙古语文研究会去年的成绩》的工作总结中写道："去年共搜集了新旧书籍资料千余种，其中有珍贵的手抄本《格萨尔传》（下半部）、旧《青史演义》、成吉思汗的《大扎撒》、伊利汗和完者

---

① 中国档案学会：《少数民族档案史料评述学术讨论会论文选集》，档案出版社 1988 年版。
② 伯苏金高娃：《内蒙古地区蒙文古籍搜集保存的历史痕迹》，《内蒙古图书馆工作》2005 年第 2 期。

都汗致罗马国的文书等。"① 其后，该研究会的工作人员走访了北京、内蒙古东部、新疆等地，以及内蒙古的一些寺庙，搜集到很多蒙古文古籍。1956年，为贯彻文化部全国图书馆工作会议精神，内蒙古人民委员会以政府的名义向全区各盟旗下达关于搜集书籍的专门文件，将少数民族书籍的经费增长了7倍。在此基础上，内蒙古图书馆工作人员不仅深入民间，到寺庙搜集民族古籍，还以从旧书店和市场购买、到兄弟省区的图书馆抄录等办法，搜集了大量的古籍文献。据1959年的统计，内蒙古图书馆的收藏中，已收存了14612册蒙古文古籍。十一届三中全会以后，20世纪80年代初在内蒙古师范大学成立《蒙古文献丛书》编委会，开始整理出版了一批蒙古文文献名著。1999年12月出版的《中国蒙古文古籍总目》收录了内蒙古自治区1947年5月之前，中国其他地区1949年10月之前出版或收藏的蒙古文古籍和部分碑刻实物总计13100种，其中90%以上的书籍是在20世纪50年代搜集的。

　　内蒙古遗存有丰富的蒙古族文物，经三次文物普查，全区现已发现不可移动文物古迹2万余处，可移动文物不计其数。新中国成立后，内蒙古自治区党委和政府投入大量人力、物力和财力发展自治区博物馆事业，征集各民族特色文物。如内蒙古自治区博物馆成立于1957年5月5日，在自治区政府支持下，采取考古调查、发掘、征集和接收捐赠等方式，收集到民族历史文物4.4万多件，其中包括了众多的蒙古文文物。较为典型的有博物馆四层专题陈列"草原华章"中，展现的新石器时代至清代数千年来，北方草原蒙古族等民族形成的大量岩画、碑石、石雕等文物，成为内蒙古自治区博物馆别具特色的珍贵藏品。经过长期的建设发展，内蒙古自治区蒙古文文物的集中保护取得丰硕成果，全区现有收藏蒙古族文物的全国重点文物保护单位79处，自治区级重点文物保护单位314处，12个盟市和70余个旗（县）均成立了文物保护管理机构，各级文博单位收藏有各类馆藏文物50万件（套），国家一级文物达1560

---

① 伯苏金高娃：《内蒙古地区蒙文古籍搜集保存的历史痕迹》，《内蒙古图书馆工作》2005年第2期。

件①。这些民族文物中，就包括了大量的具有实物档案性质的蒙古文文物。

在自治区古籍办系统，为抢救珍贵蒙古文古籍文献，自治区古籍办始终坚持"救书、救人、救学科"的原则，坚持征集与整理出版相结合的方针，挖掘、抢救即将失传的古籍文献，整理出版了一批有价值有影响力的大型蒙古文古籍丛书——《蒙古文献丛书》。截至目前，该丛书已出版蒙古文古籍达 85 种，115 本，如蒙古文《清实录》、蒙古族著名英雄史诗《江格尔》及诸多蒙古族历史经典著作，有的已被译为日文、英文，引起国内外学术界的关注；同时还搜集、整理不同版本不同艺人演唱的英雄史诗《格斯尔》31 种，已出版 16 种，其中有著名的《霍尔·格斯尔传》《巴林格斯尔传》等②。

（三）基于蒙古文档案文献遗产散存状况外围资源建设探索

1. 蒙古文档案文献散存状况。根据《中国蒙古文古籍总目》统计，全国收藏蒙古文档案文献的档案馆、图书馆、博物馆、图书资料室共有 100 余家。这些文献包括从 13 世纪到新中国成立前 700 多年的各种蒙古文版的文书、抄本、印刷本、影印本和碑文拓片等③，数量极为丰富。以档案馆保存的蒙古文文书为例，元代文书主要藏于西藏自治区档案馆，明代和清代文书档案主要藏于中国第二历史档案馆、辽宁省档案馆、西藏自治区档案馆。清代初期和民国时期的文书档案在全国范围内均有收藏。在内蒙古自治区，蒙古文文书主要保存在内蒙古自治区档案馆、阿拉善左旗档案馆、鄂尔多斯市档案馆、土默特左旗档案馆、突泉县档案馆、莫力达瓦达斡尔族自治旗档案馆、呼伦贝尔市档案馆等。据不完全统计，全国保存的蒙古族文书档案约有 20 万卷、100 万件④。如内蒙古自治区档案馆系统收藏有以蒙古文、藏文、满文或汉文等产生的文书档案 213 万多卷。其中，蒙古文历史文书始自元代，共有 151292 卷（册、

---

① 高延青、宋鹏涛、李爱武、斯琴：《庆祝内蒙古自治区成立 60 周年建设成就系列报道之三：保护民族文化遗产　建设民族文化大区》，《内蒙古画报》（蒙汉文版）第 3 期。

② 铭古：《让草原开满鲜花》，《中国民族报》2008 年 6 月 27 日。

③ 《中国蒙古文古籍总目》编委会：《中国蒙古文古籍总目》，北京图书馆出版社 1991 年版。

④ 国家民委全国少数民族古籍整理研究室：《中国少数民族古籍总目提要·蒙古族卷》，中国大百科全书出版社 2013 年版。

件）；清朝蒙古文文书有7497卷，零散文件111353卷，共计118847卷（册、件）；民国时期蒙古文文书有199卷，31043件；革命历史文书862件[1]。在图书馆系统，收藏较为齐全的是中国民族图书馆，该馆搜集的蒙古文古籍有近200种1000册（函）。其中，宗教古籍有70种100多函，主体为佛教文献，包括两种占卜文献。此外，还包括部分历史、文艺、科技等古籍文献。从文种上看，首先蒙古文古籍有126种，占全部古籍的74.6%；其次蒙汉合璧文献17种；再次蒙藏合璧13种，以及满蒙汉合璧6种，满蒙合璧4种、满蒙汉合璧、蒙日合璧、蒙维合璧各1种[2]。此外，内蒙古自治区社会科学院图书馆收藏6280种，内蒙古图书馆2100种，内蒙古师范大学图书馆1625种，内蒙古大学图书馆1524种，内蒙古民族大学图书馆215种，内蒙古日报社资料室383种，赤峰市民委古籍办336种，鄂尔多斯市档案馆收藏279种，通辽市蒙医研究所收藏109种；新疆维吾尔自治区民委蒙古文档案办收藏246种，辽宁省阜新县蒙古语文办168种，中央民族大学图书馆108种，北京图书馆813种[3]。青海省有51个省市级综合档案馆，共保存有蒙古文档案文献104卷[4]。

2. 蒙古文档案文献外围资源建设探索。建设方式如下：

（1）依托八省（区）蒙古语文协作会议开展工作。根据《国务院关于内蒙古自治区蒙古语文工作问题报告的批复》的文件精神，1975年，在呼和浩特召开的蒙古语文工作协作会议上协商成立"八省区蒙古语文工作协作小组"（简称"八协小组"）。八协小组是经国务院批准，在国家民委指导下，协调内蒙古、辽宁、新疆、吉林、青海、黑龙江、甘肃、河北和北京地区的蒙古语文工作协作组织。八协小组日常工作由内蒙古自治区政府牵头，各协作省区协作工作领导小组在本省、自治区政府领导下开展工作。"八协小组及其办公室工作职责"的一项重要职责就是"密切配合各协作省区协作工作领导小组，具体组织开展各项协作活动"。

---

[1] 中国档案学会：《少数民族档案史料评述学术讨论会论文选集》，档案出版社1988年版。

[2] 善本古籍：《中国民族图书馆馆藏蒙古文古籍概述》，搜狐网，2017年12月4日，http://www.sohu.com/a/208398314_562249，2023年5月27日。

[3] 宝音：《蒙古文古籍整理与研究综述》，《内蒙古民族大学学报》（社会科学版）2002年第5期。

[4] 牛创平：《青海省少数民族档案史料概述》，档案出版社1988年版。

第四章 西部国家综合档案馆民族档案文献遗产资源共建模式构建

40多年来,特别是党的十八大以来,八省区蒙古语文工作协作小组,在国家有关部门的指导下,坚持"实事求是,量力而行,取长补短,互惠互利,共同发展"的原则,在以蒙古语文授课为主的民族教育、民族文化艺术、蒙古语文新闻出版、蒙古语广播影视等领域内开展协作工作,并取得显著成果。2017年11月,全国八省区蒙古语文工作协作小组第8次组长暨第17次成员会议在内蒙古自治区呼和浩特市召开。会议总结了2017年以来的八省区蒙古语文工作,认真学习了关于《国家民委"十三五"少数民族语言文字工作规划》的文件精神。这次会议明确了蒙古语文工作的指导思想和工作原则,以各协作省区学习使用和研究发展蒙古语文的实际需求为出发点,继续遵循协作原则,进一步加强蒙古语文标准化体系建设、资源建设、服务内容建设,创新协作方式和载体,引导和实施网络信息化协作,促进蒙古语文工作与时俱进,更好地服务于八省区蒙古族群众①。多年来,依托八省(区)蒙古语文协作会议,在开展蒙古文文献普查、标准制定推广、目录体系构建,以及资源共建共享等方面都作出重要贡献,同时,也为蒙古文档案文献资源外围建设工作的开展提供了资源建设和整理基础等方面的条件。

(2)以《蒙古族卷》编研工作促进外围资源建设。1994年,自治区古籍办作为发起单位之一,在国家民委全国少数民族古籍整理研究室的指导下,同中国民族图书馆等8家单位联合完成《中国蒙古文古籍总目》编辑工作,共收录13115款条目,并在2002年荣获"内蒙古社会科学研究优秀成果一等奖"②。2005年8月,组成"内蒙古卷"编纂工作领导小组和编纂委员会。2006年初,自治区民委先后下发两个文件,在全区范围全面组织部署这一工作。各盟市和三个自治旗也组建相应的编委会,从组织上保证此项工作的整体推进。2006年8月,成功召开第三次全区古籍工作会议暨八省区蒙古文古籍协作工作会议,把"蒙古族卷"编纂工作向全国范围全面铺开。为明确分工,把握工作进度,先后与馆藏文

---

① 内蒙古自治区民委:《八省区蒙古语文工作协作小组第八次组长会暨第十七次成员会议在呼和浩特举行》,中国民族事务委员会网,2017年12月13日,https://www.neac.gov.cn/seac/mzjy/201712/1015331.shtml,2023年5月27日。

② 铭古:《让草原开满鲜花》,《中国民族报》2008年6月27日。

献较集中，且数量较大的呼和浩特市四大图书馆签订著录编纂"蒙古族卷"的协议书，把"蒙古族卷"编纂工作整体推入填卡著录阶段。到2010年6月，《中国少数民族古籍总目提要·蒙古族卷》编纂出版工作完成，于2013年3月由中国大百科全书出版社正式出版。这一编纂出版工作对蒙古文档案文献遗产集中保护的意义在于：

首先，厘清了各级各类单位散存蒙古文档案文献情况。如根据《中国蒙古文古籍总目》统计，全国收藏蒙古文古籍文献的图书馆、博物馆、图书资料室共有100多家，这些单位馆藏古籍文献有13115种，2万余册，包括从13世纪到1947年以前700多年的各种蒙古文版的抄本、印刷本、影印本和碑文拓片等，种类有历史、宗教、政治、经济、法律、天文、地理、医学、军事、文化教育、语言文学、哲学、翻译等；就总量而言，现今国内共收藏蒙古文古籍文献16700余种（含不同收藏单位的复本数）[1]。《中国少数民族古籍总目提要·蒙古族卷》"序言"说："据统计，国内收藏的蒙古族书籍类古籍1300多种，文书档案约有20万卷、100万件。还有大量的铭刻类古籍和口传文献资料。"[2]

其次，对蒙古文档案文献进行规范与涵盖丰富的著录。一是著录规范。《总目》依据我国《古籍著录规则》（GB3792.7-8）和《蒙古文普通图书著录规则》的著录格式和规则，并参照国外有关蒙古文古籍目录的著录特点进行著录，具有著录规范的显著特点（德力格尔《中国蒙古文古籍总目》编纂情况及全国蒙古文古籍的鉴别统计，《蒙古学信息》1999年第1期）。二是载录范围广泛。如《总目》中的2223种档案资料主要收集于内蒙古伊克昭盟等地区，它们真实地记录了从清康熙年间到民国时期鄂尔多斯等地区的官制、政治、民事、司法、军事、农牧、经济、赋税、商业、宗教、寺庙等各个方面的情况，其中有联合国善后救济总署驻中国机构赈济内蒙古杭锦旗的文件等，史料价值珍贵。此外，金石碑拓部分还刊载了金文玉刻、碑碣、壁刻、石牌、其他石刻、石窟

---

[1] 宝音：《蒙古文古籍整理与研究综述》，《内蒙古民族大学学报》（社会科学版）2002年第5期。

[2] 国家民委全国少数民族古籍整理研究室：《中国少数民族古籍总目提要·蒙古族卷》，中国大百科全书出版社2013年版。

题记、门楣匾额等实物档案。包括少林寺元代圣旨碑、五台山石牌和壁刻、敦煌和阿尔寨石窟记等。①

再次，初步完成蒙古文档案文献在内容上的集中保护。如《中国少数民族古籍总目提要·蒙古族卷》收录版本类型包括蒙古文或蒙古文与其他文字合璧的手抄本、木刻本、石印本、铅印本、油印本及上述文献的复制品、缩微品等。收录图书经卷1031种，档案资料2223种，金石碑拓535种，连续出版物56种，共13115条目。对所收录档案文献详细揭示其书名、卷册数、作者、成书年代、简要内容、保存状况、收藏单位等内容，以蒙古文档案文献摘编的形式，完成其内容信息上的初步集中保护工作。同时，《总目》电子版搭建了蒙古文特色数据库构建的初步框架，为其数字化资源的共建提供了资源基础。

（四）蒙古文档案文献遗产资源外围资源建设案例特色分析

1. 档案馆丰厚的蒙古文档案文献奠定了资源建设基础。为贯彻落实1960年国家档案局在内蒙古自治区呼和浩特市召开的"全国少数民族地区档案工作会议"上，国务院副总理乌兰夫、国家档案局局长曾三等关于"做好少数民族地区档案工作，更好地为党的领导，为经济文化建设，为各民族历史研究服务"讲话的会议精神，在内蒙古自治区党委和政府的重视和支持下，内蒙古自治区档案馆先后从原内蒙古党委办公厅档案处、内蒙古人委办公厅档案管理处，内蒙古师范学院，内蒙古自治区直属机关撤销单位，内蒙古公安厅，以及部分旗（县）等移交的大量蒙古文、汉文等历史档案。这些档案文献包括原卓索图盟、哲里木盟科尔沁右翼后旗等保存蒙古文历史档案，民国时期绥远省民政厅和钦差垦务大臣、垦务总局等机构形成的档案文献，民国时期绥远省档案，绥远省警保处和高等法院等14个单位产生的历史档案等。现今，经过长期征集抢救与资源整合建设，内蒙古自治区档案馆系统保存的蒙、满、汉、藏等多种文字形成的民族档案文献共计213万多卷，蒙古文历史档案文献151292卷（册、件），包括了从13世纪到1949年以前700多年的各种蒙古文历史文件，以及其他的抄本、印刷本和碑文拓片等，为开展蒙古文

---

① 孙蓓欣、申晓亭：《中国蒙古文古籍总目——中国第一部大型少数民族古籍全国联合目录》，《中国图书馆学报》（双月刊）2000年第6期。

档案文献资源外围共建工作奠定了资源基础。

2. 为成立协作组和"蒙古族卷"的编研提供了共建探索。其一，经国务院批准，在国家民委指导下，1975年，在呼和浩特召开的蒙古语文工作协作会议上协商成立"八省区蒙古语文工作协作小组"[①]。八协小组成立的优势为：一是可从政策引导、工作规划，以及信息、智力、资源与技术共享等方面，协调内蒙古、辽宁、新疆、吉林、青海、黑龙江、甘肃、河北和北京地区的蒙古语文工作；二是在开展蒙古文文献普查、标准制定推广、目录体系与资源共建共享构建等方面，推进了蒙古文资源外围建设工作。其二，整理编目工作所取得的成果，如乌林西拉等人编写的《中国蒙古文图书综录：1947—1991》综合目录；八省区蒙古语文协作小组编写的《中国蒙古文古旧图书资料联合目录》；包银海编写的《北京图书馆馆藏蒙古文旧书籍提要》；齐达拉图所编写的《大藏经目录》；以及规模最为庞大、种类最为齐全的《中国蒙古文古籍总目》等为资源外围建设奠定了资源体系构建条件。其三，编辑出版《中国少数民族古籍总目提要·蒙古族卷》，对蒙古文档案文献资源外围建设工作发展有重要现实意义，主要表现为：一是查清了各单位所存蒙古文档案文献的分布状况。在这一工作推动下，不仅摸清了各单位所存蒙古文档案文献的分布状况，对蒙古族各种记录信息档案文献，如蒙古族汉文档案文献、口述档案文献和图画档案文献等也都进行了调查了解。二是在内容信息方面促进了蒙古文档案文献的集中保护。这项工作不仅形成了《中国蒙古文古籍总目》《中国少数民族古籍总目提要·蒙古族卷》纸质内容信息集中保护成果，更重要的是以此为契机建立了蒙古文古籍文献数字化资源，对蒙古文档案文献的数字化信息集中保护工作将会产生极大的促进作用。

三 云南省档案馆民族档案文献遗产数字资源共建案例

（一）云南省档案馆民族档案文献遗产数字资源建设保障

云南少数民族众多，各民族在历史上创造了古朴博大的民族文化，

---

① 娜丽亚：《关于当代蒙古族文学"民族性"讨论的历史考察》，硕士学位论文，暨南大学，2016年。

留下了丰富的少数民族档案。云南省档案局（馆）极为重视少数民族档案资源建设工作，早在1960年4月，云南省档案局就下发《关于为召开少数民族档案工作会议准备材料的通知》，从报送材料看，云南省档案馆和各地州都已经开展民族历史档案的征集工作。就云南省少数民族档案遗存情况而言，其资源建设面临的主要问题有：一是分布广泛带来的资源采集问题。云南是我国少数民族最多的省份，共有51个，人口在5000人以上的少数民族有25个。各民族所遗存的档案文献数量丰富，分布在云南各个民族地区，多保存在偏远的乡村山寨，为其征集抢救工作带来极大困难。二是保管主体众多带来的资源分散保存问题。以昆明市保存的傣文档案为例，除省档案馆外，省民委古籍办收藏有傣文贝叶经100余册，绵纸经500余册；省图书馆馆藏贝叶经100片；省博物馆有贝叶经64册；云南民族大学收集到317册；省社科院也收集到20余册。三是类型繁多带来的资源有序化建设问题。云南省现存少数民族档案按文字符号可分为藏文、彝文、傣文、东巴文、白文、壮文和汉文等档案；按载体形式可分为纸质、石刻、金文、竹木、布帛、羊皮、兽骨、陶片、贝叶档案等类型。类型多样不仅征集困难，也带来了分类整理的复杂性问题。从云南省档案局（馆）开展的少数民族档案资源建设工作看，一个显著特点就是以发展少数民族档案事业保障资源建设工作的开展。具体而言，就是从政策法规的制定、档案事业的规划、资金投入、人才培养，以及对外合作与交流等方面发展少数民族档案事业，从而保证其资源建设工作的发展。少数民族档案事业的发展不仅保证了其资源建设工作的开展，同时，也极大地推进了档案文献资源数字化建设工作的开展。主要工作如下：

1. 政策法规保障。1960年3月，国家档案局发出《关于召开少数民族档案工作会议的通知》。1960年5月，云南省档案管理局下发《关于准备少数民族档案工作会议的补充通知》，部署各地（市）县大力开展少数民族历史档案收集工作。1960年8月，全国少数民族地区档案工作会议在内蒙古自治区呼和浩特市召开。1960年9月，云南省档案局下发《关于全国少数民族地区档案工作会议精神传达和我省如何贯彻执行的初步意见》，结合云南实际，制定加强少数民族地区档案工作的方针政策。1961年8月，省档案局起草《关于广泛收集少数民族历史档案和历史资料的意见》，提出少数民族历史档案收集工作等 3 条意见。1987 年 3 月，云南省档案局向各地州市县档案局下发《关于调查少数民族档案史料的通知》，对全省散存民族档案史料进行全面普查①。2007 年 9 月，云南省档案局发布的《云南省档案条例》第二十条明确规定："有关单位应当加强对记述和反映少数民族政治、经济、文化等活动档案的收集、整理、保护和开发利用。"② 从法规建设的高度，正式将少数民族档案管理列入档案工作的业务范畴。

2. 工作规划保障。1960 年 10 月，省档案局局长马文东主持召开全省档案工作会议，把少数民族历史档案的收集整理列入全省档案工作计划要点。2010 年，云南省政府办公厅印发《档案事业发展"十二五"规划》，专门提出"突出民族特色打造云南民族档案品牌"的少数民族档案资源建设发展问题。将"围绕云南省建立民族文化强省的目标，打造云南民族档案品牌"的建设内容列入规划重点。③ 建设目标是：在"十二五"期间，云南省逐步开展对云南 15 个特有少数民族档案的收集、征集工作，积极探索少数民族口述历史档案抢救与保护的方法与途径，开展民族文献资料、民族语言文字、民族服饰、民族风俗、民族音乐歌舞、民族医药、手工技艺等档案的抢救与保护，建立云南省少数民族档案数据库④。2016 年，《云南省档案事业发展"十三五"规划》第三条"主要任务"提出，要"加强地方民族特色档案征集工作"，"建立和完善有关本地名人、历史、少数民族文化以及优势产业、城市变迁、民俗、书画、老照片、录音录像等方面的特色档案征集项目库，积极协调，逐个实施，

---

① 云南省地方志编纂委员会、云南省档案局（馆）：《云南省志·档案志》，云南人民出版社 2000 年版，第 134—135 页。

② 云南省档案局：《云南省档案条例》，云南省档案网，2021 年 5 月 28 日，http://www.ynda.yn.gov.cn/html/2021/zhengcefagui_0528/5531.html，2023 年 5 月 27 日。

③ 国家档案局：《国家档案局中央档案馆关于印发〈全国档案事业发展"十二五"规划〉的通知》，国家档案局网，2011 年 1 月 14 日，https://www.saac.gov.cn/daj/tzgg/201101/c84fa9c2f31642c5a3f8cda789743060.shtml，2023 年 5 月 27 日。

④ 子志月：《云南少数民族口述档案开发利用研究》，博士学位论文，云南大学，2013 年。

构建地方特色记忆"①,再次将少数民族档案征集工作列入规划建设的重要内容。②

3. 规范建设保障。为做好云南省少数民族资源规范化建设工作,1961年8月,省档案局起草《关于广泛收集少数民族历史档案和历史资料的意见》,将收集范围概括为:(1)反映少数民族政治、经济、文化及社会等方面的历史档案资料;(2)反映寺庙、宗教团体活动的历史档案资料等9个方面,并提出少数民族历史档案的整理、编目办法③。2010年,为实现云南省档案事业发展"十二五"规划提出的"突出民族特色打造云南民族档案品牌"目标,云南省档案局专门下发文件,对各个民族档案文献材料征集范围与质量作出专门规定。如2015年4月,《云南省档案局关于开展傣族档案抢救与保护工作的通知》中的"任务分解表"中提出"(1)反映和记载西双版纳傣族历史文化的西双版纳傣文的教材和声像资料;(2)反映西双版纳傣族历史文化的贝叶经、《贝叶经全集》100卷、棉纸经及其制作工艺的文字、声像和实物档案"等12项征集范围要求。在第六项"相关要求"中提出整理、视频格式和数字化要求,对傣族档案文献的征集整理与采集质量作出细致规定④。

4. 人才培养保障。2016年,《云南省档案事业发展"十三五"规划》第四项"保障措施"第三条提出:"发挥教育在培养人才中的基础性作用,强化档案干部业务培训,采取请进来、送出去等方式,开展人才培训。"⑤ 云南省档案局少数民族档案人才培养途径有二:第一,依托云南大学共同培养人才。其方式有:一是参与人才培养方案的研究与制定,

---

① 云南省人民政府:《云南省人民政府办公厅关于印发〈云南省档案事业发展"十三五"规划(2016—2020年)〉的通知》,云南省人民政府网,2016年7月20日,https://www.yn.gov.cn/zwgk/zcwj/yzfb/201607/t20160727_144219.html,2023年5月27日。

② 《云南省档案事业发展"十三五"规划(2016—2020年)》,《云南档案》2016年第8期。

③ 云南省地方志编纂委员会、云南省档案局(馆):《云南省志·档案志》,云南人民出版社2000年版,第134—135页。

④ 资料来源于课题组调研材料。

⑤ 云南省人民政府:《云南省人民政府办公厅关于印发〈云南省档案事业发展"十三五"规划(2016—2020年)〉的通知》,云南省人民政府网,2016年7月20日,https://www.yn.gov.cn/zwgk/zcwj/yzfb/201607/t20160727_144219.html,2023年5月27日。

在档案学本科专业开设"少数民族档案管理"课程，在硕士和博士研究生中开设少数民族档案研究方向；二是承担本科生课程，担任研究生导师，共同培养少数民族档案人才；三是吸收学生参与少数民族档案资源建设，在实际工作中培养人才。第二，采用多种方式提升干部业务素质。在全省档案学会研讨会中，请云南大学专家作"少数民族档案管理"学术报告；在每年档案干部在职培训中，开设"少数民族档案管理""民族档案文献遗产抢救"等专题讲座。此外，和新加坡国家档案馆共同实施口述历史采集合作项目，承办中国新加坡两国联合抢救保护云南少数民族口述历史培训班，利用国外档案工作理念与方法提升云南省档案干部少数民族档案管理业务素质。

这些举措在促进云南省少数民族档案事业发展的同时，也从政策法规制定、工作发展规划、标准规范制定、建设资金投入、技术人才培养等方面推进了少数民族档案数字资源建设工作的开展。

(二) 云南省档案馆民族档案文献遗产数字资源建设实施

1. 依托云南省档案事业发展"十二五"规划开展数字化资源建设。2010 年，面对档案工作新时代要求，针对云南省档案资源建设中传统档案资源结构单一，文书档案多，声像档案和其他特色档案资源少；政治档案多，民生和文化领域的档案资源少；反映政府工作的档案多，传承社会记忆的档案少等问题，云南省政府办公厅印发的档案事业发展"十二五"规划提出，要"突出民族特色，打造云南民族档案品牌"的少数民族档案资源建设方针政策。云南是全国少数民族最多的省份，少数民族档案是云南最具特色和优势的档案文献。在云南省委和政府全力推动民族文化强省建设的背景下，开展系统完善的云南少数民族档案文献资源建设，是云南永久保护和传承少数民族优秀传统文化的现实需要，也是推进云南省档案事业高质量发展的重要途径。2010 年，省档案局启动 15 个云南特有少数民族档案抢救与保护工作，采取省档案局统一规划，省、州（市）、县级档案馆上下联动，共同推进的方式开展少数民族档案资源建设工作。《规划》提出，"十二五"期间，云南省将继续按照这一方式，将少数民族档案资源建设纳入重点档案抢救与保护工作范围，并有计划地推进。《规划》要求，云南省各级综合档案馆应当投入足够的工作力量，积极争取各级党委政府和有关部门支持，落实必要的经费，协调各方共同收集和征集本地特色少数民族档案资源①。云南省少数民族数字化档案资源的建设始于2010年省档案局启动的15个云南特有少数民族档案抢救与保护工程，档案事业发展"十二五"规划则对这一资源建设工程产生了推进作用。目前，已经开展阿昌族、布朗族、基诺族、独龙族等15个独有少数民族档案抢救与保护工作，并在数字化资源建设工作中取得初步成效，得到国家档案局的充分肯定和社会各界的普遍关注。②

2. 依托各个民族地区档案馆开展数字化资源外围与集中建设工作。建设工作特色如下：

（1）以项目的形式，依托各个民族地区档案馆开展数字化资源建设。以项目实施的方式征集少数民族档案，首先是依托云南省档案局布置少数民族档案采集项目，提出征集任务和方案，明确征集范围、数量和质量要求；其次，依据《云南省档案局少数民族档案征集经费使用管理规定》等规定，向各个地区项目实施档案局提供经费支持；再次，根据征集方案和任务分解要求，对所征集到的少数民族档案，从内容、数量和价值等方面进行验收。以哈尼族档案文献特色数据库建设为例，2016年5月，云南省档案局专门下发《云南省档案局关于开展哈尼族档案抢救与保护工作的通知》，以项目实施的方式，开展哈尼族档案文献的资源建设与特色数据库构建工作，《通知》部署，"普洱市、版纳州、红河县、金平县、绿春县、元阳县、元江县档案局是哈尼族档案抢救与保护工作任务实施的具体责任单位（部门）。相关州、市、县档案局应成立项目实施领导小组，主动及时地向当地党委、政府汇报，加强沟通协调，取得有关部门的支持和配合，力争以政府的名义向各部门发文征集散存的相关哈尼族档案，全面推进哈尼族档案抢救征集工作。"《通知》要求，"各责任单位（部门）要根据任务分解积极主动工作。涉及收集、征集工作的责任单位（部门）要积极寻找整理征集线索，尽快开展征集工作；要重点收集、征集声像档案、照片档案、实物档案和口述历史档案，确保收

---

① 杨健生：《"十二五"规划解读：构建云南民族特色档案资源体系》，《云南档案》2011年第12期。

② 李娅佳：《云南少数民族档案信息资源开发利用研究》，博士学位论文，云南大学，2017年。

集、征集档案的价值和质量，并按时移交省档案馆"。云南省档案局对各个建设单位下拨专项建设经费，要求"项目经费严格按照《云南省档案征集经费管理暂行办法》和《云南省档案局哈尼族档案征集经费使用管理规定》管理使用，专项用于哈尼族档案抢救与保护工作"。同时，对云南省档案局和各个参与建设单位在《哈尼族档案采集征集具体工作任务分解表》中，都提出了数字化建设要求。如"省档案局征集整理处"，涉及其数字化资源建设的任务有："2. 征集哈尼族在昆明和省外的知名人士、学者的档案资料；反映哈尼族历史照片、资料，重要的电视、广播、声像出版物、网页等数字档案信息；省级以上新闻、出版、研究机构、省民族古籍办、社科院、民委、高等院校等单位有关哈尼族研究和民族调查书籍、手稿、资料、照片、录音、录像资料。""5. 整合现有少数民族数据资料，建立并不断完善少数民族数据库。"①

（2）制定相关标准，规范开展少数民族档案文献遗产数字资源采集。云南省档案局在云南15个特有少数民族档案的收集工作中提出的"采集、征集要求""整理要求""视频格式要求""数字化要求"等，都在其档案资源规范性建设方面进行了有益的探索，形成标准化建设的初步成果。标准化建设是少数民族档案数字化资源建设的一项核心工作，其重要性表现为：一是保证了少数民族档案数字化资源建设的齐全完整；二是保证了少数民族档案数字化资源的有序化管理；三是保证了少数民族档案数字化资源的长久保存。如2015年4月，云南省档案局下发《云南省档案局关于开展傣族档案抢救与保护工作的通知》，《通知》首先对傣族档案文献的征集范围进行规定。其中，附件《傣族档案采集征集具体工作任务分解表》中，对"相关州市县档案局征集傣族档案共性部分"，对"采集本地区"傣族档案文献的征集范围规定为：①在民族地区贯彻执行国家民族团结、兴边富民政策、民族扶持政策实施过程中的代表性成果的文字、照片、影视资料；②副省级以上领导关心傣族发展工作的照片和录像资料；③重要代表性基础设施建设和农田水利改善、深化农村经济体制改革情况影视资料及文字说明；④反映民族传统文化的文字、声像、照片、实物、口传文化、口述档案；⑤反映民族主要节庆

---

① 资料来源于课题组调研材料。

活动、代表性民居和居住环境、代表性民族（含婚姻、丧葬、祭祀、街市活动、重要习俗等）、主要宗教活动、民间美术、民族家庭日常生活等照片、影视声像档案各 1 套；⑥代表性舞蹈、歌曲、民族戏剧曲艺照片、影视音像档案各 1 套；⑦男女服饰、配饰各 1 套，服饰照片各 1 套；⑧民间神话传说、歌谣音像资料各 1 套（不少于 20 则，配汉语翻译）；⑨各类反映傣族活动历史照片，本地公开或内部出版的民族文化书籍、手稿；⑩全国和省人大代表、政协委员、全国和省级先进人物、妇女代表人物、非物质文化遗产传承人家庭、个人档案资料；⑪其他反映傣族历史文化的资料；⑫配合做好傣族口述历史采集。

同时，附件《傣族档案抢救与保护工作方案及任务分解》第六条"相关要求"，对傣族档案文献数字化采集作出了技术要求，如："（三）视频格式要求。画面清晰，主题明确，内容完整，广播级标清视频格式要求为 DV50 或 DV25，后缀为 .avi，码率 50MB/s 或 25MB/s。家用视频格式 DVD，后缀为 .mpg，码率 8MB/s（收集或征集视频除外），并附文字说明；相片格式要求：画面清晰，主题明确，数码相片要求为 RAW 或 JPG 格式，分辨率为 3872×2592×24b，存储格式不小于 3M（收集或征集的数码、胶卷洗印照片除外），并附文字说明。（四）数字化要求。严格按照《云南省档案局关于印发档案数字化工作规范的通知》（云档发〔2011〕79 号）要求开展数字化工作，只是档案数字化统一采用 24 位真彩模式、300DPI 分辨率扫描，并以 TIFF（可用 LZW 无损方式压缩）格式进行保存。照片档案数字化应采用 24 位真彩色模式、600DPI 以上分辨率扫描，并以 TIFF（可用 LZW 无损方式压缩）格式进行保存。超大幅面的纸质档案数字化可采用拍摄等方式实施。"[①]

正是由于云南省档案局对少数民族档案文献数字化资源建设范围、技术标准等方面规范的制定与实施，才保证了其数字化资源采集与特色数据库建设工作的顺利开展，并取得丰硕成果。

(三) 云南省档案馆民族档案文献数字资源建设取得成果

云南省档案馆迄今已经完成了景颇族、阿昌族等 15 个云南省特有少数民族档案文献全宗的征集构建工作，并建成 14 个少数民族档案文献特

---

① 资料来源于课题组调研材料。

色数据库，所建成的特色数据库情况参见表 4-1。

表 4-1　云南省档案馆云南特有少数民族档案文献特色数据库建设情况①

序号	建库民族	特色数据库民族档案文献建设情况
1	阿昌族特色数据库	该数据库档案文献于 2010 年 12 月征集进馆，保存有反映阿昌族生产、生活、文化等各方面的文书档案 214 份，图书档案 28 本，照片档案 510 幅，音像制品档案 88 份，名人档案 29 人（共 234 件），实物档案 18 件
2	布朗族特色数据库	于 2010 年征集进馆，保存有反映布朗族生产、生活、政治、经济、文化等各方面的文书档案 414 份，图书档案 25 本，照片档案 1185 幅，音像制品档案 68 份，名人档案 25 人（共 434 件），实物档案 23 件
3	德昂族特色数据库	该数据库档案文献于 2012 年征集完成，保存有反映德昂族生产、生活、文化等各方面的文书档案 14 份，图书档案 8 本，照片档案 385 幅，音像制品档案 20 份，实物档案 2 套
4	独龙族特色数据库	该数据库档案文献于 2011 年征集入馆，保存有反映独龙族生产、生活、政治、经济、文化等各方面的文书档案 338 份，图书档案 23 本，照片档案 357 幅，音像档案 25 份，实物档案 5 件
5	基诺族特色数据库	该数据库档案文献于 2011 年征集完成，保存有反映基诺族生产、生活、文化等各方面的文书档案 232 份，图书档案 14 本，照片档案 338 幅，音像制品档案 151 份，实物档案 21 件
6	景颇族特色数据库	该数据库档案文献于 2013 年征集完成，保存有反映景颇族生产、生活、习俗、文化等各方面的文书档案 3 份，图书档案 23 本，照片档案 107 幅，音像制品档案 7 份，实物档案 18 件，名人档案 17 人 21 份
7	拉祜族特色数据库	该数据库档案文献于 2014 年征集完成，保存有反映拉祜族生产、生活、文化等各方面的文书档案 21 份，图书档案 27 本，照片档案 407 幅，音像制品档案 21 份，实物档案 13 套
8	傈僳族特色数据库	该数据库档案文献于 2013 年征集完成，保存有反映傈僳族生产、生活、文化等各方面的文书档案 98 份，图书档案 141 本，照片档案 1306 幅，音像制品档案 65 份，名人档案 4 人共 56 份，实物档案 25 件

---

① 资料来源于课题组调研材料。

续表

序号	建库民族	特色数据库民族档案文献建设情况
9	怒族特色数据库	该数据库档案文献于2012年征集完成，保存有反映怒族生产、生活、文化等个方便的文书档案22份，图书档案21本，照片档案73幅，音像制品档案14份，名人档案63份，实物档案7件
10	普米族特色数据库	该数据库档案文献于2012年征集完成，保存有反映普米族生产、生活、文化等各方面的文书档案46份，图书档案39本，照片档案358幅，音像制品档案26份，名人档案（胡忠文）289份，实物档案5件
11	佤族特色数据库	该数据库档案文献佤族于2014年初征集完成，保存有反映佤族生产、生活、习俗、文化等各方面的文书档案4份，图书档案23本，音像制品档案12份，实物档案14件。此外，还有白族、纳西族和傣族等珍贵档案文献
12	纳西族特色数据库	该数据库档案文献征集于2013年，保存有反映纳西族生产、生活、文化等各方面的图书146本，照片档案126幅，音像制品档案19份，实物档案8件
13	白族特色数据库	该数据库档案文献征集于2010年之后，保存有反映白族及白族支系拉玛人生产、生活、习俗、文化等各方面的文书档案36份，照片档案1901张，图书235本，音像制品档案88份，实物档案27件，名人档案24人（共438件）等
14	傣族特色数据库	该数据库档案文献征集于2016年，其中，反映傣族生产生活文书档案195件、照片档案1328张、光盘112张（盘）、实物56件（服装21套、经书8册、贝叶经原件5件39册、油纸伞、傣锦等）、距今205年傣医手册1本、傣族手工造纸工艺流程剪纸12幅、名人档案257件，书籍431本等

这些特色数据库的构建对保护与传承优秀民族传统文化有重要的现实意义。

（四）云南省档案馆民族档案文献遗产数字资源建设分析

1. 民族记忆的构建传承是其数字化资源建设的重要目标。少数民族档案数字化资源建设的主要目标就是全面抢救、构建与传承民族记忆，更好地保护与弘扬这一民族历史文化遗产。因此，其资源建设应满足民族记忆的民族性、特色性和完整性需求。具体而言，云南省档案馆民族档案文献数字化资源建设在档案内容方面要尽可能地涵盖各少数民族，以及各少数民族社会历史发展的各个领域,在类型、载体上要体现出其民族性与特色性。云南省档案馆迄今完成了景颇族、阿昌族等15个云南省特有少数民族档案文献特色数据库的构建工作,其档案文献类型包括文书档案、照片档案、音像制品档案、实物档案、名人档案和图书资料等,从内容涵盖以及档案的民族性、特色性等方面保证民族记忆的传承需求,在民族档案文献特色数字资源建设的完整性与全面性构建上做出了有益探索。

2. 少数民族档案事业的发展是其数字化资源建设的保障。少数民族档案资源的建设是一项综合性的民族档案工作,涉及行政管理、政策法规、人才培养、经费保障、规划设计和标准化建设等诸多方面。云南省档案局长期重视少数民族档案事业的建设和发展,在政策法规、工作规划、经费保障等工作开展方面,都取得了显著成果。如2007年9月,《云南省档案条例》从法规建设的高度,正式将少数民族档案管理列入档案工作的业务范畴。2010年,《云南省政府办公厅印发档案事业发展"十二五"规划》;2016年,《云南省档案事业发展"十三五"规划》等,都将少数民族档案资源建设发展纳入档案馆业务工作规划发展范畴,从而保证了少数民族档案资源建设工作的长期发展。因此,只有遵循少数民族档案工作规律,全面发展少数民族档案事业,才能保障少数民族档案数字化资源建设工作的发展。

3. 工作创新是新形势下少数民族档案资源建设的保证。为适应新形势下少数民族档案工作的发展,云南省档案局采用项目实施的方式征集少数民族档案;采用专家鉴定会的方式鉴定评估少数民族档案的价值;利用政府资源开展民族档案文献征集工作等。如在少数民族档案文献数字化资源建设方面,首先是依托云南省档案局布置少数民族档案采集项目,提出云南省档案馆以及相关参与共建单位数字化建设的任务和方案,明确征集范围和数量,并从数字化资源建设的质量保证方面提出了技术标准要求,从而保证了少数民族档案文献数字化资源的规范性采集,及其特色数据库建设工作的开展。这些创新性工作,不仅促进了少数民族档案数字化资源建设工作的健康发展,同时,对丰富我国档案工作理论与实践方法都有重要的学术与现实价值①。

4. 云南省少数民族档案数字化资源共建工作有待完善。就云南省档案馆少数民族档案文献数字化资源共建而言，其共建特色主要为：一是以云南省档案（局）馆为建设中心，以云南省档案局下属各个地区的档案机构为共建单位，共同开展少数民族档案文献数字化资源共建工作。这一实践模式主要在档案（局）馆系统内开展，不存在体制设置障碍，无论是从建设项目的布置，经费的下拨，或是项目的监督、管理等方面，都可以顺利实施。这就从政策法规制定、经费保障以及规范化标准制定实施等方面，保证了云南省少数民族档案文献数字化资源共建工作的开展。二是带动云南省各个地州少数民族档案文献数字化资源建设工作的发展。以项目共建的方式，动员云南省各个地州档案（局）馆参与相关民族档案文献数字化资源共建，首先可促使当地档案（局）馆主动开展少数民族档案文献的征集和数字化资源建设工作，开展当地少数民族档案文献特色数据库建设工作。其次，按照省档案（局）馆征集或整理标准开展数字化资源建设工作，也促进了当地少数民族档案文献数字化资源建设规范化的发展。再次，云南省档案（局）馆相关民族特色数据库的共建共享，也推进了各个地州少数民族档案文献的发掘利用工作。在跨系统数字化资源共建方面，云南省档案馆和省非遗中心开展了少数民族档案文献数字化共建工作，但和其他相关收藏单位共建机制尚未完善，这一问题有待于在今后工作中逐步解决。

---

① 华林、宋梦青、王柳：《云南省档案局（馆）少数民族档案资源建设"云南模式"案例研究》，《档案学研究》2018年第1期。

第 五 章

西部国家综合档案馆民族档案文献遗产资源共建宏观保障

第一节 保障机制构建

一 政策法规保障

课题组在西部各单位散存"民族档案文献遗产资源共建共享工作访谈调研要点",设置的第一个问题"您觉得影响档案馆、图书馆、博物馆、民委古籍办和民族研究所等资源共建的因素"中,设计了"(1)缺乏国家政策法规支持;(2)现行文化管理体制制约;(3)没有统一的领导组织和协调机制;(4)缺乏合理的利益保障机制;(5)维护本单位文献资源独有性;(6)其他(自己的观点)"等几个可多选的选项,在所发放的问卷中,100%的受访者都选择了"缺乏国家政策法规支持"。就文化资源共建工作而言,党和国家长期重视信息资源共建共享工作,发布了一系列宏观性的政策法规,来规划这一工作的发展,为此,在西部国家综合档案馆民族档案文献资源建设工作中,就要贯彻落实党和国家文化遗产保护和信息资源共建共享方针,制定具体实施政策,为民族档案文献资源共建工作提供制度保障。

(一)文化遗产保护抢救政策法规保障

前述可知,党和国家长期重视文化遗产抢救工作,从档案、古籍或文物等方面,制定了一系列有关文化遗产保护的政策法规,开展民族档案文献保护工作。如2005年3月,国务院办公厅发布的《关于加强我国非物质文化遗产保护工作的意见》第三条指出:"对非物质文化遗产的物质载体也要予以保护"①,"对已被确定为文物的,要按照《文物法》的相关规定执行。充分发挥各级图书馆、文化馆、博物馆、科技馆等公共文化机构的作用,有条件的地方可设立专题博物馆或展示中心"②。《档案法》第十二条规定:"博物馆、图书馆、纪念馆等单位保存的文物、图书资料同时是档案的,可以按照法律和行政法规的规定,由上述单位自行管理。档案馆与上述单位应当在档案的利用方面互相协作。"③《文物法》第三十六条规定:"博物馆、图书馆和其他文物收藏单位对收藏的文物,必须区分文物等级,设置藏品档案,建立严格的管理制度,并报主管的文物行政部门备案。"④《非物质文化遗产法》第三十五条规定:"图书馆、文化馆、博物馆、科技馆等公共文化机构和非物质文化遗产学术研究机构、保护机构以及利用财政性资金举办的文艺表演团体、演出场所经营单位等,应当根据各自业务范围,开展非物质文化遗产的整理、研究、学术交流和非物质文化遗产代表性项目的宣传、展示。"⑤ 文化遗产抢救政策法规对西部民族档案文献资源共建的意义在于:一是以政策法规的形式,明确了民族档案文献保护的工作任务,为档案馆、图书馆、博物馆、民委古籍办或非遗保护中心等文献管理机构提出了民族档案文献保护的工作目标;二是明确了民族档案文献保护工作的重要性,为将这一民族文化遗产保护工作纳入各级政府保护工作规划以及保护经费支持提供了政策法规依据;三是提出保护人才建设要求,为西部各民族地区引进与培养民族档案文献管理、技术保护、译著出版、开发利用人才提供了政策法规支持。鉴于此,开展民族档案文献资源共建工作,首先

---

① 孔凡敏:《公共图书馆非物质文化遗产数据库建设研究》,《大学图书情报学刊》2019 年第 5 期。
② 宋华雷:《公共图书馆与非物质文化遗产保护——以四川省图书馆为例》,《四川图书馆学报》2011 年第 2 期。
③ 国家档案局:《中华人民共和国档案法》,中华人民共和国国务院新闻办公室网,2011 年 5 月 23 日,http://www.scio.gov.cn/m/ztk/xwfb/35/9/Document/922995/922995.htm,2023 年 5 月 27 日。
④ 徐娜、魏红:《中澳文物藏品评级的比较与分析》,《博物馆研究》2019 年第 2 期。
⑤ 全国人民代表大会:《中华人民共和国非物质文化遗产法》,中国人大网,2011 年 2 月 25 日,http://www.npc.gov.cn/npc/c12488/201102/ec8c85a83d9e45a18bcea0ea7d81f0ce.shtml,2023 年 5 月 27 日。

就要贯彻落实党和国家文化遗产抢救方针政策，依托各省区国家综合档案馆，整合档案馆、图书馆、博物馆和非遗保护中心等共建单位力量，在少数民族文化遗产统一保护的框架下，做好西部民族档案文献资源共建工作，更好地抢救、传承与发掘这一珍贵民族文化遗产。

（二）文化资源共建共享政策法规保障

在文化信息资源共建共享方面，党和国家先后制定了一系列政策法规，以推进这一建设工作的发展。如2011年12月，文化部 财政部发布的《关于进一步加强公共数字文化建设的指导意见》提出："广泛动员各方面力量，逐步拓展范围，带动数字美术馆、数字文化馆、数字博物馆、数字爱国主义教育基地等建设，大力整合汇聚非物质文化遗产、国有艺术院团、民间文艺社团等方面的数字化资源，不断丰富和加强公共数字文化建设，从而丰富公共文化服务内容，拓展公共文化服务阵地，整合公共文化服务资源，创新公共文化服务手段，提高公共文化服务水平，完善公共文化服务体系。"[1] 2016年12月，国务院颁布的《"十三五"国家信息化规划》提出："打破信息壁垒和孤岛，实现各部门业务系统互联互通和信息跨部门跨层级共享共用，基本建立公共数据资源开放共享体系。"[2] 2016年7月，中共中央办公厅 国务院办公厅印发的《国家信息化发展战略纲要》提出："推动重点信息资源国家统筹规划和分类管理，完善基础信息资源动态更新和共享应用机制，构建统一规范、互联互通、安全可控的国家数据开放体系，积极稳妥推进公共信息资源开放共享。"[3] 在档案系统，国家档案局为贯彻落实国务院下发的《关于印发"十三五"国家信息化规划的通知》和中共中央办公厅 国务院办公厅印发的《国家信息化发展战略纲要》等信息化建设方针精神，制定了一系列政策，开

---

[1] 中华人民共和国文化和旅游部：《关于进一步加强公共数字文化建设的指导意见》，中国文化报，2011年12月9日，https：//www.mct.gov.cn/whzx/zsdw/zgszwhjtyxgs/201112/t20111209_825863.html，2023年7月29日。

[2] 中华人民共和国中央人民政府：《国务院印发〈"十三五"国家信息化规划〉》，新华社，2016年12月27日，https：//www.gov.cn/xinwen/2016-12/27/content_5153558.htm，2023年7月27日。

[3] 中华人民共和国中央人民政府：《中共中央办公厅 国务院办公厅印发〈国家信息化发展战略纲要〉》，新华社，2016年7月27日，https：//www.gov.cn/xinwen/2016-07/27/content_5095336.htm，2023年7月29日。

展档案文献信息资源整合共建工作。如 2016 年 4 月，国家档案局印发的《全国档案事业发展"十三五"规划纲要》首先制定了"坚持创新驱动、开放带动，把创新作为档案事业发展的动力源泉，以开放、共享理念，积极构建百姓走进档案、档案走向社会新格局"[1] 等档案事业发展的基本原则。其次，提出了"档案资源多样化，依法管理档案资源，各级国家机关、团体、企业事业单位档案实现应归尽归、应收尽收；档案资源更加齐全完整、丰富多元，覆盖人民群众的档案资源体系也更加完善"[2] 等档案资源建设方针。最后，提出了"鼓励开展口述历史档案、国家记忆和城市（乡村）记忆工程、非物质文化遗产建档等工作"[3] 等"有效推进档案资源体系建设的主要任务和实现指标"[4]。

西部民族档案文献资源共建工作，从性质上看，是国家文化信息资源共建共享的一项基础工作，国务院下发《关于印发"十三五"国家信息化规划的通知》、中共中央办公厅 国务院办公厅印发《国家信息化发展战略纲要》，以及国家档案局印发的《全国档案事业发展"十三五"规划纲要》等信息化建设精神，对推进这一档案文献信息资源共建共享工作的发展有重要政策法规保障作用。

（三）文化资源利用开放政策法规保障

影响到档案馆、图书馆、博物馆、文化馆、民委古籍办、民族研究所和非遗保护中心等机构资源共建的一个重要因素是部分部门政策法规，如档案开放利用政策法规的制约。如《档案法》第二十二条规定："属于国家所有的档案，由国家授权的档案馆或者有关机关公布；未经档案馆或者有关机关同意，任何组织和个人无权公布。集体所有和个人所有的档案，档案的所有者都有权公布，但必须遵守国家有关规定，不得损害

---

[1] 刘璞：《互联网＋背景下档案工作者真善美品格塑造》，《档案管理》2019 年第 5 期。
[2] 张溢娟：《论城市地下管线档案信息的集成管理——基于公共服务视角》，《四川档案》2019 年第 1 期。
[3] 侯彤：《社会记忆建构语境下"档案表达"的内在机制研究》，《黑龙江档案》2019 年第 2 期。
[4] 国家档案局：《全国档案事业发展"十三五"规划纲要》，中华人民共和国国家档案局，2016 年 4 月 7 日，https://www.saac.gov.cn/daj/xxgk/201604/4596bddd364641129d7c878a80d0f800.shtml，2023 年 7 月 29 日。

国家安全和利益，不得侵犯他人的合法权益。"①《档案法实施办法》第19条规定："档案中涉及国防、外交、公安、国家安全等国家重大利益的档案，以及其他虽自形成之日起已满30年但档案馆认为到期仍不宜开放的档案，经上一级档案行政管理部门批准，可以延期向社会开放。"② 这些档案开放利用政策法规，在保护档案机密的同时，也限制了民族档案文献资源共建工作的开展。

为开放和共享文化信息资源，党和国家也制定了相应的开放利用政策法规，如2011年11月，文化部、财政部下发的《关于进一步加强公共数字文化建设的指导意见》提出："发挥重点公共数字文化惠民工程的整体优势；坚持需求主导、服务为先的原则，了解群众对公共数字文化的需求，建设丰富适用的数字资源，加强公共数字文化的惠民服务。"③ 2016年12月，国务院颁布的《"十三五"国家信息化规划》指出："各地区、各部门根据职能，梳理本地区、本部门所产生和管理的数据集，编制数据共享开放目录，依法推进数据开放。充分利用已有设施资源，建立统一的政府数据共享和开放平台。"④ 2016年7月，中共中央办公厅国务院办公厅印发的《国家信息化发展战略纲要》提出："建立公共信息资源开放目录，构建统一规范、互联互通、安全可控的国家数据开放体系，积极稳妥推进公共信息资源开放共享。"⑤ 在档案系统，2016年4月，国家档案局印发的《全国档案事业发展"十三五"规划纲要》提出："加快档案信息资源共享服务平台建设，实施国家数字档案资源融合共享

---

① 国家档案局：《中华人民共和国档案法》，中华人民共和国国务院新闻办公室网，2011年5月23日，http://www.scio.gov.cn/m/ztk/xwfb/35/9/Document/922995/922995.htm，2023年5月27日。

② 国家档案局：《中华人民共和国档案法实施办法》（修订），浙江档案网，2017年5月16日，https://www.zjda.gov.cn/art/2017/5/16/art_1378495_12553665.html，2023年5月27日。

③ 中华人民共和国文化和旅游部：《关于进一步加强公共数字文化建设的指导意见》，中国文化报，2011年12月9日，https://www.mct.gov.cn/whzx/zsdw/zgszwhjtyxgs/201112/t20111209_825863.htm，2023年5月27日。

④ 国务院：《国务院关于印发〈"十三五"国家信息化规划〉的通知》，中国政府网，2016年12月27日，https://www.gov.cn/zhengce/content/2016-12/27/content_5153411.htm，2023年5月27日。

⑤ 中共中央办公厅、国务院办公厅：《国家信息化发展战略纲要》，中国政府网，2019年9月25日，https://www.gov.cn/xinwen/2016-07/27/content_5095297.htm，2023年5月27日。

服务工程，建立开放档案信息资源社会化共享服务平台。"① 2017年12月27日，《李明华在全国档案局长馆长会议上的工作报告》强调："要着力抓好服务升级，适应日益增长的查档用档需求，切实加快各类档案的整理著录、鉴定开放、数字化及联网共享等工作进度。"②

为贯彻落实党和国家文化信息资源开放利用政策法规，推进西部民族档案文献共建共享工作，国家建议首先推进档案馆机构改革，明确国家综合档案馆公共文化机构的社会性质，以便于和图书馆、博物馆和非遗文化中心等共同开展民族档案文献资源整合共建工作。其次，在保护国家档案信息安全的同时，再加强档案文献开放鉴定工作，逐步扩大档案解密开放范围，推进民族档案文献资源共享利用工作的发展。再次，构建档案馆、图书馆、博物馆、民委古籍办和非遗保护中心等民族档案文献社会化资源整合共享平台，以公布开放目录、联机存取、提供开放数字资源等方式，实现民族档案文献资源社会共享。

二 组织领导保障

2016年7月，中共中央办公厅 国务院办公厅印发的《国家信息化发展战略纲要》指出："坚持中央网络安全和信息化领导小组对国家信息化发展的集中统一领导，信息化领域重大政策和事项须经领导小组审定。各级网络安全和信息化领导小组要加强统筹，研究解决本地区信息化发展中的重大问题。"③ 2016年12月，《国务院关于印发"十三五"国家信息化规划的通知》提出："中央网信办、国家发展改革委负责制定规划实施方案和年度工作计划，统筹推进各项重大任务、重点工程和优先行动，跟踪督促各地区、各部门的规划实施工作，定期开展考核评估并向社会公布考评情况。各有关部门要按照职责分工，分解细化任务，明确完成时限，加强协调配合，确保各项任务落地实施。地方各级人民政府要加强组织实

---

① 国家档案局：《全国档案事业发展"十三五"规划纲要》，中华人民共和国国家档案局，2016年4月7日，https://www.saac.gov.cn/daj/xxgk/201604/4596bddd364641129d7c878a80d0f800.shtml，2023年8月12日。
② 李明华：《在全国档案局长馆长会议上的工作报告》，《中国档案》2018年第1期。
③ 中共中央办公厅、国务院办公厅：《国家信息化发展战略纲要》，中国政府网，2019年9月25日，https://www.gov.cn/xinwen/2016-07/27/content_5095297.htm，2023年5月27日。

施，落实配套政策，结合实际科学合理定位，扎实有序推动信息化发展。"[1] 西部国家综合档案馆民族档案文献资源共建工作是一项长期实施的系统工程，也是国家信息建设工作的一项重要内容，为此，建议从工作规划、资金投入以及人才培养等方面，做好民族档案文献资源共建保障工作。

（一）工作规划保障

为实现《全国文化信息资源共享工程"十一五"规划》提出的"以数字资源建设为核心，以共建共享为基本途径，全面实施文化共享工程"[2]，以及《"十三五"国家信息化规划》提出的"到2020年，实现各部门业务系统互联互通和信息跨部门跨层级共享共用，公共数据资源开放共享体系基本建立，面向企业和公民的一体化公共服务体系基本建成"[3] 等发展目标，党和国家发布了一系列相关方针政策，要求将信息化建设，以及文化信息资源共建共享工作纳入社会经济发展规划，并长期开展这一工作。如2013年1月，文化部印发的《全国文化信息资源共享工程"十二五"规划纲要》提出："各级政府作为公共文化服务体系建设的领导者和组织者，要把文化共享工程纳入当地经济和信息化发展规划及创建文明城市、文明乡村的重要内容。"[4] 2017年7月，文化部印发的《"十三五"时期公共数字文化建设规划》提出："各级文化行政部门要高度重视公共数字文化建设工作，推动纳入当地政府文化发展规划。结合本规划，制定具体的工作计划和落实方案，抓好工作落实，形成公共数字文化建设工作合力。"[5]

---

[1] 中共中央办公厅、国务院办公厅：《国家信息化发展战略纲要》，中国政府网，2019年9月25日，https://www.gov.cn/xinwen/2016-07/27/content_5095297.htm，2023年5月27日。

[2] 文化部办公厅：《全国文化信息资源共享工程"十一五"规划》，中华人民共和国文化和旅游部网站，2009年3月13日，http://www.ndcnc.gov.cn/gongcheng/zhengce/201309/t20130925_766133.htm，2023年5月27日。

[3] 国务院：《国务院关于印发〈"十三五"国家信息化规划〉的通知》，中国政府网，2016年12月27日，https://www.gov.cn/zhengce/content/2016-12/27/content_5153411.htm，2023年5月27日。

[4] 文化部办公厅：《全国文化信息资源共享工程"十二五"规划纲要》，中华人民共和国文化和旅游部网站，2013年3月6日，http://www.ndcnc.gov.cn/gongcheng/zhengce/201309/t20130925_766133.htm，2023年5月27日。

[5] 文化部：《文化部关于印发〈文化部"十三五"时期公共数字文化建设规划〉的通知》，中华人民共和国文化和旅游部，2017年7月7日，https://zwgk.mct.gov.cn/zfxxgkml/ghjh/202012/t20201204_906376.html，2023年7月29日。

第五章　西部国家综合档案馆民族档案文献遗产资源共建宏观保障

在档案事业规划保障方面，为落实国家信息化发展的方针政策，2011年1月，国家档案局中央档案馆发布的《全国档案事业发展"十二五"规划》提出："依法加强对档案工作的领导，将档案事业建设列入本地区国民经济与社会发展规划，把档案工作列入各级领导的议事日程，切实解决档案事业发展中的重大问题，保证档案工作有序开展，推动档案事业健康发展。"[①] 2016年4月，国家档案局印发的《全国档案事业发展"十三五"规划纲要》强调[②]："要组织编制一批专项规划，细化落实本规划提出的主要任务；地方规划要切实贯彻全国档案事业发展战略意图和统一部署，结合地方实际，突出地方特色。"[③]

西部国家综合档案馆民族文献资源共建作为国家文化信息资源共享工程的一项重要内容，是一项长期的文化信息资源建设工作。为此，首先建议西部各级地方党委和政府，尤其是省市级党委和政府部门引起高度重视，贯彻落实国家信息化建设方针政策，在制定本地区信息化建设，以及信息资源共建共享发展规划工作中，将西部国家综合档案馆民族档案文献资源共建工作纳入建设内容，全面开展西部民族档案文献资源共建共享工作。其次，为加强少数民族档案文献资源共建领导工作，建议省市级政府信息化建设领导小组，设立专门的信息资源共建共享组织协调机构，细化规划目标，明确任务要求，组织协调档案馆、博物馆、图书馆、民委古籍办、民族研究所、文化馆或非遗保护中心等部门的工作。充分发挥档案、图书、文物和非遗等部门的职能，依托所藏民族档案文献资源，分工合作，积极配合，扎实做好民族档案文献规范化整理、目录体系构建以及特色数据库建设工作，在文化信息资源共建共享框架下，推动西部民族档案文献资源共建工作的发展。再次，为贯彻落实2016年4月《全国档案事业发展"十三五"规划纲要》提出"完善规划实施和

---

① 国家档案局：《国家档案局中央档案馆关于印发〈全国档案事业发展"十二五"规划〉的通知》，中华人民共和国国家档案局，2011年1月14日，https://www.saac.gov.cn/zt/2011-01/14/content_12721.htm，2023年7月29日。

② 侯彤：《社会记忆建构语境下"档案表达"的内在机制研究》，《黑龙江档案》2019年第2期。

③ 国家档案局：《全国档案事业发展"十三五"规划纲要》，中华人民共和国国家档案局，2016年4月7日，https://www.saac.gov.cn/daj/xxgk/201604/4596bddd364641129d7c878a80d0f800.shtml，2023年7月29日。

评估机制，保障规划目标和任务的完成"①，以及2017年7月《"十三五"时期公共数字文化建设规划》提出"把公共数字文化建设纳入公共文化服务体系建设督查内容，定期开展督查，加强对规划落实的跟踪指导，推动落实公共数字文化建设工作责任"②的文件精神，建议各级党委和政府部门建立健全文化遗产框架下的民族档案文献资源共建责任制度和追究制度，"对工作不力、措施不实、造成严重后果的，要追究有关单位和领导的责任"③，以保证西部民族档案文献资源共建工作的实施开展。

（二）资金投入保障

西部民族档案文献资源共建工作涉及档案文献征集抢救、实体档案文献数字化转化、目录体系建设、特色数据库构建，以及共享平台的搭建等诸多工作，需要文化信息资源共建共享专项建设经费的支持。在调查中发现，西部各省区对于从事这项工作的各级档案馆、图书馆、博物馆、民委古籍办、民族研究所、文化馆或非遗保护中心等单位，大都没有专项经费或经费较少，这就难以保证民族档案文献共建共享工作的长期开展。具体而言，建议从以下方面保证西部民族档案文献资源共建的经费支持：

1. 中央地方资金支持。为保证国家信息化建设，以及信息资源共建共享工程的开展，国家投入了相应的专项资金，保证这一工作的长期开展。如2013年1月，文化部印发的《全国文化信息资源共享工程"十二五"规划纲要》提出："文化共享工程作为我国公共文化服务基础性、战略性工程，应积极争取中央财政投入，对文化共享工程运行保障、六级网络体系建设、资源建设、技术平台建设等给予经费支持，保障工程各

---

① 国家档案局：《全国档案事业发展"十三五"规划纲要》，中华人民共和国国家档案局，2016年4月7日，https：//www.saac.gov.cn/daj/xxgk/201604/4596bddd364641129d7c878a80d0f800.shtml，2023年7月29日。

② 国务院：《国务院关于印发〈"十三五"国家信息化规划〉的通知》，中华人民共和国中央人民政府，2016年12月27日，https：//www.gov.cn/zhengce/content/2016-12/27/content_5153411.htm，2023年7月29日。

③ 国务院：《国务院关于印发〈"十三五"国家信息化规划〉的通知》，中华人民共和国中央人民政府，2016年12月27日，https：//www.gov.cn/zhengce/content/2016-12/27/content_5153411.htm，2023年7月29日。

第五章　西部国家综合档案馆民族档案文献遗产资源共建宏观保障

项工作的顺利实施。""各级地方财政要按照规划任务，确保配套资金的落实，同时结合本地实际，进一步加大对文化共享工程的投入力度"①。2016年7月，中共中央办公厅 国务院办公厅印发的《国家信息化发展战略纲要》强调："相关部门要加快完善产业、财税、金融、科技、教育等领域配套政策措施，加大财政投入和管理，重点支持关键性、基础性、公共性领域的信息化建设和网络安全保障。加大政府购买服务力度，创新信息化投融资机制，在信息化领域实行有利于商业运作、持续运营的政策，为社会投资参与创造条件。"② 2016年12月，国务院颁布的《"十三五"国家信息化规划》指出："创新财政资金支持方式，统筹现有国家科技计划（专项、基金等），按规定支持关键核心技术研发和重大技术试验验证。强化中央财政资金的引导作用，完善政府采购信息化服务配套政策，推动财政支持从补建设环节向补运营环节转变。"③ 2017年7月，文化部印发的《"十三五"时期公共数字文化建设规划》提出："中央财政通过现有资金渠道，统筹支持地方公共数字文化建设，重点向革命老区、民族地区、边疆地区和贫困地区倾斜。各地文化行政部门要积极争取本地党委政府的重视和支持，将公共数字文化建设纳入财政预算，加强经费保障、管理和使用，提高财政资金使用效益。""各地文化行政部门要积极争取本地党委政府的重视和支持，将公共数字文化建设纳入财政预算，加强经费保障、管理和使用，提高财政资金使用效益。"④

中央和地方财政的资金支持，是国家信息化建设和信息资源共建共享工程长效实施的主要经费来源，也是这一工作长期开展的重要经费保

---

① 文化部办公厅：《全国文化信息资源共享工程"十二五"规划纲要》，中华人民共和国文化和旅游部网站，2013年1月30日，https://zwgk.mct.gov.cn/zfxxgkml/ghjh/202012/t20201204_906368.html，2023年8月5日。

② 中共中央办公厅、国务院办公厅：《国家信息化发展战略纲要》，中国政府网，2016年8月20日，https://www.gov.cn/gongbao/content/2016/content_5100032.htm，2023年8月5日。

③ 国务院：《国务院关于印发〈"十三五"国家信息化规划〉的通知》，中国政府网，2016年12月27日，https://www.gov.cn/zhengce/content/2016-12/27/content_5153411.htm，2023年5月27日。

④ 国务院：《国务院关于印发〈"十三五"国家信息化规划〉的通知》，中国政府网，2016年12月27日，https://www.gov.cn/zhengce/content/2016-12/27/content_5153411.htm，2023年5月27日。

证。为此，建议西部各级档案行政部门，以信息化建设、文化信息资源共享工程、国家重大档案抢救项目申报等方式，将民族档案文献信息资源共建共享纳入信息化建设的内容，"加强规划协调管理，争取各级党委和政府进一步重视和财政经费支持"①，以投入相应的建设经费，促进西部国家综合档案馆民族档案文献资源共建工作的建设发展。

2. 科研项目资金支持。西部民族档案文献资源共建工作是一项综合性工程，需要各个共建单位开展档案文献征集抢救、资源数字化建设和特色数据库建设等基础性工作。随着国家经济社会的发展，全国哲学社会科学工作办公室、国家自然科学基金委员会，以及教育部、国家民委和国家档案局等相关部委，每年都会组织重大招标项目、重点项目、一般规划项目、西部项目和青年科研项目的申报立项工作，并且投入大量的科研经费，支持国家自然科学和社会科学相关重大问题研究。其中就有众多的关于民族档案、古籍或文物等文献保护抢救、民族语言文字规范标准、民族文献数字建设、民族文献特色数据库建设，以及民族文献资源共建共享等方面科研项目的设立、申报、立项和建设研究。以国家哲学社会科学基金规划项目为例，相关情况参见表5-1。

表5-1 档案、古籍和文献等相关国家社科基金规划项目情况一览

主持专家	批准时间	项目性质	国家社会科学基金项目名称	项目批准号	项目经费
郭向东	2010年7月	一般项目	西部少数民族文献资源建设研究	10XTQ014	15万元
侯明昌	2010年7月	一般项目	云南少数民族口述文献价值及其数字化语音库建设——以纳西族东巴为个案的实证研究	10CTQ015	15万元
杨毅	2011年7月	一般项目	西南民族档案资源集成管理研究	11XTQ008	15万元
陈海玉	2011年7月	一般项目	云南傣族医药古籍文献整理及其基础数据库建设研究	11CTQ041	15万元

---

① 国家档案局：《全国档案事业发展"十三五"规划纲要》，中华人民共和国国家档案局，2016年4月7日，https：//www.saac.gov.cn/daj/xxgk/201604/4596bddd364641129d7c878a80d0f800.shtml，2023年8月12日。

第五章　西部国家综合档案馆民族档案文献遗产资源共建宏观保障

续表

主持专家	批准时间	项目性质	国家社会科学基金项目名称	项目批准号	项目经费
王晋	2012年7月	一般项目	白族口承文艺非物质文化遗产调查及专题数据库建设	12CTQ018	15万元
华林	2012年7月	一般项目	西部散存民族档案文献遗产集中保护问题研究	12BTQ048	15万元
李仲良	2013年7月	一般项目	彝文古籍及其数字化保护与利用研究	13BTQ042	15万元
钱建东	2013年7月	一般项目	新疆少数民族体育文化遗产的挖掘与数据库建设研究	13CTY012	15万元
孔繁秀	2014年7月	一般项目	藏学文献数字化管理与共享服务策略研究	14XTQ001	15万元
华林	2016年7月	一般项目	民族记忆传承视域下的西部国家综合档案馆民族档案文献遗产资源共建研究	16BTQ092	20万元
高建辉	2016年7月	一般项目	西南彝族口述历史资料搜集整理及其有声数据库建设	16XTQ008	20万元
朱明	2017年7月	青年项目	云南人口较少民族信息贫困的现状、成因及多维减贫对策研究	17CTQ021	20万元
王晋	2018年7月	一般项目	健康扶贫背景下独龙族健康信息行为及素养提升研究	19BTQ080	20万元

这些研究项目从不同角度对少数民族档案文献征集抢救、信息化建设、数字化保护、资源建设问题等作深入探讨，不仅获得大量科研经费支持，其课题也在少数民族数字化，特色数据库建设理念、内容和技术等各个方面形成的研究成果，以及相关数字化建设成果，对更好地开展西部地区民族档案文献资源共建工作提供了参考与支持。综上，依托国家各个层次科研项目的申报，来开展西部民族档案文献资源共建研究与建设，是获取建设经费支持、推进其信息资源共建共享工作发展的一种重要方式。

3. 社会各界资金支持。2011年11月，中华人民共和国文化和旅游部下发的《关于进一步加强公共数字文化建设的指导意见》提出："要研究制定政策措施，鼓励社会力量投资文化建设，逐步形成政府投入为主、社会多渠道筹资为辅的投入格局，加强对公共数字文化建设有关政策法规的研究，完善法律法规，加强政策保障。各级文化主管部门要建立管理和考核机制，对公共数字文化建设工作进行督导和检查。"[1] 2016 年 7 月，中共中央办公厅 国务院办公厅印发的《国家信息化发展战略纲要》强调："加大政府购买服务力度，创新信息化投融资机制，在信息化领域实行有利于商业运作、持续运营的政策，为社会投资参与创造条件。"[2] 2016 年 12 月，国务院颁布的《"十三五"国家信息化规划》指出："完善产业投资基金机制，鼓励社会资本发起设立产业投资基金，重点引导基础软件、基础元器件、集成电路、互联网等核心领域产业投资基金发展。"[3]

民族档案文献是各民族社会历史发展的记忆承载媒介，也是人类宝贵的历史文化遗产，所载录的历史文化内涵不仅对各民族历史、中华民族发展史以及人类文化发展史都有珍贵的史料价值，其内容信息资源的发掘还可传播优秀民族传统文化，加强民族团结，维护民族地区的和谐稳定，促进当地经济、文化事业的繁荣发展。为此，建议西部民族地区的各级政府和文化机构皆可通过电视、广播、报刊、网站，以及新媒体等多种传播途径展示少数民族档案文献的珍贵历史研究和现实发掘价值，宣传其资源抢救共建的重大意义，以引起社会各界对少数民族档案文献的重视与关注。在此基础上，拓展多种吸纳社会资金的渠道，广泛动员高校、相关企事业单位和研究机构、海外基金，以及各民族群众等社会各界的力量进行参与民族档案文献保护抢救及其数字化建设，共同做好这一民族档案文献资源的保护与共建工作。

---

[1] 中华人民共和国文化和旅游部：《关于进一步加强公共数字文化建设的指导意见》，中国文化报，2011 年 12 月 9 日，https：//www.mct.gov.cn/whzx/zsdw/zgszwhjtyxgs/201112/t20111209_825863.htm，2023 年 5 月 27 日。

[2] 中共中央办公厅、国务院办公厅：《国家信息化发展战略纲要》，中国政府网，2019 年 9 月 25 日，https：//www.gov.cn/xinwen/2016－07/27/content_5095297.htm，2023 年 5 月 27 日。

[3] 国务院：《国务院关于印发〈"十三五"国家信息化规划〉的通知》，中国政府网，2016 年 12 月 27 日，https：//www.gov.cn/zhengce/content/2016－12/27/content_5153411.htm，2023 年 5 月 27 日。

（三）人才建设保障

2013年1月，文化部颁布的《全国文化信息资源共享工程"十二五"规划纲要》提出："加强文化共享工程各级中心的机构建设，建立文化共享工程人力资源支持保障体系，培养一支既具备较高技术素质和专业知识，掌握数字文化服务的基本理念，又能熟练运用数字文化服务技能的人才队伍。"[1] 2017年7月，文化部印发的《"十三五"时期公共数字文化建设规划》提出："采取专兼职结合等方式，建立一支总量均衡、相对稳定、技术过硬、业务精湛的公共数字文化人才队伍。"[2] 在档案人才建设方面，2011年1月，《全国档案事业发展"十二五"规划》提出："继续加强档案干部队伍建设，加大人才培养的投入，按照国家中长期人才发展规划纲要的要求，建立档案专业人才评价激励机制，营造充满活力、富有效率、更加开放的档案人才制度环境。"[3] 2016年4月，《全国档案事业发展"十三五"规划纲要》指出："重视档案人员继续教育和职业发展，鼓励高等院校、职业院校和档案部门深入合作。"[4] 西部民族档案文献资源共建是一个系统工程，而建设人才的培养则是关系到这一工作能否长期开展的重要因素。西部民族档案文献资源共建工作涉及民族档案文献保护抢救、数字化建设、特色数据库构建，以及民族语言文字译注和数字资源开发共享等诸多方面，需要大量的档案、信息化专家，民族语言文字翻译人才，数字化技术人员，以及掌握数字化技术的档案、图书、文物或民族干部等的参与。具体而言，人才队伍的建设培养工作可从以下几个方面开展：

---

[1] 文化部办公厅：《全国文化信息资源共享工程"十二五"规划纲要》，中华人民共和国文化和旅游部网站，2013年3月6日，http：//www.ndcnc.gov.cn/gongcheng/zhengce/201309/t20130925_766133.htm，2023年5月27日。

[2] 文化部：《"十三五"时期公共数字文化建设规划》，中国企业扶持资金申报服务中心，2019年2月26日，http：//www.chinagdp.org/fzgh/201902/27470.html，2023年8月12日。

[3] 国家档案局：《国家档案局中央档案馆关于印发〈全国档案事业发展"十二五"规划〉的通知》，中华人民共和国国家档案局，2011年1月14日，https：//www.saac.gov.cn/daj/tzgg/201101/c84fa9c2f31642c5a3f8cda789743060.shtml，2023年8月12日。

[4] 国家档案局：《全国档案事业发展"十三五"规划纲要》，中华人民共和国国家档案局，2016年4月7日，https：//www.saac.gov.cn/daj/xxgk/201604/4596bddd364641129d7c878a80d0f800.shtml，2023年8月12日。

1. 高端人才建设。高端人才是指具有较高政策素养、全局性视野、扎实专业理论与实践技能，并且能够掌握学科行业研究建设前沿，具有较强的组织和协调能力的领导、专家或学者。2016年12月，《国务院关于印发"十三五"国家信息化规划的通知》强调："聚焦信息化前沿方向和关键领域，依托国家'千人计划'等重大人才工程和'长江学者奖励计划'等人才项目，加快引进信息化领军人才。开辟专门渠道，实施特殊政策，精准引进国家急需紧缺的特殊人才。加快完善外国人才来华签证、永久居留制度。建立网信领域海外高端人才创新创业基地，完善配套服务。"① 在档案高端人才建设方面，2017年12月27日李明华《在全国档案局长馆长会议上的工作报告》提出："2016年国家档案局印发《全国档案专家选拔与培养实施方案》，启动全国档案人才工程。2017年首次开展了全国档案专家选拔工作，各地区各部门在层层选拔基础上分别推荐出候选专家。2018年将组建专家推荐工作组和各专业领域的评审委员会，从目前推荐的360多名候选专家中评出全国档案专家150名以内、领军人才40名左右。"② 目前，全国档案专家、领军人才筛选已经结束，共评选出全国档案专家106名，全国档案领军人物31名，这些档案高端人才包括了众多的信息化、数字化和民族档案专家，"全国档案专业人才信息数据库建成后，将以适当方式对各省档案部门开放共享，方便各地邀请专家参与政策论证、课题研究、教育培训、项目评审等工作"③，这对做好西部国家综合档案馆民族档案文献资源共建统筹组织工作，推进这一工作的发展有重要现实意义。

2. 院校人才培养。2016年12月，《国务院关于印发〈"十三五"国家信息化规划〉的通知》强调："支持普通高等学校、军队院校、行业协会、培训机构等开展信息素养培养。"④ 2017年7月，文化部印发的

---

① 国务院：《国务院关于印发〈"十三五"国家信息化规划〉的通知》，中国政府网，2016年12月15日，https：//www.gov.cn/gongbao/content/2017/content_5160221.htm，2023年8月12日。

② 李明华：《在全国档案局长馆长会议上的工作报告》，《中国档案》2018年第1期。

③ 李明华：《在全国档案局长馆长会议上的工作报告》，《中国档案》2018年第1期。

④ 国务院：《国务院关于印发〈"十三五"国家信息化规划〉的通知》，中国政府网，2016年12月15日，https：//www.gov.cn/gongbao/content/2017/content_5160221.htm，2023年8月12日。

《"十三五"时期公共数字文化建设规划》提出:"加强与公共文化服务机构、科研院所、高等院校、文化企业等合作,搭建专业技术人才交流平台。"① 在档案人才院校培养方面,2011年1月,《全国档案事业发展"十二五"规划》提出:"在高等院校定向培养档案工作高级专门人才。"② 2016年4月,《全国档案事业发展"十三五"规划纲要》指出:"重视档案人员继续教育和职业发展,鼓励高等院校、职业院校和档案部门深入合作。"③

就民族档案文献资源建设人才而言,其构成各有不同,有总体规划组织高端人才,管理性人才、信息化人才、数字化建设人才,以及民族档案文献整理译著人才等,这些建设人才主要还是依靠国家高等院校对其进行培养。如在计算机专业人才培养方面,全国开设计算机专业的高等院校有200多所以上,该专业是一个计算机硬件与软件相结合、面向系统、侧重应用的宽口径专业。其中,计算机软件专业主要学习C语言程序设计、VB程序设计、Java面向对象程序设计、数据结构、计算机网络与通信、网络操作系统、软件工程、多媒体技术与应用、大型数据库处理技术等,所培养的人才具有基础知识扎实、工程实践能力强的特点,可对民族档案文献数字化共建、共享平台研发等提供技术支持。在民族语言文字译著人才培养方面,中央民族大学、云南民族大学等开设了少数民族古籍文献专业,系统学习少数民族语言文字,为各民族地区培养了为数众多的少数民族古籍翻译与整理人才。在民族档案文献管理人才培养方面,云南大学已在本科开设"少数民族档案文献管理学"课程,在硕士、博士研究生教育中设置了少数民族档案文献研究方向,在培养少数民族档案文献管理方面的中高级人才方面取得显著成果。广西民族大学在硕士研究生中进行民族档案管理方面的教学,开设少数民族档案

---

① 文化部办公厅:《"十三五"时期公共数字文化建设规划》,中华人民共和国文化和旅游部网站,2018年3月6日,http://www.ndcnc.gov.cn/zixun/yaowen/201708/t20170803_1350560.htm,2023年5月27日。

② 国家档案局:《国家档案局中央档案馆关于印发〈全国档案事业发展"十二五"规划〉的通知》,中华人民共和国国家档案局,2011年1月14日,https://www.saac.gov.cn/daj/tzgg/201101/c84fa9c2f31642c5a3f8cda789743060.shtml,2023年8月12日。

③ 国家档案局:《全国档案事业发展"十三五"规划纲要》,2016年4月7日,https://www.saac.gov.cn/daj/xxgk/201604/4596bddd364641129d7c878a80d0f800.shtml,2023年5月27日。

研究方向，以壮族、瑶族少数民族档案文献为研究重点，培养了一批少数民族档案管理人才。此外，四川、新疆、西藏等省区的高等院校也结合当地少数民族档案资源优势，在研究生教育中开展专题研究，培养民族档案文献管理人才。

3. 专业人才培训。2011年11月，文化部、财政部印发的《关于进一步加强公共数字文化建设的指导意见》指出："建立人才培养机制，为公共数字文化建设提供人力资源基础。充分发挥中央和地方文化单位积极性，通过分级培训的方式，不断提高从业人员的思想水平和业务素质，培养一支既具备较高技术素质和专业知识，又具备实际技能的人才队伍。"2013年1月，文化部发布的《全国文化信息资源共享工程"十二五"规划纲要》提出："根据国家信息化发展战略确立的利用文化共享工程开展提高国民信息素养培训的要求，利用覆盖城乡的文化共享工程服务网络，通过建设与整合各类标准化、高质量的培训课件，因地制宜，有步骤、有组织地开展提高国民信息素养的教育培训。制作并翻译少数民族语言的培训课件，加大少数民族地区的培训力度。"[①] 2017年8月，文化部印发的《"十三五"时期公共数字文化建设规划》提出："建立分级培训机制，采取网络远程培训和集中培训等方式，加强队伍培训，提升队伍整体素质。"[②] 在档案系统，2011年1月，《全国档案事业发展"十二五"规划》提出："在各级党校、干部学院培训档案工作分管领导和档案部门领导干部；运用网络、光盘等形式，远程培训档案人员。"[③] 2016年4月，《全国档案事业发展"十三五"规划纲要》指出："加强档案教育培训规章制度建设和实施，加大档案教育培训财政投入。优化师资队伍结构，着力建设一支高水平的专兼职培训教师队伍。创新和加快

[①] 文化部：《文化部关于印发〈全国文化信息资源共享工程"十二五"规划纲要〉的通知》，中华人民共和国国务院新闻办公室，2014年2月24日，http://www.scio.gov.cn/ztk/xwfb/2014/gxbjh2013nwhggfzqkh2014n/zcfg30513/Document/1364441/1364441.htm，2023年8月12日。

[②] 文化部：《"十三五"时期公共数字文化建设规划》，中国企业扶持资金申报服务中心，2019年2月26日，http://www.chinagdp.org/fzgh/201902/27470.html，2023年8月12日。

[③] 《国家档案局中央档案馆关于印发〈全国档案事业发展"十二五"规划〉的通知》，中华人民共和国国家档案局，2011年1月14日，https://www.saac.gov.cn/daj/tzgg/201101/c84fa9c2f31642c5a3f8cda789743060.shtml，2023年8月12日。

档案课程和教材体系建设，逐步形成较为完善的课程和教材体系。建立全国档案教育培训合作机制，促进全国档案教育培训机构和资源的共享。"①

就少数民族档案文献资源建设人才的层次而论，其中，高层次管理性人才、计算机技术人才、民族语言文字整理译著人才和民族档案管理人才等主要由高等院校培养，而高等院校培养的高层次人才还远远不能满足少数民族档案文献资源共建的人才需求。为此，建议西部地区的各级政府和文化机构采用高校培训、行业协会培训、文化共享工程培训，或档案馆、图书馆等机构干部培训的多种方式，综合培养少数民族档案文献资源共建方面的人才。如国家实施的文化共享工程中，以西部地区为重点，着力加大培训工作力度，通过集中面授、远程教学、光盘辅导、卫星广播、以会代训、以活动代训等不同方式，从工程管理、技术应用、资源制作等方面，不断对工作人员进行培训，累计培训总计达591万人次。在基层人才队伍建设上，文化共享工程培养了一批从事工程管理、资源建设、技术支持、应用服务等工作的复合型人才，建立了一支扎根基层、服务群众的基层工作队伍，包括专兼职人员68万人②，在民族档案文献资源共建与共享工程人才培养与支持方面发挥了重要作用。

第二节 工作机制构建

一 工作机制构建模式

2016年4月，国家档案局印发的《全国档案事业发展"十三五"规划纲要》指出："全面提升档案事业发展协同创新能力，构建激励创新的体制机制，培育敢于创新、善于创新的文化。积极应对新技术、新业态、新模式发展对档案工作的要求和影响，创新档案管理理念和管理模式；

---

① 国家档案局：《全国档案事业发展"十三五"规划纲要》，2016年4月7日，https://www.saac.gov.cn/daj/xxgk/201604/4596bddd364641129d7c878a80d0f800.shtml，2023年5月27日。

② 文化部办公厅：《全国文化信息资源共享工程"十二五"规划纲要》，中华人民共和国文化和旅游部网站，2013年3月6日，http://www.ndcnc.gov.cn/gongcheng/zhengce/201309/t20130925_766133.htm，2023年5月27日。

探索档案区域协作发展模式，促进馆际合作。"① 西部国家综合档案馆民族档案文献资源共建工作，就是要贯彻落实党和国家信息化建设，以及文化信息资源共享工程的方针政策，在各级党委和政府领导下，有计划、有组织，协调地进行。因此，只有构建有效的工作机制，整合档案馆、图书馆、博物馆、民委古籍办、社科院、文化馆、非遗保护中心等收藏单位的力量，才能保证这一工作的顺利开展。为此，建议从以下方面，依靠各级党委和政府构建工作机制：

（一）依托党和国家互联网信息化机构构建工作机制

2011年11月，文化部 财政部《关于进一步加强公共数字文化建设的指导意见》指出："充分发挥专家作用，成立专家委员会，加强宏观研究工作，包括顶层设计、总体规划、技术创新、绩效评估等；积极开展公共数字文化建设管理体制创新研究，坚持政府主导、多方参与、统筹兼顾、动态协调的原则，不断完善管理格局，创新管理机制，提升管理和服务水平；探索并创建科学的运行机制，推进建立各部门协调联动机制，加强各有关部门的责任分工、协调与合作；构建纵横联合的区域联动机制，加强协调合作，推动公共数字文化建设的顺利实施。"② 2016年7月，中共中央办公厅 国务院办公厅印发的《国家信息化发展战略纲要》指出："中央网络安全和信息化领导小组办公室负责统筹协调本战略纲要的实施和督促检查。各级网络安全和信息化主管部门要充分发挥组织协调作用，加强部门、行业、区域、军地间合作，形成统一领导、分工合理、责任明确、运转顺畅的信息化推进机制。"③ 2017年7月，文化部印发的《"十三五"时期公共数字文化建设规划》提出："建立和完善公共数字文化资源建设事前规划立项、事中监管、事后评价的工作机制，完善项目评审、专家咨询、监督检查、绩效评价等重点环节的制度规范，

---

① 国家档案局：《全国档案事业发展"十三五"规划纲要》，2016年4月7日，https：//www.saac.gov.cn/daj/xxgk/201604/4596bddd364641129d7c878a80d0f800.shtml，2023年5月27日。

② 中华人民共和国文化和旅游部：《关于进一步加强公共数字文化建设的指导意见》，中国文化报，2011年12月9日，https：//www.mct.gov.cn/whzx/zsdw/zgszwhjtyxgs/201112/t20111209_825863.htm，2023年5月27日。

③ 中共中央办公厅、国务院办公厅：《国家信息化发展战略纲要》，中国政府网，2019年9月25日，https：//www.gov.cn/xinwen/2016-07/27/content_5095297.htm，2023年5月27日。

强化资源应用评价和激励约束，推动资源建设工作可持续开展。"① 2018年3月，中共中央办公厅印发的《深化党和国家机构改革方案》，在"优化中央网络安全和信息化委员会办公室职责"② 中提出，为维护国家网络空间安全和利益，将国家计算机网络与信息安全管理中心由工业和信息化部管理调整为由中央网络安全和信息化委员会办公室管理。工业和信息化部仍负责协调电信网、互联网、专用通信网的建设，组织、指导通信行业技术创新和技术进步，对国家计算机网络与信息安全管理中心基础设施建设、技术创新提供保障，在各省（自治区、直辖市）设置的通信管理局管理体制、主要职责、人员编制维持不变。③

　　为此，建议西部各省区由当地省区级党委网络安全和信息化领导小组办公室负责领导，政府网络安全和信息化主管部门发挥组织协调作用，在信息化建设框架下，组建图书、情报与档案信息资源共建委员会，将国家综合档案馆民族档案文献资源共建作为其中一项重要信息资源建设内容，"坚持政府主导、多方参与、统筹兼顾、动态协调"的原则进行组织、协调，构建"事前规划立项、事中监管、事后评价"工作机制，保障这一工作的顺利开展。依托党和国家互联网信息化委员会对构建工作机制具有重要现实意义：其一，理顺工作体制关系。从西部国家综合档案馆民族档案文献资源共建视角看，其主要建设内容是其数字资源整合共建，特色数据库构建，及其数字资源服务共享等，因此，其建设内容是国家信息化建设工作的重要组成部分。其二，保证建设经费投入。为保障国家信息化建设工作的全面开展，中央财政和地方政府投入了大量建设资金。将西部国家综合档案馆民族档案文献资源共建工作纳入国家信息化建设框架，可获得充足的建设经费，保障这一建设工程的实施开展。其三，具有组织协调的权威性。在省区级党委网络安全和信息化领

---

① 文化部办公厅：《"十三五"时期公共数字文化建设规划》，中华人民共和国文化和旅游部网站，2018年3月6日，http：//www.ndcnc.gov.cn/zixun/yaowen/201708/t20170803_1350560.htm，2023年5月27日。
② 孙宝云：《我国网络空间治理发展历程与成就论析》，《北京电子科技学院学报》2018年6月。
③ 中共中央办公厅：《深化党和国家机构改革方案》，新华社，2018年3月21日，https：//www.gov.cn/zhengce/2018-03/21/content_5276191.htm#1，2023年5月27日。

导小组办公室领导下，由政府网络安全和信息化主管部门组织图书、情报与档案信息资源共建委员会，组织协调国家综合档案馆民族档案文献资源共建工作，可充分发挥党和政府的领导、组织、协调与监管作用，保证建设工作的顺利开展。

（二）依托全国文化信息资源共享工程构建工作机制

2006年6月，《全国文化信息资源共享工程"十一五"规划》指出："充分发挥全国文化共享工程部际联席会议的协调、指导作用，加强全国文化共享工程领导小组对工程的领导，建立有效的工作机制，依托国家图书馆及省、市、县级图书馆建设统一的全国性工作网络，实行统一规划、分级管理。"① 2013年1月，文化部《全国文化信息资源共享工程"十二五"规划纲要》提出：组建"文化共享工程资源建设领导小组"，加强对资源建设工作的组织领导，形成国家中心负责规划、统筹、指导，各省级分中心负责具体组织实施、市（县）级支中心共同参与的资源建设工作格局。组建"文化共享工程资源建设专家委员会"，充分发挥专家在资源建设规划、项目策划、方案实施、成果验收等方面的作用。建立健全资源建设的项目申报和立项审批机制，提高项目策划水平和建设质量。② 全国文化信息资源共享工程简称"文化共享工程"，是自2002年起，由文化部、财政部组织实施的一项重大文化建设工程。文化共享工程应用现代科学技术，将中华民族优秀传统文化信息资源进行数字化加工和整合，通过工程网络体系，以多种方式，实现中华民族优秀传统文化信息资源在全国范围内的共建共享。"文化共享工程"是公共文化服务体系的基础工程，是政府提供公共文化信息资源服务的重要方式。③ 文化共享工程自启动以来，受到党中央、国务院和各级党委、政府的高度重

---

① 文化部办公厅：《全国文化信息资源共享工程"十一五"规划》，中华人民共和国文化和旅游部网站，2009年3月13日，http://www.ndcnc.gov.cn/gongcheng/zhengce/201309/t20130925_766133.htm，2023年5月27日。

② 文化部办公厅：《全国文化信息资源共享工程"十二五"规划纲要》，中华人民共和国文化和旅游部网站，2013年3月6日，http://www.ndcnc.gov.cn/gongcheng/zhengce/201309/t20130925_766133.htm，2023年5月27日。

③ 中华人民共和国文化和旅游部：《关于进一步加强公共数字文化建设的指导意见》，中国文化报，2011年12月9日，https://www.mct.gov.cn/whzx/zsdw/zgszwhjtyxgs/201112/t20111209_825863.htm，2023年5月27日。

视。多年来，在文化部的领导下，经过全国文化信息资源共享工程建设参与者们的共同努力，文化共享工程以现代信息技术为手段，以公益性、基本性、均等性、便利性为原则，以覆盖广泛，传输快捷，资源丰富，服务优质为目标，在传播优秀文化、提供文化信息资源服务、构建公共文化服务体系中，取得了显著成果。① 在文化共享工程机构建设方面，2002年5月10日，全国文化信息资源共享工程国家中心正式成立。该中心设在国家图书馆内，主要负责规划工程的总体技术方案；组织有关技术标准规范的研发、制定、推广工作；负责文化信息资源整合总体方案的设计和分步实施、资源库的管理；负责指导省（区、市）分中心的业务建设；负责国家中心与各分中心之间数字资源的同步与更新，"共享工程"系统正常运转的各项工作；根据"共享工程"领导小组的要求，制定具体项目的实施细则，负责项目质量控制和验收工作。② 截至2011年年底，除建成1个国家中心外，各省、区还建立了33个省级分中心（覆盖率达100%），2840个县级支中心（覆盖率达99%），28595个乡镇基层服务点（覆盖率达83%），60.2万个行政村基层服务点（覆盖率达99%）。部分省（区、市）村级覆盖范围已经延伸到自然村。③

民族档案文献是传承民族传统文化的主要媒介，承载着丰富的少数民族政治、历史、经济、军事、天文、历法、医药、教育、文艺、哲学、伦理、宗教和民俗等方面的文化内涵，是中华民族优秀传统文化的重要构建部分，因此，其信息资源建设也是国家文化信息资源共享工程的一项建设内容。鉴于此，建议在西部各省区文化信息资源共享工程领导小组的领导下，依托各省区文化信息资源共享工程分中心，在文化信息资源共享工程框架下，组建图书、情报与档案信息资源共建委员会，构建资源共建共享工作机制，组织、协调国家综合档案馆民族档案文献资源

---

① 中华人民共和国文化和旅游部：《全国文化信息资源共享工程"十二五"规划纲要》，国务院新闻办公室网站，2014年2月24日，http://www.scio.gov.cn/ztk/xwfb/2014/gxbjh2013nwhggfzqkh2014n/zcfg30513/document/1364441/1364441.htm，2023年5月27日。

② 中华人民共和国文化和旅游部：《全国文化信息资源共享工程"十二五"规划纲要》，国务院新闻办公室网站，2014年2月24日，http://www.scio.gov.cn/ztk/xwfb/2014/gxbjh2013nwhggfzqkh2014n/zcfg30513/document/1364441/1364441.htm，2023年5月27日。

③ 《全国文化信息资源共享工程文件汇编（2002.4—2010.7）》，百度文库，http://wenku.baidu.，2023年5月27日。

共建工作。① 依托全国文化信息资源共享工程构建工作机制的优势为：其一，建设工作保障。文化共享工程是应用信息技术，将各中华民族优秀传统文化信息资源进行数字化转化、加工和整合，形成数字化信息资源，通过工程网络体系，实现文化信息资源的共建共享。② 西部民族档案文献所承载的民族文化，是中华民族优秀传统文化的重要构成部分，因此，文化共享工程便包括了民族档案文献资源共建工作，所以依托共享工程开展其资源共建工作，可保证建设工作的实施开展。其二，合作共建保障。合作共建是文化共享工程建设的基本途径，随着这项工程的深入推进，再通过不断创新工作模式，先后与中组部、国家发改委、教育部、工信部、国家计生委、广电总局、新闻出版总署、国务院扶贫办、中共中央党校等部委单位开展合作，开展共建工作③。这一工作机制可整合档案馆、图书馆、博物馆、民委古籍办、文化馆或非遗中心等文化信息资源，开展数字资源建设，实现了中华民族优秀传统文化共建共享。其三，经费投入保障。在文化信息资源共享工程经费保障方面，中央财政设立了专项建设资金，各省区财政也设立了专项资金，用于省级分中心的软、硬件基础设施建设，资源建设，技术研发及全省技术人员的培训。④ 因此，依托文化信息资源共享工程开展西部国家综合档案馆民族档案文献资源共建工作，可获得充足的建设经费支持。其四，人员培训保障。文化共享工程以农村基层、中西部地区为重点，通过集中面授、远程教学、光盘辅导、卫星广播、以会代训、以活动代训等不同方式，培训了大量工程管理、技术应用、资源制作、基层服务、宣传推广等方面的人员⑤，同时，也

---

① 中华人民共和国文化和旅游部：《全国文化信息资源共享工程"十二五"规划纲要》，国务院新闻办公室网站，2014年2月24日，http：//www.scio.gov.cn/ztk/xwfb/2014/gxbjh2013nwhggfzqkh2014n/zcfg30513/document/1364441/1364441.htm，2023年5月27日。

② 陈军：《甘肃省文化惠民工程实施状况综述》，《甘肃科技》2012年第5期。

③ 中华人民共和国文化和旅游部：《全国文化信息资源共享工程"十二五"规划纲要》，国务院新闻办公室网站，2014年2月24日，http：//www.scio.gov.cn/ztk/xwfb/2014/gxbjh2013nwhggfzqkh2014n/zcfg30513/document/1364441/1364441.htm，2023年5月27日。

④ 《全国文化信息资源共享工程文件汇编（2002.4—2010.7）》，百度文库，http：//wenku.baidu.，2023年5月27日。

⑤ 中华人民共和国文化和旅游部：《全国文化信息资源共享工程"十二五"规划纲要》，国务院新闻办公室网站，2014年2月24日，http：//www.scio.gov.cn/ztk/xwfb/2014/gxbjh2013nwhggfzqkh2014n/zcfg30513/document/1364441/1364441.htm，2023年5月27日。

在人才建设方面，保障了西部民族档案文献资源共建工作的开展。

（三）依托跨省（区）民族语文协作组构建工作机制

跨省（区）民族语文协作组是党和国家为贯彻党的民族政策和民族语文政策，执行国家有关法律法规，根据各协作省区学习使用和发展民族语文的实际需要，在民族语文教育、标准规范、广播影视、新闻出版、科学研究、文献整理、民族医药、语文翻译等领域开展协作、促进民族语文工作的繁荣发展。如1975年，根据《国务院关于内蒙古自治区蒙古语文工作问题报告的批复》的文件精神，在呼和浩特召开的蒙古语文工作协作会议上协商成立了"八省区蒙古语文工作协作小组"。八协小组是经国务院批准，在国家民委指导下，由内蒙古、黑龙江、吉林、辽宁、甘肃、新疆、青海、河北等省区和北京地区组成的协调八省区蒙古语文工作的协作组织。八省区蒙古语文工作协作小组日常工作由内蒙古自治区政府牵头，各协作省区协作工作领导小组在本省、自治区政府领导下开展工作。其工作职责《内蒙古、黑龙江、吉林、辽宁、甘肃、宁夏、新疆、青海八省、自治区近期蒙古语文工作协作计划要点》提出，"一、在蒙古族居住地区广泛使用蒙古语文；二、加强蒙古语文的学习；三、新词术语的审定和统一；四、做好文字改革的准备；五、抓紧蒙文图书、教材出版工作；六、切实开展科研工作；七、改进翻译工作；八、加强蒙古语文工作队伍的建设"等八项工作要点[1]。八省区蒙古语文工作协作小组成立以来，在各协作省区党委、政府的大力支持和有关部门的密切配合下，遵循"实事求是、量力而行、取长补短、互惠互利、共同发展"的协作原则，结合新形势下协作工作发展的目标和任务，扎实有效地开展协作，为各协作省区加强民族团结、促进社会和谐、推动经济发展做出了积极贡献[2]。为适应新时期民族语文工作的发展，八省区蒙古语文工作协作小组办公室印发《2018年八省区蒙古语文协作工作要点》，《要

---

[1] 国务院：《关于八省、自治区蒙古语文工作协作会议情况报告的批复》，人民法院电子音像出版社，1977年11月7日，https：//wenku.baidu.com/view/b124140e13661ed9ad51f01dc281e53a58025113.html?，2023年8月12日。

[2] 国务院：《关于八省、自治区蒙古语文工作协作会议情况报告的批复》，人民法院电子音像出版社，1977年11月7日，https：//wenku.baidu.com/view/b124140e13661ed9ad51f01dc281e53a58025113.html?，2023年8月12日。

点》提出要认真贯彻《八省区蒙古语文工作协作规划（2018—2020年）》，强化规划引导和机制保障，促进以蒙古语授课为主的民族教育、民族文化艺术、新闻出版、蒙古语广播影视、蒙古语言文字科学研究、民族古籍整理、蒙医蒙药、蒙古语文翻译等方面的协作，进一步推动八省区蒙古语文协作工作的有序发展①。

1986年，为贯彻落实国务院关于救书、救人、救学科，加强古籍保护工作的文件精神，经国家民委批准，成立了"滇川黔桂彝文古籍协作组"（以下简称"协作组"）。协作组是以推动彝文古籍整理为目的的区域性协作组织，也是彝学学科发展的学术协调机构。协作组成立以来先后在云南、四川、贵州、广西、北京等地召开了18次彝文古籍协作会。从1995年起，同时召开全国彝学学术研讨会，迄今已经召开了十余次。通过协作会和学术会的举办，加强了四省彝区的协作交流和联合攻关，先后完成了《彝文字集》《彝族毕摩经籍100卷》《中国彝族通史》《通用彝文规范方案》《彝学研究丛刊》以及彝族文化旅游开发、彝族文化主题城镇建设、彝族文化产业研究等一大批有影响的重大课题，有力推动了彝族文化的抢救保护与传承创新，促进了彝族地区经济文化的全面发展。②"滇川黔桂彝文古籍协作组"主要成就表现在两个方面：其一，组织协调彝文古籍整理工作。迄今为止，协作组先后在云南、四川、贵州、广西、北京等地召开了18次彝文古籍协作会，组织、协调云南、四川、贵州、广西等四省区彝文古籍征集抢救和整理出版工作。30多年来，各省区彝文古籍整理工作成绩斐然，整理出版了数百部几千万字的彝文古籍，其中，贵州彝文古籍整理就有100余部，1000多万字，③ 在加强四省

---

① 八省区蒙古语文协作工作领导小组办公室：《2020年八省区蒙古语文协作工作要点》，内蒙古自治区人民政府网站，2020年3月25日，http：//mw.nmg.gov.cn/xw/mwyw/202109/t20210916_1885861.html，2023年7月29日。

② 古籍办：《滇川黔桂彝文古籍整理出版工作协作组第十六次会议在六盘水市召开》，贵州省民族宗教事务委员会，2017年7月30日，https：//mzw.guizhou.gov.cn/ztzl/lstz/mzgj/gzdt_5845871/202105/t20210521_68201689.html，2023年7月29日。

③ 刘兴祥：《滇川黔桂彝文古籍第十三次协作会暨全国第八届彝学研讨会在筑召开》，《贵州民族报》2009年第11期。

区彝文古籍整理协作,弘扬彝族文化方面做出重要贡献①。其二,组织推动彝学研究工作的发展。彝学是研究彝族文化的一门学科,涉及彝族历史文化、文学艺术、语言文字、宗教信仰、社会经济、科技教育、风俗习惯、古籍整理等。2011年彝学被教育部列入中国学科目录,正式成为一门独立学科。在协作组的协调推动下,各省区的彝学研究取得显著成果。如四川藏有彝文古籍文献约50万卷,凉山州人民政府组织编译出版《中国彝文典籍译丛》,②第5辑荣获凉山州哲学社会科学成果一等奖。多年来,四省区彝学会团结协作,完成了《中国彝族通史》,成立了"进一步规范完善彝文方案领导小组",整理规范了通用彝文及其注音符号,极大地推进了彝文古籍文献的抢救、整理、保护及其标准化和信息化工作的发展。

依托跨省(区)民族语文协作组,构建西部国家综合档案馆民族档案文献资源共建工作机制,其主要优势有:其一,征集整理民族文献。如"八省区蒙古语文工作协作小组"工作职责"六、切实开展科研工作"中的"6. 资料整理"提出了详尽的工作内容:一是尽量搜集过去和现今出版的有关蒙古语文的中外文资料,搜集本地区口头遗传下来的作品,并整理加以书面化,有的根据需要公开或内部出版。二是编写图书资料目录。八省、自治区编出本地区蒙文资料目录,互相交换。近几年内,共同协作编出蒙文书籍和有关蒙古语言、文学、历史研究书籍的总目录。三是八省、自治区有关单位协作,有重点地进行典籍整理,并在1980年以前,分别整理出版语言、文学、翻译三方面的文献资料汇编。四是搜集、整理有关外文资料,对有参考价值的资料用蒙、汉文重点翻译出版。对研究工作急需而只有孤本或流传不广的书籍资料,要有计划地复制翻印。五是召开八省、自治区资料工作协作会议,邀请中央和北京市有关部门参加,研究落实资料工作任务和分工协作问题。③依托跨省(区)民族语文协作组开展民族档案文献资源共建,可调查了解各省区民族档案文献分布保存现状,征集抢救这些珍贵的民族档案文献;组织协调相关

---

① 刘兴祥:《滇川黔桂彝文古籍第十三次协作会暨全国第八届彝学研讨会在筑召开》,《贵州民族报》2009年第11期。

② 佚名:《〈通用规范彝文字表〉将在全国彝族地区推行》,《民族翻译》2014年第12期。

③ 国务院:《关于八省、自治区蒙古语文工作协作会议情况报告的批复》,1977年11月7日,http://www.chinalawedu.com/falvfagui/fg22598/5170.shtml,2023年5月27日。

收藏单位档案文献目录的编制,构建民族档案文献分布保管目录体系;聚集民族语言文字整理、译注和信息化人才,推动各收藏单位数字资源建设与共享。其二,制定实施标准规范。1977年11月,《内蒙古自治区革命委员会蒙古语文工作领导小组的任务》的一项重要工作就是"进行蒙古语文的规范化工作,抓好名词术语的规范"。《内蒙古、黑龙江、吉林、辽宁、甘肃、宁夏、新疆、青海八省、自治区近期蒙古语文工作协作计划要点》[①]"三、新词术语的审定和统一"提出,"审定和统一新词术语,是当前进一步开展蒙古语文工作的迫切需要。要坚持群众路线,充分同群众商量,做好调查,在用适当的形式集中语文工作者和广大群众意见的基础上,认真研究解决名词术语统一问题,克服目前在名词术语使用上存在的一些混乱现象。"[②] 在标准规范建设方面,滇川黔桂彝文古籍协作会成立"进一步规范完善彝文方案领导小组",整理规范了通用规范彝文及其注音符号,先后完成《彝文字集》《通用彝文规范方案》[③]等,在民族语言文字标准化建设方面作出了显著成绩。其三,获得建设经费支持。如2012年11月,内蒙古自治区政府出台《关于加快推进蒙古语言文字信息化建设的意见》和《蒙古语言文字信息化建设中长期规划》[④],2013年以来累计投入专项资金1.5亿元,实施信息化建设项目72个,大力促进蒙古语言文字信息化基础研究、人才培养、技术研发、资源建设和推广应用等各重点领域协调发展,取得显著成效。启动总投资1.9亿元的蒙古语言文字数字资源建设与共享工程项目,开发与少数民族

---

① 国务院:《关于八省、自治区蒙古语文工作协作会议情况报告的批复》,人民法院电子音像出版社,1977年11月7日,https://wenku.baidu.com/view/b124140e13661ed9ad51f01dc281e53a58025113.html?,2023年7月31日。

② 国务院:《关于八省、自治区蒙古语文工作协作会议情况报告的批复》,人民法院电子音像出版社,1977年11月7日,https://wenku.baidu.com/view/b124140e13661ed9ad51f01dc281e53a58025113.html?,2023年7月31日。

③ 古籍整理研究室:《滇川黔桂彝文古籍整理出版工作协作组第十六次彝文古籍协作会在贵州召开》:中华人民共和国国家民族事务委员会,2016年8月16日,http://www.cssn.cn/mzx/mzxrlxdt/201608/t20160817_3165423.shtml,2023年5月27日。

④ 内民委:《内蒙古自治区民族事务委员会关于印发〈内蒙古自治区蒙古语言文字信息化建设项目管理办法(试行)〉的通知》,内蒙古自治区人民政府,2019年5月20日,https://www.nmg.gov.cn/zwgk/zfgb/2019n_4716/201920/201911/t20191105_306755.html,2023年7月29日。

群众生产生活息息相关的数字化资源,最终将建成以内蒙古为基地、服务八省区、辐射俄蒙的蒙古语言文字信息数字资源共享服务平台,蒙古语言文字信息化建设成果惠及各族群众。①

二 工作机制构建职责

上述提出了"依托党和国家互联网信息化委员会构建工作机制""依托全国文化信息资源共享工程构建工作机制""依托跨省(区)民族语文协作组构建工作机制"等西部国家综合档案馆民族档案文献资源共建的三种工作机制,这三种工作机制的构建各不相扰,其构建可以第一或第二种模式为主,第三种可以作为构建工作机制的补充,结合使用。工作机制构建的作用就是要贯彻落实党和国家信息化建设和信息资源共建共享的方针政策,依托西部各省区党委和政府,构建图书、情报与档案信息资源共建委员会,形成一种领导、组织和协调模式,以保障西部国家综合档案馆民族档案文献资源共建工作的实施开展。工作机制构建的主要职责如下。

(一)宏观组织协调

无论是"依托党和国家互联网信息化委员会构建工作机制",或是"依托全国文化信息资源共享工程构建工作机制"构建图书、情报与档案信息资源共建委员会,其工作机制的首要职责就是要组织、协调相关档案馆、图书馆、博物馆、民委古籍办、社科院、文化馆、非遗保护中心等共建单位的力量,开展国家综合档案馆民族档案文献资源共建工作。具体职责是:就共建共享过程中的大事进行磋商;就发展方向、远景目标、中长期计划和年度计划等进行决策;就共建共享的推行和实施向国家有关部门提出建议、报告或方案等②。宏观组织和协调工作的具体内容包括:

1. 确立国家综合档案馆的建设核心地位。就西部民族档案文献资源

---

① 《加强八省区蒙古语文协作工作 不断开创协作工作新局面自治区民委八协工作处》,《内蒙古日报(汉)》2018年第12期。
② 李子:《构建西藏自治区文献信息资源共享体系的几点思考》,《西藏科技》2011年第2期。

共建工作而言，以国家综合档案馆为主要建设平台，开展其资源共建有几个优势：其一，民族档案属性依据。西部民族档案文献是指少数民族和各个历史时期的国家机构、社会组织和个人等，在社会历史发展过程中直接形成的，记录和反映少数民族政治、历史、经济、军事、天文、历法、医药、教育、文艺、哲学、伦理、宗教和民俗等方面情况，具有保存价值的各种文字、图画、声像和数码等不同形式的历史记录。从研究对象内涵外延来看，西部民族档案文献是国家档案财富的重要构成部分，以国家综合档案馆为建设平台，开展其档案文献共建工作，不仅具有法理依据，同时，也是本课题研究要解决的主要问题。其二，档案馆馆藏资源优势。西部国家综合档案馆保存有丰富的民族档案文献，如藏文档案文献保存最完好的是西藏自治区档案馆，所存藏文档案文献是1959年西藏平叛、改革中收集到的拉萨地区原西藏地方政府各机构和部分贵族、官员、寺庙、拉章和上层喇嘛保存的文书档案，共90个，全宗约300万卷。内蒙古自治区档案馆系统收藏有以蒙古文、藏文、满文或汉文等产生的文书档案213万多卷[1]。资源优势为民族档案文献资源共建提供了基础。其三，数字档案馆建设发展。以西藏自治区档案馆为例，在数字化管理软件研发方面，西藏自治区档案馆根据藏文档案文种、载体、规格等方面的特点，自主研发出"西藏历史档案管理系统"软件[2]，实现了藏文档案文献的数字化管理，奠定了数字化档案馆的建设基础。在网络和资源建设方面，建成西藏档案办公网、西藏档案信息网、西藏档案政务网等"三网"以及档案基础数据库。"三网一库"的建成，标志着在西藏建成一个覆盖档案工作各个环节，囊括档案信息资源接收、收集、征集、采集、整理、保管、鉴定、统计、利用、编研全过程，并链接自治区、地（市）、县、立档单位等多级档案部门的信息资源共享体系[3]，为藏族档案文献资源共建提供了良好的数字化档案馆建设平台。

2. 确立民族档案文献共建机构体系。基于民族档案文献民族档案、民族古籍、民族文物和民族史料、资料等多元属性，西部民族档案文献

---

[1] 中国档案学会：《少数民族档案史料评述学术讨论会论文选集》，档案出版社1988年版。
[2] 洛桑南杰：《立足西藏实际　做好档案工作》，《中国档案》2011年第11期。
[3] 洛桑南杰：《立足西藏实际　做好档案工作》，《中国档案》2011年第11期。

第五章　西部国家综合档案馆民族档案文献遗产资源共建宏观保障

除档案馆珍藏外，广泛为图书馆、博物馆、民委古籍办、民语委、社科院、民族研究所、文化馆、非遗保护中心、史志办、方志办和出版社等收藏，从理论上考量，这些收藏单位都可视为西部国家综合档案馆民族档案文献的资源共建单位。依托西部各省区互联网信息化领导小组或国家共建共享工程，构建图书、情报与档案信息资源共建委员会，其中一项重要职责就是要将各个收藏单位纳入国家综合档案馆民族档案文献资源共建框架，组建共建机构体系，协同开展民族档案文献资源共建工作。

3. 确立民族档案文献共建方针政策。西部国家综合档案馆民族档案文献资源共建工作包括各个建设机构档案文献有序化整理、联合目录编制、数字资源建设、联动开发机制构建，以及档案文献信息资源共享利用等诸多方面，此外，还涉及收藏单位知识产权的保护、信息权益的维护、资源建设的深度和相关档案文献的开放层级等。因此，组建图书、情报与档案信息资源共建委员会，构建工作机制这一项重要工作内容就是依据国家信息化建设或文化资源共建共享政策，制定民族档案文献资源协作共建方针，用以指导西部国家综合档案馆民族档案文献资源共建工作的开展。

4. 确立民族档案文献联动共建机制。西部国家综合档案馆民族档案文献资源共建工作由图书馆、博物馆、民委古籍办、民族研究所、文化馆、非遗保护中心等不同系统的单位共同参与，其资源共建的诸多内容，如民族档案文献资源数字化建设、联合目录体系建设、规范标准的推荐采用，以及信息资源共享开发等方面都需要共建单位协作完成。因此，有必要依托图书、情报与档案信息资源共建委员会，建立协商机制，定期及不定期地召开共建单位协作会议，探讨建设方案，解决存在问题，协调相关民族档案文献资源共建分工合作等方面的问题。

（二）业务组织协调

在西部各省区级党委网络安全和信息化领导小组办公室负责领导下，或依托省区文化信息资源共享工程分中心，组建图书、情报与档案信息资源共建委员会，构建档案馆、图书馆、博物馆、民委古籍办和非遗保护中心等民族档案文献共建机制，其主要工作职责就是要开展民族档案文献资源共建业务组织协调工作，具体工作内容包括：

1. 资源普查登记工作。西部地区遗存有丰富的民族档案文献，开展普查登记，了解其分布保存状况，对做好民族档案文献资源征集抢救、保管保护等共建工作有重要意义。为此，需要图书、情报与档案信息资源共建委员会组织协调，动员档案馆、图书馆、博物馆、民委古籍办、民族研究所、文化馆、非遗保护中心等共建单位以及社会各界的力量，整合资源、形成合力，开展西部民族档案文献普查登记工作，了解民间散存或相关机构保管现状，有针对性地开展民族档案文献资源共建工作。

2. 目录体系建设工作。构建目录体系是西部国家综合档案馆民族档案文献资源外围建设的一项重要内容。首先，其目录体系的构建是民族档案文献资源体系建设的基础条件，也是构建民族档案文献资源外围建设体系的主要纽带。其次，通过目录体系的构建，可厘清各个共建单位民族档案文献的保存数量、主要类型、基本内容以及保护条件等基本收藏状况，为下一步做好其资源共建工作奠定基础。再次，共建单位目录体系的构建，可作为国家综合档案馆民族档案文献特色数据库框架体系建设的依据。为此，可依托图书、情报与档案信息资源共建委员会，制订、推广与实施统一的目录构建标准，结合各个收藏单位建立的文献目录，组织共建单位开展民族档案文献目录体系建设工作，为西部国家综合档案馆民族档案文献资源共建共享工作提供条件。

3. 规范标准制定工作。规范标准制定工作是西部国家综合档案馆资源共建工作的核心。2016年4月，国家档案局印发的《全国档案事业发展"十三五"规划纲要》提出："推进档案标准化工作改革，优化完善档案领域标准，提升档案标准的先进性、有效性和适用性。"[①] 西部国家综合档案馆民族档案文献资源共建从参加单位看，涉及各级各类档案馆、图书馆、博物馆、民委古籍办、民族研究所、文化馆、非遗保护中心等。从规范标准建设内容看，需要制定、推荐和实施的标准包括少数民族语言文字、分类整理、价值鉴定、数字化建设、目录编制、通用元数据以及开发利用标准等，要充分发挥图书、情报与档案信息资源共建委员会的组织协调能力，依据统一规划、统一标准、资源共建共享的工作原则，

---

① 国家档案局：《全国档案事业发展"十三五"规划纲要》，中华人民共和国国家档案局，2016年4月7日，https://www.saac.gov.cn/daj/xxgk/201604/4596bddd364641129d7c878a80d0f800.shtml，2023年8月12日。

开展西部国家综合档案馆民族档案文献资源共建工作，实现其档案信息资源的社会共享。

4. 资源规划共建工作。2006年6月，文化部印发的《全国文化信息资源共享工程"十一五"规划》提出："加强资源建设与管理的规范性和连续性，逐步建立完善合作互利的共建共享机制。国家中心要积极采用社会建设与自身建设相结合、集中建设与各地分散建设相结合等方式，保证内容的丰富性、专业性和特色化。通过委托加工、公开招标、版权转让等形式开展资源建设。"① 依托图书、情报与档案信息资源共建委员会，规划组织西部民族档案文献资源共建工作包括两方面内容：一是实态性民族档案文献资源外围共建的规划组织，包括散存民族档案文献调查梳理、共建单位民族档案文献的规范化整理，以及规范检索体系的建设等；二是民族档案文献数字资源整合共建的规划组织，涉及共建单位民族档案文献数字化工作规划、组织与指导，数字化标准规范的推荐实施，特色数据库建设的构建，以及数字信息资源整合共享指导等。在信息资源共建机构体系框架下，规划、组织与指导各共建单位民族档案文献资源建设工作，可形成合力，分工合作，更好地做好其档案文献资源共建工作。

5. 资源开发共享工作。2011年11月，文化部印发的《关于进一步加强公共数字文化建设的指导意见》提出："大力整合汇聚非物质文化遗产、国有艺术院团、民间文艺社团等方面的数字化资源，不断丰富和加强公共数字文化建设，从而丰富公共文化服务内容，拓展公共文化服务阵地，整合公共文化服务资源，创新公共文化服务手段，提高公共文化服务水平，完善公共文化服务体系。"② 2017年12月27日发布的《李明华在全国档案局长馆长会议上的工作报告》指出："近年来，党中央、国务院多次强调要加强信息系统整合和信息资源共享，明确提出要清理整合各种分散、独立的政务信息系统，在网络通的基础上加快实现数据通、

---

① 文化部：《"十三五"时期公共数字文化建设规划》，中国企业扶持资金申报服务中心，2019年2月26日，http://www.chinagdp.org/fzgh/201902/27470.html，2023年8月12日。
② 文化部办公厅：《全国文化信息资源共享工程"十一五"规划》，中华人民共和国文化和旅游部网站，2009年3月13日，http://www.ndcnc.gov.cn/gongcheng/zhengce/201309/t20130925_766133.htm，2023年5月27日。

业务通。各级档案部门要认真贯彻落实，把'抓整合、促共享'作为今后一段时期档案信息化建设的重要目标和基本要求。彻底打破档案部门'信息孤岛'的状态。"① 为此，建议图书、情报与档案信息资源共建委员会首先要做好西部民族档案文献资源的检索体系构建工作，组织协调共建单位，按照统一的标准规范，构建共建单位实态性和数字化民族档案文献资源检索查询目录体系，便于社会各界查找利用。其次，规划协调共建单位民族档案文献在公布出版、联合编研等方面的联动开发工作，以避免重复开发，整合力量，拓展其开发利用范围。再次，组织协调数字化资源的汇总与开发工作，依托各省区综合数字档案馆，整合共建单位数字资源，构建民族档案文献资源数据库，在尊重知识产权，兼顾共建单位信息权益的基础上，实现民族档案文献数字化资源的共享开发。

---

① 李明华：《在全国档案局长馆长会议上的工作报告》，《中国档案》2018年第1期。

第六章

西部国家综合档案馆民族档案文献遗产资源共建实现途径

第一节 基于标准规范的民族档案文献遗产外围共建

一 依据资源，确立民族档案文献外围共建单位

西部国家综合档案馆民族档案文献外围建设的理念是：以国家综合档案馆为建设核心，依托图书、情报与档案信息资源共建委员会[①]，将收藏有民族档案文献的图书馆、博物馆、民委古籍办、民语委、社科院、文化馆、非遗保护中心、史志办和出版社等单位视为外围建设单位，通过民族档案文献规范整理、目录查询体系共建和数字化资源整合集中等方式，进行开展民族档案文献资源共建工作。鉴于此，建议以西部各省区国家综合档案馆为建设平台，将保存有民族档案文献的机构确立为共建单位，共同开展民族档案文献资源外围共建工作。民族档案文献外围共建单位的确立有以下依据：

（一）外围共建单位选择理论依据

西部民族档案文献外围建设理念主要理论依据有：其一，多元属性理论。民族档案文献多元属性理论的核心内涵主要有：一是民族档案文献是一种重要的档案类型，其主要特性是具有原始性和历史文化价值。具体而言，许多具有原始性和历史文化价值的古籍或文物都可视为民族

---

① 刘子芳、于伟琴、侯志娟：《新旧〈档案馆收集档案范围的规定〉的对比分析》，《档案管理》2012年第3期。

档案文献；二是民族档案文献归属于民族文化遗产范畴，是一种极为珍贵的民族历史文化遗产，相关民族文化遗产的保护政策法规，都可适用于民族档案文献；三是民族档案具有民族文物、民族古籍等方面的多重属性，因此，除档案馆外，大多为图书馆、博物馆、民委古籍办、民语委、社科院、文化馆、非遗保护中心、史志办、方志办和出版社等收藏。基于民族档案文献的多元属性，诸多单位所保存的多数民族古籍、民族文物等，皆由于具有原始性和历史文化价值，可视为民族档案文献，而这些收藏单位也相应地成为民族档案文献外围建设的共建单位。其二，档案记忆理论。民族记忆构建源于1992年联合国教科文组织发起的世界记忆工程，这一保护工程关注的是文献遗产的抢救，具体而言就是手稿、图书馆和档案馆保存的任何介质的珍贵文件，以及口述历史的记录等。[①]其目标之一就是采用最适当的手段保护具有世界意义的文献遗产，并鼓励对具有国家和地区意义的文献遗产采取保护。[②] 从民族记忆视角看，民族记忆构建理念就是要通过对民族档案文献，包括物质载体民族档案文献征集抢救，以及非物质文化遗产的建档保护等，实现其社会记忆的完整构建与传承。鉴于国家综合档案馆民族档案文献资源构建的局限性和民族档案文献分散保存的现实状况，为维护民族社会记忆的完整性，就要通过各种有效手段和方式，对记录与反映少数民族社会历史发展情况的散存民族档案文献开展资源外围建设工作，以整合共建单位保存的民族档案文献，对其资源进行体系化建设，以完整构建民族记忆，更好地保护与传承这一珍贵的民族文化遗产。

（二）外围共建单位选择实践标准

民族档案文献外围共建单位选定的依据主要是其档案文献的保存状况。由于民族档案文献的多元属性，西部民族档案文献或作为民族档案，或作为民族文献、古籍、文物、史料、资料等，为档案馆、图书馆、博物馆、民委古籍办、社科院、民族研究所、文化馆、非遗保护中心、方

[①] 牛渊：《关于"珠海记忆工程"的思考和探索》，《科技情报开发与经济》2011年第33期。

[②] 牛渊：《关于"珠海记忆工程"的思考和探索》，《科技情报开发与经济》2011年第33期。

第六章 西部国家综合档案馆民族档案文献遗产资源共建实现途径

志办、史志办、政协和出版社等收藏，鉴于此，收藏有民族档案文献的单位，理论上均可视为西部国家综合档案馆民族档案文献的外围资源共建单位。在实践方面，西部各省区各级政府部门或文化机构出于机构职责或工作需要，长期重视民族文献收集保护工作，征集抢救了一大批重要的民族档案文献。以东巴经档案文献为例，国内对东巴经书的收集以1949年以后最为卓著，仅丽江县自20世纪50年代至60年代便先后收集到4000余册；中央民族学院曾派和志武、和发源、陈富全在丽江、维西、中甸三县收集到约1000册；云南博物馆派朱宝田在中甸县白地、四川木里县俄亚收集到300余册；云南图书馆亦于50年代派专人在丽江县收集到600余册。在"文化大革命"结束之后，国内又掀起一个收集、收藏东巴经书的热潮。在80年代，云南省社会科学院东巴文化研究所在丽江县大东、宝山、鸣音等地收集到500余册，中甸县三坝乡文化站在本乡境内收集到650余册，维西县文化局在其境内收集到360余册，纳西族学者戈阿干在丽江等地收集到近1000册。现今，许多文化机构对东巴经书都有收藏，其中，云南省民委古籍办（东巴经及图画）收藏有东巴神路图2幅，东巴经200余册；云南省博物馆有415册；云南省图书馆有670册；云南省社会科学院东巴文化研究所有600余册；迪庆藏族自治州博物馆有383册；香格里拉三坝乡文化站有600余册；维西县文化局有360册；丽江市东巴文化研究院有5000多册；丽江市博物馆有582册；丽江市档案馆有69册。此外，中国国家图书馆珍藏有3810册；中央民族大学图书馆有17册；中央民族大学博物馆有222册；中央民族大学少数民族古籍整理出版规划办公室有1522册；中国历史博物馆有约1000册；南京博物馆有1231册；台北"中研院"历史语言研究所傅斯年图书馆有363册；台北"故宫博物院"有5册等。[①] 依据民族档案文献收藏数量、内容价值标准，将那些收藏民族档案文献数量多、内容丰富的单位列为外围共建机构，可全面构建其档案文献资源体系，完整地保护与传承民族历史记忆。

（三）共建单位建设的维度与层级

2016年12月，《"十三五"国家信息化规划》强调，要"打破信息

---

① 资料主要来源于课题组调研材料。

壁垒和孤岛,实现各部门业务系统互联互通和信息跨部门跨层级共享共用"①。在档案系统,2009 年 12 月,杨冬权在全国档案工作会议上的讲话中强调:"要突破档案资源建设传统模式,对档案实体或档案信息进行科学整合,整合同一系统、不同地区档案机构的档案资源,整合不同系统、不同地区档案机构的档案资源,促进档案资源配置更加科学合理,为全面实现档案资源社会共享奠定基础。"② 2017 年 12 月 27 日,李明华在全国档案局(馆)长会议上指出:"当前,档案信息化建设迫切需要解决的一个问题就是要实现档案部门之间的互联互通,以及档案部门与本地区、本系统的互联互通。"③ 对西部民族档案文献资源共建而言,由于西部民族档案文献都散存在不同省区或不同机构,因此,跨地区、跨部门开展其资源共建就会涉及共建单位建设的维度与层级体系建设问题,主要内容如下:

1. 区域维度共建单位选择。资源维度建设包括两项内容:其一是区域建设模块划分。西部很多民族居住区域广泛,在许多省区均有分布,所形成的档案文献也就形成了跨省区分布的态势。以蒙古文档案文献为例,蒙古文档案文献主要分布在内蒙古自治区,其他分布区域除北京、西藏和西北、东北地区外,在山东、河南、河北、安徽、江苏、上海、江西、四川、云南和广西等地都有分布(参见表 6-1)。

表 6-1　西藏、西北、东北地区蒙古文古籍文献保护情况统计④

文献保护机构	文献种类	文献保护机构	文献种类	文献保护机构	文献种类
青海省图书馆	6	陕西省图书馆	12	辽宁省喀喇沁左翼蒙古族自治县蒙古语文办公室	5

---

① 中国政府网:《国务院关于印发"十三五"国家信息化规划的通知》,中国政府网,2016 年 12 月 27 日,http://www.gov.cn/zhengce/content/2016-12/27/content_5153411.htm,2023 年 5 月 27 日。
② 潘霞、王鑫山:《努力为加快经济发展方式转变提供服务》,《兰台内外》2010 年第 3 期。
③ 李明华:《在全国档案局长馆长会议上的工作报告》,《中国档案》2018 年第 1 期。
④ 资料来源于德力格尔《〈中国蒙古文古籍总目〉编纂情况及全国蒙古文古籍的鉴别统计》,《蒙古学信息》1999 年第 1 期;以及部分调研材料。

第六章 西部国家综合档案馆民族档案文献遗产资源共建实现途径

续表

文献保护机构	文献种类	文献保护机构	文献种类	文献保护机构	文献种类
青海省博物馆	10	陕西省博物馆	2	辽宁省喀喇沁左翼蒙古族自治县档案馆	5
青海省档案馆	1	陕西省户县祖庵镇重阳宫碑林	5	辽宁省阜新蒙古族自治县蒙医研究所	13
青海省塔尔寺	43	拉萨市布达拉宫	1	辽宁省阜新蒙古族自治县蒙古语文办公室	168
青海民族学院图书馆	11	西藏自治区档案馆	25	辽宁省图书馆	46
青海民族学院民族研究所资料室	6	西藏自治区文物管理委员会	14	沈阳市省皇寺（实胜寺）	2
青海省民委少数民族语言办公室	1	西藏自治区日喀则地区图书馆	1	东北师范大学图书馆	14
青海省社会科学院民族研究所	3	拉萨市扎什伦布寺	1	吉林大学图书馆	1
青海省河南蒙古族自治县档案局	5	新疆维吾尔自治区民族古籍办蒙古与达斡尔文古籍整理室	246	长春市图书馆	3
青海省海北州海晏县档案局	7	新疆巴音郭勒蒙古族自治州少数民族古籍整理领导小组办公室	45	吉林省档案馆	2
青海省海西州都兰县档案局	1	西北民族师范学院图书馆	14	山西省图书馆	2
青海省海西州乌兰县档案局	14	宁夏回族自治区档案馆	17	山西省五台山下属各寺庙	300
西安市碑林博物馆	2	辽宁省朝阳市蒙古语文办公室	5		

鉴于西部部分民族档案文献跨省区分布的现状，为简化维度建设，可将维度建设先按各个省区（市）划分为各个区域模块，如将蒙古文

档案文献的分布划分为北京市、西藏自治区、新疆维吾尔自治区、青海省等,以便于按区域划分开展民族档案文献资源外围建设工作。其二是共建单位选择。各个省区(市)收藏民族档案文献的机构众多,各个收藏单位保存的民族档案文献在文献类型、保存数量或利用价值等方面各不相同,因此,就要在充分调研的基础上进行评估筛选,将收藏数量多、文献价值高的机构选择为共建单位,以节约建设成本,提高建设效率。

2. 区域层级共建单位选择。一是划分建设层级。即按照西部各省区行政结构,将其资源建设层级进行划分。如将内蒙古自治区以及各盟市、旗县等分布有丰富的蒙古文档案文献(参见表6-2)和蒙古文资源建设的层级划分为:自治区层级、盟市层级、旗县层级等,以层级为建设维度,开展外围资源建设工作。二是层级外围资源建设。在各个层级以综合档案馆为建设平台,以本层级图书馆、博物馆、民委古籍办、民族研究所、文化馆、非遗保护中心、方志办、史志办、政协和出版社等机构作为外围共建单位,开展民族档案文献资源共建工作。这样,在西部各个建设维度省区(市)就可形成一个具有层级结构的民族档案文献资源建设体系,以便于完整地构建与传承民族记忆。

表6-2　　内蒙古自治区其他市、盟蒙古文古籍文献保护情况统计[①]

文献保护机构	文献种类	文献保护机构	文献种类	文献保护机构	文献种类
赤峰民族师范高等专科学校图书馆	18	内蒙古自治区兴安盟民族事务处	16	内蒙古自治区乌兰察布盟凉城县图书馆	1
赤峰民族师范高等专科学校蒙语系资料室	10	内蒙古自治区锡林郭勒盟档案馆	5	内蒙古自治区阿拉善盟额济纳旗档案馆	21
内蒙古自治区赤峰市图书馆	17	内蒙古自治区锡林郭勒盟报社资料室	3	内蒙古自治区阿拉善盟阿拉善左旗民族宗教事务局	7

---

① 资料来源于德力格尔《〈中国蒙古文古籍总目〉编纂情况及全国蒙古文古籍的鉴别统计》,《蒙古学信息》1999年第1期;以及部分调研材料。

第六章　西部国家综合档案馆民族档案文献遗产资源共建实现途径

续表

文献保护机构	文献种类	文献保护机构	文献种类	文献保护机构	文献种类
内蒙古自治区赤峰市喀喇沁旗博物馆	5	内蒙古自治区锡林郭勒盟东乌珠穆沁旗图书馆	30	内蒙古自治区阿拉善盟阿拉善左旗档案馆	23
内蒙古自治区赤峰市阿鲁科尔沁旗根培庙	2	内蒙古自治区锡林郭勒盟苏尼特左旗档案馆	7+77	内蒙古自治区阿拉善盟阿拉善左旗延福寺	3
内蒙古自治区赤峰市阿鲁科尔沁旗旗志办	3	内蒙古自治区巴彦淖尔盟蒙古语文办公室	25	内蒙古自治区阿拉善盟额济纳旗王府旧址	2
内蒙古自治区赤峰市阿鲁科尔沁旗巴拉其如特庙	12	内蒙古自治区巴彦淖尔盟乌拉特后旗政协资料室	10	内蒙古自治区伊克昭盟档案馆	279
内蒙古自治区赤峰市民委古籍办	336	内蒙古自治区巴彦淖尔盟乌拉特前旗莫日根庙	1	内蒙古自治区哲里木盟蒙医研究所内蒙古蒙医学院图书馆	109
内蒙古自治区呼伦贝尔盟新巴尔虎左旗图书馆	32	包头市蒙古语文办公室	14	内蒙古自治区哲里木盟库伦旗档案馆	42

二　依托标准，开展民族档案文献的规范化建设

（一）民族档案文献标准化建设政策落实

标准是指农业、工业、服务业以及社会事业等领域需要统一的技术要求，标准包括国家标准、行业标准、地方标准、团体标准、企业标准等。国家标准又分为强制性标准、推荐性标准，其中，行业标准和地方标准是推荐性标准。标准的制定、组织和实施可"促进科学技术进步，维护国家安全，提高经济社会发展水平"等。[①] 2017年7月，文化部印发

[①] 中国市场监管报：《标准基础知识概述》，河北省市场监督管理局，2019年2月26日，http：//scjg.hebei.gov.cn/info/11409，2023年8月12日。

的《"十三五"时期公共数字文化建设规划》指出："建立和完善资源建设、系统开发、服务提供、数据开放等方面的公共数字文化标准规范体系，促进数据、资源和服务在互联网环境下的开放利用。完善包括资源内容、元数据、对象数据的加工规范和长期保存规范，保证各类公共数字文化资源建设的规范性。依据'平台化'的原则制订开放接口规范、数据交换规范、新媒体服务类规范，确保异构系统间的数据交换、资源整合和服务调度。制订可兼容现有数据结构的、同时具备良好可扩展性的数据结构规范和符合开放数据标准的数据格式规范，提高公共数字文化资源的开放共享水平和服务效能。"[①] 2018年1月实施的《中华人民共和国标准化法》第10条规定："对保障人身健康和生命财产安全、国家安全、生态环境安全以及满足经济社会管理基本需要的技术要求，应当制定强制性国家标准。"第11条规定："对满足基础通用、与强制性国家标准配套、对各有关行业起引领作用等需要的技术要求，可以制定推荐性国家标准。"[②] 在档案规范标准制定方面，2011年1月，《全国档案事业发展"十二五"规划》强调："加快推进传统载体档案数字化、电子文件接收、重要数字信息采集等数字档案资源建设；制定文书类档案长期保存格式标准，研发文书类档案长期保存格式产品和转化工具并组织试点和示范。"[③] 2013年10月18日，《杨冬权在全国数字档案馆（室）建设推进会上的讲话》指出："各地要以数字档案馆（室）建设为契机，认真梳理电子文件管理的标准和规范，研究确定文书、录音、录像等各门类电子文件归档范围和保管期限，明确电子文件归档和接收要求，保证归档或接收的电子文件收集齐全、整理有序、命名科学、格式规范、元数据合理有效，实现齐全完整、标准规范的优质档案信息资源建设目标。"[④] 2017年12月27日，《李明华在全国档案局长馆长会议上的工作报

[①] 《文化部："十三五"时期公共数字文化建设规划》，2017年7月7日，https：//zwgk.mct.gov.cn/zfxxgkml/ghjh/202012/t20201204_906376.html，2023年5月27日。
[②] 《学习宣贯新标准化法》，《中国金属通报》2017年第11期。
[③] 《国家档案局中央档案馆关于印发〈全国档案事业发展"十二五"规划〉的通知》，2010年8月16日，http：//jda.cq.gov.cn/zwgk/gkxx/ggl/20634.htm，2023年5月27日。
[④] 《杨冬权在全国数字档案馆（室）建设推进会上的讲话》，《中国档案报》2013年第1期。

告》提出："要认真贯彻新修订的《标准化法》，建立档案标准化工作协调机制，修改完善《档案标准制修订工作指南》，从适用性、先进性、规范性3个方面提升档案标准制修订工作质量，特别是加强信息整合和共享类标准的研制，完善和优化档案标准体系，增加档案标准的有效供给。"①

标准化建设是西部民族档案文献资源外围共建的基础条件，因此，落实党和国家标准化建设的政策法规，制定、整合和推广统一的民族档案文献资源建设标准，皆对开展其资源外围共建、完整构建民族记忆、实现西部民族档案文献资源共建共享有着重要促进作用。

（二）民族档案文献规范化标准建设实现

民族档案文献资源建设工作的标准化是以其资源建设工作活动的全过程及其相关要素为对象，制定科学的标准化体系，是实现民族档案文献资源共建工作规范化的重要保证。就西部民族档案文献资源规范性建设而言，其标准体系由几个模块构成：一是基础标准，包括民族语言文字术语标准、民族档案文献保管单位规格和质量标准，以及库房和装具标准等；二是民族档案文献实态资源建设标准，包括民族档案文献征集范围标准、有序化整理标准、著录标引标准和技术保护标准等；三是民族档案文献数字化资源建设标准，具体包括纸质实态性民族档案文献数字化转化标准、声像民族档案文献采集标准，以及民族档案文献管理软件研发标准、元数据标准和资源开发共享标准等。从民族档案文献资源建设标准体系构建方式看，一是可整合现有民族档案、民族文献、民族古籍或民族文物等标准，搭建其资源建设标准体系；二是整合档案、图书、文物等相关标准，补充其资源建设标准体系；三是制定新兴民族档案文献资源共建标准，完善其资源建设标准体系。为此，建议依托图书、情报与档案信息资源共建委员会，推荐或组织制定民族档案文献资源共建标准，以实现民族档案文献资源建设的规范化。

1. 现有标准的推荐使用。涉及民族档案文献规范管理的现有相关标

---

① 李明华：《在全国档案局长馆长会议上的工作报告》，中华人民共和国国家档案局，2017年7月3日，https://www.saac.gov.cn/daj/yaow/201701/de94a148a4c847f183e91867a6589f5c.shtml，2023年7月29日。

准主要有：

（1）基础标准。现有民族档案、古籍或文物相关基础标准较多，如由档案系统直接制定发布的民族档案术语标准含有国家档案局 2005 年 4 月发布的《满文档案著录名词与术语汉译规则》，这一标准"规定了满文档案著录时名词与术语的汉译规则，适用于满文档案著录、其他满文文献著录，以及满文档案翻译等"①。此外，少数民族人名、地名汉字音译和拉丁化转写、术语规范有《少数民族人名拉丁字母转写规范》《少数民族人名汉字音译转写规范》《少数民族地名拉丁字母转写规范》《民族语术语标准化工作的一般原则和方法》《民族语术语缩略语书写的一般原则与方法》等。② 地方少数民族语言文字标准有《关于蒙古语语文标点符号的规定》《关于试行蒙古语文缩写和略写法的通知》《确立蒙古语术语标准化工作的一般原则与方法》《确立蒙古语辞书编纂的一般原则与方法》《确立蒙古语缩略语书写的一般原则与方法》等；关于维吾尔语发布了《维吾尔人名汉字音译转写规则》；关于朝鲜语审核制定了《朝鲜语规范原则》《朝鲜语术语标准化工作原则与方法》等。③

（2）实态资源建设标准。这类标准主要有民族档案文献征集、有序化整理、编制目录、技术保护标准等。从标准的制订看，可划分为：

其一，少数民族档案管理标准规范。目前，我国尚未从国家层面制定少数民族档案管理规范，西部部分保存有民族档案文献的省区档案局，为规范管理的需要，首先制定发布了一些民族档案文献管理标准。如2011 年，云南省档案局申报国家档案局的"云南省少数民族档案保护与抢救方法研究"课题获得立项，该项目于 2013 年完成，由此形成"云南省少数民族档案保护与抢救方法"研究成果。2014 年，云南省档案局申报国家档案局的"云南省少数民族口述历史采集与整理方法研究"课题再次获得立项，该项目于 2016 年完成，形成"云南省少数民族口述历史采集与整理方法"研究成果。两项研究成果都获得了国家档案局优秀科

---

① 中国人民大学清史研究所网：《满文档案著录名词与术语汉译规则》，2013 年 9 月 26 日，http：//www.iqh.net.cn/info.asp? column_id=8450，2023 年 5 月 27 日。
② 《中华人民共和国国家民族事务委员会》，http：//seac.gov.cn/g，2023 年 5 月 27 日。
③ 《中华人民共和国国家民族事务委员会》，http：//seac.gov.cn/g，2023 年 5 月 27 日。

技成果奖三等奖。目前，这两个管理方法已经在云南省各民族地区的国家综合档案馆推广应用，在少数民族档案规范化管理方面发挥了重要作用。2001年11月，内蒙古自治区质量技术监督局发布的内蒙古自治区地方标准《蒙古文档案管理规范》，该规范是一个蒙古文档案综合管理的标准，"规定了中华人民共和国成立后各机关、团体和其他社会组织形成的蒙古文档案的收集、整理、编目、保管装具的规格、目录编制。蒙古文档案的鉴定、安全保护、利用等项工作，执行国家规定"①（DB15/T368-20001）。这对蒙古文档案的规范化管理有较好的促进作用。

其二，相关档案文献管理标准规范。西部一些省区颁发的档案管理标准规范，涉及民族档案文献的规范化管理问题。如1997年3月，西藏自治区档案局（馆）印发《西藏自治区档案馆收集档案范围的规定》和《西藏自治区档案馆接收档案的质量标准》，其基本指导思想是："将具有历史凭证作用和科学研究价值的各种门类、各种载体形态的档案，完整、齐全地收集进馆，建立内容丰富、结构合理的馆藏体系。"② 此外，《规定》还将藏寺院教档案列入征集范围，对保证其资源建设的齐全完整发挥了重要作用。2010年10月，《西藏自治区实施〈中华人民共和国档案法〉办法》正式实施，其中，许多条款涉及藏文档案文献的征集、整理、鉴定、保护、利用和信息化建设等方面的内容。此外，相关档案文献管理标准还有《归档文件整理规则》（DA/T 22-2015）、《档案馆指南编制规范》（DA/T 3-1992）、《照片档案管理规范》（GB/T 11821-2002）、《磁性载体档案管理与保护规范》（DA/T 15-1995）、《档案缩微品保管规范》（DA/T 21-1999）、《缩微摄影技术用35mm卷片拍摄技术图样和技术文件的规定》（GB/T 15021-1994）、《缩微摄影技术在16mm卷片上拍摄档案的规定》（DA/T 4-1992）、《档案缩微品制作记录格式和要求》（DA/T 29-2002）、《数码照片归档与管理规范》（DA/T 50-2014）等，这些标准的借鉴、参考与实施对做好西部民族档案文献资源共建规范化工作有重要的指导作用。

---

① 《蒙古文档案管理规范》，《档案与社会》2002年第3期。
② 《扩大接收　丰富馆藏：富阳县档案馆接收工作试点初见成效》，《浙江档案》1986年第10期。

其三，相关文献或古籍等管理标准。为做好文献规范化管理工作，国家和地方从文献和古籍等方面，制定了一系列管理标准和规范，许多标准和规范涉及民族档案文献管理内容，对其规范化管理有指导作用。如《蒙古文文献编目规则》是内蒙古图书馆承担的文化部科研项目，于2001年7月立项，并于2003年12月完成并通过文化部鉴定，同年由内蒙古人民出版社出版。《规则》充分考虑到蒙古文文献特点和蒙古文书写传统特点，在著录项目的设置、排列顺序和著录标识符号三个方面与国家和国际标准取得了一致[1]，其编制出版填补了国际上蒙古文文献编目规则的空白，对实现蒙古文文献规范整序以及蒙古文文献信息与中外文文献信息交流有重要作用。[2] 2009年9月，国家质量监督检验检疫总局、中国国家标准化管理委员会发布《文献著录》（GB/T 3792.1-2009），于2010年2月实施。《文献著录》共分9部分：第1部分：总则；第2部分：普通图书；第3部分：连续性资源；第4部分：非书资料；第5部分：档案；第6部分：测绘制图资料；第7部分：古籍；第8部分：乐谱；第9部分：电子资源。其中，总则部分包括：1. 范围；2. 规范性引用文件；3. 术语和定义；4. 著录项目和著录单元；5. 著录用标识符；6. 著录用文字；7. 著录信息源；8. 著录项目细则。[3] 2008年7月，国家质量监督检验检疫总局、国家标准化管理委员会发布《古籍著录规则》（GB/T 3792.7-2008），于2009年1月实施。该规则代替1987年由国家标准局批准出版的《古籍著录规则国家标准》（GB/T 3792.7-1987），是《文献著录》的重要构成部分。《文献著录》范围涉及古籍、档案和电子资源等方面，对统一民族档案文献著录项目有指导作用。此外，相关图书管理标准有《中国少数民族文字古籍定级》（GB/T 36748-2018）、《公共图书馆服务规范》（GB/T 28220-2011）、《图书馆参考咨询服务规范》（WH/T 71-2015）等；相关文物管理标准主要有《文物保护单位开

---

[1] 包金香：《〈蒙古文文献编目规则〉通过文化部鉴定并正式出版》，《内蒙古图书馆工作》2004年第1期。

[2] 包金香：《〈蒙古文文献编目规则〉通过文化部鉴定并正式出版》，《内蒙古图书馆工作》2004年第1期。

[3] 国家质量监督检验检疫总局、中国国家标准化管理委员会：《文献著录》，中国标准出版社2010年版。

放服务规范》（GB/T 22528-2008）、《馆藏文物出入库规范》（WW/T 0018-2008）、《馆藏文物展览点交规范》（WW/T 0019-2008）、《文物藏品档案规范》（WW/T 0020-2008）、《文物保护工程文件归档整理规范》（WW/T 0024-2010）等。

（3）数字资源建设标准。民族档案文献数字化资源标准化建设就是要求各个共建单位对其数字化资源建设的著录格式、标引规则、数据指标、符号表达和转换，以及流通规则等方面进行标准化和规范化，同时，还包括软件和硬件系统的兼容性等[1]，这类标准主要有：

其一，少数民族语言文字信息化标准。我国少数民族文字编码标准的研制始于20世纪80年代，迄今已有多种传统通用民族文字编码字符集、字形、键盘国际标准、国家标准和地方标准。[2] 其中，在蒙古文标准制定方面，1994年我国就开始制定ISO/IEO 10646多文种平面上的蒙古文国际编码标准，提出了一套以蒙古文字母为基础，包括蒙古文、托忒蒙古文、满文、锡伯文统一的编码方案的《蒙文编码方案》。这套方案于2000年得到了国际标准化组织的通过和Unix技术委员会的认可。2003年发布的Unix4.0中收入蒙古文、托忒蒙古文、满文名义字符和控制符号155个，编码空间为U1800—18AF。此外《蒙古文拉丁文转写方案》国际标准也正在研制之中。2006年6月，全国信息技术标准化委员会成立蒙古文信息技术国家标准工作组，这标志着我国蒙古文信息技术国家标准的制定有了自己的平台。[3] 在彝文标准制定方面，1991年，原国家技术监督局发布了四川省民委、语委组织西南民族学院等单位根据规范彝文研制的《信息交换用彝文编码字符集》（GB1314—1991）、《信息交换用彝文15×16点阵字模集及数据集》（GB13135—1991）两个国家标准。1995年又发布了《信息交换用彝文24×24点阵字模集及数据集》标准。

---

[1] 李子、张淼、邓玲：《构建西藏自治区文献信息资源共享体系的几点思考》，《西藏科技》2011年第2期。

[2] 国家标准化管理委员会：《国家技术标准创新基地：以标准化助力高技术创新，促进高水平开放，引领高质量发展》，国家标准化管理委员会，2021年8月23日，https://www.sac.gov.cn/jdbnhbz/bzgs/art/2021/art_5e8ba919bec34784b55960ea23175ad3.html，2023年8月16日。

[3] 中华人民共和国信息产业部：《蒙古文信息技术国家标准工作组成立》，新浪科技时代，2006年7月28日，http://tech.sina.com.cn/t/2006-07-28/172452588.shtml，2023年8月16日。

1993年，四川省民委、民语委和西南民族大学完成《通用多八位彝文编码字符集》国际标准方案，并向国际标准化组织提交了关于将彝文编码到 ISO/IEC 10646 的提案。1997年召开的第33次 ISO/IEC JTCI/SC2/WG2 会议决定接受中国彝文方案中的1165个彝文字符和57个彝文部首的字形及名称，编码空间为 UA000—A48F 和 UA490—A4C8。1999年12月，国际标准化组织终于批准了将彝文及其部首编码到 ISO/IEC 10646 BMP 的提案，并被收入该国际标准2000年版。① 在藏文标准制定方面，可依据的藏文文献信息资源建设标准有西藏自治区藏语文指导委员会办公室主持完成的藏文编码字符集、键盘、字模的国家标准；西藏面向机器自动处理的藏语语法框架和语法体系；大型藏汉双语机载词典（12万条）；为藏、汉、英机器翻译所需的藏语语法属性电子词典和大规模藏语真实文本数据；② 以及中国民族图书馆先巴依据汉语文古籍著录标准编写的《藏文元数据著录标准化研究（初稿）》等。其他少数民族语言文字信息化标准还有《朝鲜语术语数据库的一般原则与方法》等，这些少数民族语言文字信息化标准的制定与实施，为西部国家综合档案馆民族档案文献的规范化建设提供了条件。

其二，民族档案文献数字化建设标准。一是民族档案文献数字化建设标准。除少数民族语言文字信息化标准外，可依据的国家档案数字化标准有《纸质档案数字化技术规范》（DA/T 31-2005）、《电子文件归档与管理规范》（GB/T 18894-2002）、《公务电子邮件归档与管理规则》（DA/T 32-2005）、《CAD电子文件光盘存储、归档与档案管理要求》（GB/T 17678.1-1999）、《中国档案机读目录格式》（GB/T 20163-2006）、《缩微胶片数字化技术规范》（DA/T43-2009）、《数字档案COM和COLD技术规范》（DA/T 53-2014）、《文书类电子文件元数据方案》（DA/T46-2009）、《照片类电子档案元数据方案》（DA/T54-2014），以及国家档案局、中央档案馆办公室2008年3月发布的《电子文件元数据

---

① 戴红亮、陈敏：《少数民族语言文字的标准化和信息化建设》，国家民委中国民族语言文字应用研究院，2018年6月10日，https：//mzy. muc. edu. cn/info/1019/1079. htm，2023年8月12日。

② 李子、张淼、邓玲：《构建西藏自治区文献信息资源共享体系的几点思考》，《西藏科技》2011年第2期。

标准》（征求意见稿）等。国家图书数字化标准有《图书馆馆藏资源数字化加工规范 第 2 部分：文本资源》（GB/T 31219.2－2014）、《图书馆藏资源数字化加工规范 第 4 部分：音频资源》（GB/T 31219.4－2014）、《图书馆馆藏资源数字化加工规范 第 5 部分：视频资源》（GB/T 31219.4－2014）、《图书馆馆藏资源数字化加工规范 第 3 部分：图像资源》（GB/T 31219.3－2014）、《古籍元数据规范》（WH/T 66－2014）、《信息与文献 图书馆射频识别（RFID）第 1 部分：数据元素及实施通用指南》（GB/T 35660.1－2017）、《信息与文献 图书馆射频识别（RFID）第 2 部分：基于 ISO/IEC 15962 规则的 RFID 数据元素》（GB/T 35660.2－2017）等；国家文物数字化标准有：《石窟文物三维数字化技术规范》（DB41/T 1338－2016）、《文物建筑数码照片资料管理规范》（DB41/T 1543－2018）、《石窟寺文物本体三维扫描测绘技术规程》（DB61/T 1173－2018）、《管理元数据规范》（WH/T 52－2012）、《文物艺术品元数据规范》（DB11/T 1219－2015）等。[1]

二是民族档案文献管理系统研发标准。主要可参考的标准是 2014 年国家档案局发布的《数字档案室建设指南》（以下简称《指南》），《指南》包括：概念与基本特征、建设原则与内容、基础设施建设、应用系统建设、数字档案资源建设、保障体系建设等 6 个部分，[2] 其中，应用系统建设包括档案门类管理、接收采集、分类编目、检索利用、鉴定统计、系统管理、技术文档管理、测评鉴定等内容；数字档案资源建设包括基本要求、数字档案资源命名规则、文书类电子档案质量要求、声像类电子档案质量要求、科技和专业类电子档案质量要求、纸质档案数字副本质量要求、数字档案资源的备份等。[3] 2010 年 6 月，国家档案局发布《数字档案馆建设指南》，《指南》包括总体要求、管理系统功能要求、应用系统开发和服务平台构建、数字档案资源建设、保障体系建设等 5 个部

---

[1] 肖珑、马陈碧华、邓石：《中美电子资源国家标准发展比较研究：方法与现状》，《图书情报工作》2018 年第 6 期。
[2] 丁德胜：《我国数字档案室建设新思路》，《档案学研究》2014 年第 1 期。
[3] 国家档案局：《数字档案室建设指南（国家档案局 2014 年）》，南京审计大学档案馆，2021 年 7 月 12 日，https://dag.nau.edu.cn/2021/0712/c6129a83287/page.htm，2023 年 8 月 12 日。

分，其中，管理系统功能要求包括：收集功能要求、管理功能要求、保存功能要求、利用功能要求等；应用系统开发和服务平台构建包括：运用系统开发、服务平台建设、软硬件设备配置等；数字档案资源建设包括：电子文件接收、档案数字化、资源整理、建立数字档案资源库等。①2017年12月，国家档案局印发《电子档案管理系统基本功能规定》，《规定》分总则、系统总体要求、档案接收、档案整理、档案保存、档案利用、档案鉴定与处置、档案统计、系统管理和附则等10个部分，系统阐述电子档案管理系统研发基本功能的规定。其中，"系统管理"要求，电子档案管理系统研发应提供电子档案数据库及其存储结构的定义与配置功能；具备电子档案分类方案的定义与维护功能；电子档案元数据和目录数据的定义与维护功能；用户信息管理的功能；日志及其分类管理功能；对电子档案关键业务过程、档案管理操作行为和系统非授权访问等事项进行审计、跟踪的功能等。② 这些电子档案管理系统的开发规范，对研发民族档案文献数字化管理软件，更好地对其数字资源进行系统管理提供了质量与功能保证条件。

三是民族档案文献信息安全性标准。国家颁布实施的可资民族档案文献相关信息安全使用的标准规范有：2006年12月，国家公安部发布的《终端计算机系统安全等级技术要求》（GA/T671－2006）；2009年9月，国家质量监督检验检疫总局国家标准化管理委员会发布的《信息安全技术信息安全应急响应计划规范》（GB/T24363－2009）；2009年9月，国家质量监督检验检疫总局 国家标准化管理委员会发布的《信息安全技术信息安全风险管理指南》（GB/Z24364－2009）等。相关档案信息安全标准有《版式电子文件长期保存格式需求》（DA/T47－2009）、《磁性载体档案管理与保护规范》（DA/T－15）、《档案服务外包工作规范》（DA/T68－2017）、《档案信息系统运行维护规范》（DA/T56－2014），以及2014

---

① 国家档案局：《数字档案室建设指南（国家档案局2014年）》，南京审计大学档案馆，2021年7月12日，https://dag.nau.edu.cn/2021/0712/c6129a83287/page.htm，2023年8月12日。
② 国家档案局：《电子档案管理系统基本功能规定》，中华人民共和国国家档案局，2018年7月4日，https://www.saac.gov.cn/daj/daxxh/201807/742b7bb62fd94d3b8c33915111ff8c97.shtml，2023年8月12日。

第六章　西部国家综合档案馆民族档案文献遗产资源共建实现途径

年12月,国家档案局办公室印发《档案数字化外包安全管理规范》(档办发〔2014〕7号)等。相关图书信息安全标准有《数字资源长期保存元数据规范》(WH/Z1-2012)、《文本数据加工规范》(WH/T 45-2012)、《图像数据加工规范》(WH/T 46-2012)、《音频数据加工规范》(WH/T 49-2012)、《图像元数据规范》(WH/T 51-2012)、《网络资源元数据规范》(WH/T 50-2012)、《电子连续性资源元数据规范》(WH/T 64-2014)、《视频资源元数据规范》(WH/T 63-2014)、《图书馆数字资源长期保存信息包封装规范》(WH/T 72-2015),2018年,国家标准公告第11号发布的《中国少数民族文字古籍定级》(GB/T 36748-2018)等。[1] 相关文物信息安全标准有《文物系统博物馆风险等级和安全防护级别的规定》(GA 27-2002)、《博物馆和文物保护单位安全防范系统要求》(GB/T 16571-2012)、《馆藏文物预防性保护方案编写规范》(WW/T 0066-2015)等。这些档案、图书和文物信息安全标准,对保护民族档案文献信息资源安全有重要保障作用。

2. 新兴标准的制定使用。民族档案文献资源建设的规范化除整合使用现有民族语言文字、档案管理,以及文献、图书或文物相关标准外,还需参考并整合相关国家或地方标准,制定民族档案文献资源建设的专门标准。其标准制定的主要原则有:

(1) 统筹规划民族档案文献资源建设标准的制订工作。民族档案文献资源建设标准的制订是一项关系到民族档案事业发展的全局性工作,要由国家档案行政管理部门和专业主管机关,联合文化、民委和文物等部门,在一个整体规划的框架下统筹安排,加强领导,随后采取有效的组织措施,针对不同类型的民族档案文献资源建设,以及各种部门民族档案文献资源建设等,制定体系化的民族档案文献资源建设管理标准,并在实际应用工作中逐步修订完善,以适应民族档案文献资源建设标准化和规范化管理的需要,提高其资源建设水平,推进民族档案文献资源建设的发展。[2]

---

[1] 肖珑、马陈碧华、邓石:《中美电子资源国家标准发展比较研究:方法与现状》,《图书情报工作》2018年第6期。

[2] 冯玉娟:《档案工作标准化研究》,《邯郸职业技术学院学报》2013年第1期。

（2）满足民族档案文献资源建设标准化管理的实际需要。民族档案文献资源建设标准是为实现其资源建设管理的规范化而制定的，要适应各种民族档案文献资源建设标准化管理的需要。① 因此，在制定民族档案文献资源建设管理标准时，除纸质、实物或声像等可移动民族档案文献资源建设标准外，还要制定口述或非遗民族档案文献，以及不可移动民族档案文献资源建设的管理标准。同时，部分民族档案文献资源建设工作的重要内容，如民族语言文字或著录标引等，则要在国家标准规范的框架下，制定专业的标准，以满足其资源建设规范化、科学化管理的实际需求。②

（3）民族档案文献标准制定与国家标准和国际标准接轨。民族档案文献资源建设标准的制定是一项涉及面广的工作，与经济、文化、科技及其管理的标准联系密切，是这些标准的重要组成部分。因此，必须注意标准体系的协调、衔接和配套。同时，民族档案文献资源建设标准的制定，如少数民族语言文字的信息化标准修订等，还要加强国际合作与交流，在兼顾我国民族档案文献资源建设管理工作实际的基础上，与国际相关文献资源建设标准接轨，提高我国民族档案文献资源建设管理标准的国际化水平。③

（4）适应民族档案文献资源建设信息化管理新形势需求。随着档案信息化建设工作的开展，现有民族档案文献资源建设标准已不能适应其资源建设管理工作新形势的发展，为此，国家档案行政管理部门和专业主管机关应依据档案信息化建设的新形势，建立新的民族档案文献资源现代化管理标准，如民族档案文献资源信息化基础设施建设标准、数字化标准、数字化管理系统开发标准、数字化资源信息安全标准等，以适应新形势下民族档案文献资源建设现代化管理的需求。④

建设完成民族档案文献资源建设标准体系后，就要进行推广应用。民族档案文献资源建设标准的实施对提高民族档案文献资源建设管理工

---

① 冯玉娟：《档案工作标准化研究》，《邯郸职业技术学院学报》2013年第1期。
② 冯玉娟：《档案工作标准化研究》，《邯郸职业技术学院学报》2013年第1期。
③ 冯玉娟：《档案工作标准化研究》，《邯郸职业技术学院学报》2013年第1期。
④ 冯玉娟：《档案工作标准化研究》，《邯郸职业技术学院学报》2013年第1期。

作的水平，促进我国民族档案文献资源建设事业的整体发展都具有重要的现实意义。推广应用统一的民族档案文献资源建设管理标准，可以实现其资源建设的规范化与标准化管理，使民族档案文献资源建设管理各个环节的工作取得统一，切实保证其资源建设管理的工作质量。① 因此，在民族档案文献资源建设管理的实际工作中，要做好其资源建设标准化建设的宣传教育工作，提高人们对标准化工作重要意义的认识，并积极通过政策、行政和经济手段，推广应用民族档案文献资源建设管理标准，并在实际工作中不断地完善其资源建设标准体系的构建工作，提高我国民族档案文献资源建设管理工作的规范化水平。②

三　联合共建，建设民族档案文献联合目录体系

2006年6月，《全国文化信息资源共享工程"十一五"规划》第4条指出："通过自建、共建等多种方式，系统整合各类优秀文化资源，建立《全国文化共享工程资源联合目录》。"③ 2011年3月，《文化部关于进一步加强古籍保护工作的通知》第3条提出："成立《中华古籍总目》编纂委员会，负责指导、协调各分卷的编辑工作。已经与国家古籍保护中心签署任务书的省（区、市）和收藏单位，要制定具体工作计划，积极推进《中华古籍总目》分省卷的编纂。尚未签署任务书的省份，要创造条件，尽早启动该项工作。"④ 西部民族档案文献外围资源建设工作涉及众多共建单位，就维度而言，涵盖档案文献分布的相关省区；纵向而言，包括保存档案文献的省、市、县等各级行政区划；就机构而言，涉及图书馆、博物馆、民委古籍办、民族研究所、文化馆和非遗保护中心等单位，这些机构的领导关系、管理体制各不相同，因此，建议通过建立联合目录的方式，构建西部档案文献资源外围建设体系。建设策略如下：

---

① 冯玉娟：《档案工作标准化研究》，《邯郸职业技术学院学报》2013年第1期。
② 冯玉娟：《档案工作标准化研究》，《邯郸职业技术学院学报》2013年第1期。
③ 《文化部关于印发〈全国文化信息资源共享工程"十一五"规划〉的通知》，国家数字文化网，2018年3月6日，http：//www.ndcnc.gov.cn/gongcheng/zhengce/201309/t20130925_766133.htm，2023年5月27日。
④ 《文化部发布通知要求进一步加强古籍保护工作》，中国政府网，2011年3月29日，http：//www.gov.cn/gzdt/2011-03/29/content_1834019.htm，2011-03-29，2023年5月27日。

(一) 建立管理目录体系

民族档案文献管理目录体系构建就是要通过统一著录标准，开展各个共建单位的民族档案文献目录编制工作，在此基础上进行汇总，构建各省区民族档案文献管理目录体系。这一目录体系的主要作用有：一是了解西部各省区民族档案文献的分布保管状况，以作为进一步开展其实态性资源外围共建或数字化资源整合建设的依据。二是作为开展西部民族档案文献服务利用工作的检索查询工具，为用户查询利用民族档案文献提供目录检索。三是为各省区开展民族档案文献资源发掘利用工作提供依据，以作为开展大型档案史料汇编、举办联合档案展览，以及特色数据库构建等档案信息资源开发规划实施的依据。四是作为进一步编制各省区民族档案文献分类目录的依据，为构建民族档案文献分类目录提供基础条件。管理目录体系编制思路如下：

1. 规划部署。民族档案文献管理目录体系构建首先要进行规划部署。具体而言，就是要由各省区国家综合档案馆，依托图书、情报与档案信息资源共建委员会，规划部署管理目录的联合编制工作。规划部署的内容主要有：其一，依托共建委员会，制定工作规划。即将民族档案文献资源共建工作作为一项共建工程，依托图书、情报与档案信息资源共建委员会，由主持这一建设工程的省区国家综合档案馆，牵头召开民族档案文献资源共建会议，由共建单位的相关负责领导共同参与，研究民族档案文献管理目录体系的建设目标、建设内容、建设任务、建设要求，以及相应的经费保障等，规划部署共建单位的管理目录编制工作。其二，依据工作规划，部署目录编制任务。目录编制任务包括：一是建立管理目录编制工作会议机制，组织共建单位的编目专家，推荐或制定统一的管理目录编制标准，规范管理目录的编制工作。二是规定管理目录编制的内容或形式要求，如管理目录编制的深度要求，是编制案卷级、文件级管理目录，还是按照一部古籍或一册古籍编制管理目录等；管理目录的查全率、查准率要求；以及是编制书本式目录还是电子目录等。三是规定管理目录编制完成日期，以便按民族档案文献资源共建项目实施期限要求，集中汇总，完成各省区民族档案管理目录体系的编制工作。

2. 实施编制。其一，统一编制标准，规范管理目录编制。制定保管单位管理目录工作规划后，建议由主持这一建设工程的省区国家综合档

第六章 西部国家综合档案馆民族档案文献遗产资源共建实现途径

案馆，召开管理目录编制工作会议，由共建单位负责文献分类编目的专家共同参与，在参考国家或地方制定颁发的档案著录、文献编目、古籍著录或文物编目规则等基础上，提取档案文献题名、作者、形式（档案、古籍或文物等）、载体、版本、页数、日期、简介、来源、状况、形状、民族、文字、备注等共同元素，编制统一的管理目录编制规范，用以指导共建单位民族档案文献管理目录的编制工作。其二，依据管理目录编制标准，开展编目工作。各保管单位接受管理目录编制任务后，建议由相关负责领导、文献整理编目专家和工作人员等组成编目工作小组，在清查馆藏民族档案文献资源以及原有民族档案文献保管目录的基础上，编制馆藏民族档案文献管理目录。在共建单位管理目录的编制上，许多单位都编制了民族档案文献管理目录，如西藏自治区档案馆编制有藏文历史档案全宗介绍、全宗目录、案卷目录、卷内目录等档案检索工具。内蒙古自治区档案馆蒙文档案部先后编制了案卷目录、卷内文件目录、文件著录卡、全宗介绍等多种形式的检索工具。为了让更多的人了解蒙文历史档案的内容，近年来蒙文档案部开始了对检索工具进行蒙译汉工作。[1] 云南省档案馆则建立了云南特有 15 个少数民族档案全宗，在每个全宗内编制了少数民族档案案卷目录等。以现有馆藏档案文献管理目录为基础，依据统一管理目录编制规范，编制新的民族档案文献管理目录，可取得事半功倍的效果。共建单位编制形成的馆藏民族档案文献管理目录，既可作为本单位查找民族档案文献的工具，还可作为汇总编制统一民族档案文献管理目录的重要依据。

3. 汇总建设。各个民族档案文献共建单位编制完成其管理目录的编制工作后，即可向各省区国家综合档案馆提交汇总，在分类整序的基础上，构建形成各个省区或跨省区的民族档案文献管理目录体系。这一目录体系维护了各单位馆藏民族档案文献的相对完整性，便于按保管机构来查找利用。以藏族历史档案联合目录编制为例，1988 年起，中国藏学研究中心分别与中国第一历史档案馆、中国第二历史档案馆和四川、青

---

[1] 赵生辉：《中国少数民族语言电子文件集成管理的体系架构研究》，博士学位论文，武汉大学，2012 年。

海、甘肃省档案馆以及云南省迪庆藏族自治州政府合作,[①] 在各个共建单位管理目录的基础上,历经十余年的努力,编纂形成了一套《西藏和藏事档案史料目录丛书》大型工具书,并于1997年由中国藏学出版社陆续出版发行。全书共8册,其中收录档案条目95000余条,合计820余万字。[②]《目录丛书》包括:《中国第一历史档案馆所存西藏和藏事档案目录》(汉文部分和满、藏文部分)两册、《中国第二历史档案馆所存西藏和藏事档案目录》(上、下)两册、《青海省档案馆所存西藏和藏事档案史料目录》一册、《四川省所存西藏和藏事档案史料目录》一册、《甘肃省所存西藏和藏事档案史料目录》一册、《云南省迪庆藏族自治州所存西藏和藏事档案史料目录》一册。《目录丛书》各册内容分别涉及西藏及其他藏区的政治、经济、军事、文化、宗教等各个方面[③],为藏族管理目录体系的编制构建奠定了基础。管理目录体系的构建是民族档案文献资源外围建设的一项重要内容,这一目录体系首先提供了西部各省区民族档案文献在收藏单位、保存数量、主要内容或档案状况等方面的分布保管情况,为进一步开展其资源共建奠定了基础;其次,为各省区民族档案文献分类目录体系的构建提供了条件;再次,为详细了解西部民族档案文献馆藏状况,更好地查找利用这一珍贵民族历史文化遗产提供了便利。

(二) 建立分类目录体系

分类目录体系的编制构建就是要以各省区国家综合档案馆为编制主体,在编制管理目录的基础上,依托各共建单位移交的管理目录,按其档案文献类型构成,编制本省区或跨省区民族档案文献分类目录。编制方法如下:

1. 编制主体的确立。可依据编制工作的需求,建立不同的编制主体。其一,单一编制主体。单一编制主体就是以各省区国家综合档案馆为主体,建立本省区或跨省区的分类目录编制工作机构,在各个共建单位管理目录体系的基础上,编制形成分类目录体系。这一模式适合于编制层级不深的结构型分类目录体系,其分类目录体系以构建体系框架为主,

---

[①] 《中国藏学研究中心历年重要科研项目及活动》,《中国藏学》2011年第S2期。
[②] 《中国藏学研究中心历年重要科研项目及活动》,《中国藏学》2011年第S2期。
[③] 《西藏和藏事档案史料目录丛书综述》,《中国藏学》2006年第2期。

第六章 西部国家综合档案馆民族档案文献遗产资源共建实现途径

为档案文献本身的内容情况制作简要介绍。其二，联合编制主体。联合编制主体适用于编制更为复杂的资料性、研究性分类目录体系，具体而言，就是以各省区国家综合档案馆为主体，依托图书、情报与档案信息资源共建委员会，抽调共建单位文献目录编研专家，共同组建分类目录编制小组，在管理目录体系的基础上，编制大型分类目录体系。这一模式适合于编制层级较深的资料性或研究性分类目录体系，其分类目录体系在构建体系框架的同时，对每一卷（部、册、份）民族档案文献作详细介绍，以便于对民族档案文献进行利用研究。

2. 编制工作的开展。框架结构性民族档案文献分类目录体系的构建编制较为单一，主要是由各省区国家综合档案馆，建立由相关负责领导、文献整理编目专家和工作人员等组成编目工作小组，利用已经编制完成的管理目录体系，开展民族档案文献分类体系构建编制工作即可。不论是框架性分类目录体系的编制，或是更深层次的资料、研究性分类目录体系的编制，其编制工作途径基本相同，现以资料、研究性分类目录体系的编制，阐述其编制工作的主要步骤：其一，确立分类目录编制主体。联合编制主体，则由负责编制的各省区国家综合档案馆负责牵头，依托图书、情报与档案信息资源共建委员会，抽调共建单位文献目录编研专家，共同组建分类目录编制领导小组，规划组织和开展民族档案文献分类目录体系的构建编制工作。其二，开展分类目录编制工作。首先，资料、研究性分类目录体系的编制要制定编制方案，其编制方案的主要内容包括：一是制定分类方法，由分类目录编制领导小组在研究论证的基础上，构建完善的民族档案文献分类体系，用以指导其分类目录体系的编制构建工作；二是布置各个编写单位的工作内容，即由分类目录编制领导小组进行总体规划，按照各个参与单位的优势或力量，部署民族档案文献分类目录体系的编制撰写任务；三是建立督促检查机制，以保证民族档案文献分类目录体系构建编制工作的按期完成。其次，进行分类编目体系的构建编写工作。其工作途径为：一是在管理目录体系的基础上，将各单位保管的档案文献按其存在类型划分，如文书类、经书类、著述类、印章类、碑刻类、摩崖类、贝叶经类等；二是在大类之下再划分类别，如文书类可划分为公务文书、私人文书等；三是依据分类方法编制分类目录体系，编目项目包括：序号、题名、作者、形式（档案、

· 203 ·

古籍或文物等）、载体、版本、页数、日期、简介、来源、状况、形状、民族、文字、备注等（这些项目可依据编制情况进行增加或删减）。西部民族档案文献分类目录体系构建的现实意义为：一是分类目录体系维护了西部民族档案文献之间的有机联系，有利于民族社会记忆的完整构建与传承；二是分类目录体系构建了民族档案文献分类构成框架，为民族档案文献特色数据库和汇总性资源数据库构建提供了理论与实践依据；三是分类目录体系厘清了民族档案文献类型内容构成状况，便于其档案信息资源的全面性开发利用。

四 联动服务，构建民族档案文献外围利用机制

西部民族档案文献外围资源建设的一项重要目标，就是要在其资源共建的基础上，整合各个单位保存的民族档案文献，实现其资源的共享开发。在全面保护、传承西部民族档案文献的同时，更好地发掘利用这一珍贵民族文化遗产为各民族地区的经济文化建设服务。其联动服务方式如下：

1. 依托管理目录体系，实现馆际联动查询。编制各省区民族档案文献共建单位管理目录体系的主要目的，就是要厘清各单位民族档案文献的保存数量、种类和内容状况，以构建编制管理目录体系的方式，向社会各界提供其分布保管的详细情况，便于社会公众进行查询利用。馆际联动查询服务方式为：其一，公布管理目录。公布各个共建单位民族档案文献的管理目录，是社会各界了解与查询利用其档案信息资源的首要步骤。其公布方式一是管理单位公布。管理目录体系编制完成后，各个参与编制的共建单位都可复制保存，作为提供利用的重要检索工具。这样，各个用户在某一单位，如档案馆查找民族档案文献的同时，就可了解到其他单位的收藏保管情况，便于查找所需要的档案文献。二是相关网站公布。可在各个共建单位的网站公布，也可依托国家信息资源共建共享工程进行公布。管理目录的公布可为社会各界提供各个省区民族档案文献收藏管理情况，以便于广大用户查询利用。其二，提供查询服务。查询服务的方式主要有：一是馆内查询，即利用者直接到收藏有民族档案文献的档案馆、图书馆、博物馆、民委古籍办或非遗保护中心等，通过查阅管理目录或咨询管理人员等方式，查询了解其收藏数量、内容或版本等情况，便于选择利用。二是网站查询，也就是通过档案馆、图书馆、博物馆、民委古籍办或非遗保护中心等保管单位的网站，查询民族档案文献管理目录，或通过互动窗口，咨询了解其保管情况，以进一步查找利用。

2. 建立联动服务机制，开展馆际互借活动。即借鉴图书馆馆际互借方式，依托图书、情报与档案信息资源共建委员会，建立档案馆、图书馆、博物馆、民委古籍办、民族研究所、文化馆或非遗保护中心等馆际互借制度，开展民族档案文献的馆际互借工作。如对于档案馆没有的民族档案文献，在本馆用户需要时，可根据馆际互借制度、协议和办法等，向收藏有相关民族档案文献的图书馆、博物馆、民委古籍办、民族研究所、文化馆或非遗保护中心等单位借入，通过文献传递方式，为用户提供利用服务。这一利用方式适用于返还式民族档案文献，以及复制一些非返还式民族档案文献的提供利用。由于民族档案文献具备珍贵性与不可再生性，建议以复制件或仿真再造文献开展馆际互借服务，以保存珍贵的原始档案文献。开展馆际互借活动对民族档案文献发掘利用的意义为：一是打破了其档案文献分散保存的"信息孤岛"格局，将档案馆、图书馆、博物馆、民委古籍办、民族研究所、文化馆或非遗保护中心等珍藏的民族档案文献，以资源外围建设的方式，形成资源体系优势，向社会各界提供利用服务；二是将档案馆、图书馆、博物馆、民委古籍办或非遗保护中心等共建单位民族档案文献盲目查找利用的方式，转化为通过管理目录体系，了解民族档案文献的整体分布或内容构成状况，进行整体资源价值挖掘利用的模式，便于对其档案文献信息资源进行规模化开发利用。

3. 整合共建单位力量，开展编研利用工作。《档案法》第 12 条规定："博物馆、图书馆、纪念馆等单位保存的文物、图书资料同时是档案的，可以按照法律和行政法规的规定，由上述单位自行管理。档案馆与上述单位应当在档案的利用方面互相协作。"[①] 民族档案文献的编研工作，就是根据社会各界对其研究利用的客观需要，按照一定的专题，对档案文

---

① 姬兴江：《云南散存少数民族档案文献遗产集中保护研究》，博士学位论文，云南大学，2017 年。

献材料进行查选、加工、编排、组合、摘编、汇集，编纂各种参考资料或专题著述，以公开出版的方式，向社会提供利用民族档案文献信息资源的一项工作。整合共建单位力量，开展民族档案文献联合编研工作具有几个方面的优势：一是可将档案馆、图书馆、博物馆、民委古籍办、民族研究所、文化馆和非遗保护中心等编研力量整合起来，共同开展编研工作。尤其是档案馆在开展民族文字档案文献译注编研工作时，就可邀请民委古籍办或民族研究所的专家学者参与编研工作，以专题编研的形式，发掘馆藏民族档案文献。二是可依据一定的编研专题，整合档案馆、图书馆、民委古籍办、民族研究所、文化馆或非遗保护中心等珍藏的民族档案文献资源，用以开展大型民族档案文献专题编研工作，全面提供利用这一珍贵的民族历史文化遗产的条件。

  目前，许多国家综合档案馆都将联合编撰出版民族档案文献专题汇编作为开发利用民族档案文献信息资源的重要方式，向社会公布了一大批极有研究利用价值的珍贵民族档案文献。如中国藏学出版社于1994年10月出版了中国藏学研究中心、中国第一历史档案馆、中国第二历史档案馆、西藏自治区档案馆、四川省档案馆联合编撰的《元代以来西藏地方与中央政府关系档案史料汇编》，全书共278.3万余字，以政治关系为主，依据重大历史事件分节，全面收录元代以来西藏地方与中央政府关系的重要汉文、藏文、满文、蒙文档案文献。《汇编》以元、明、清三朝及民国时期中央政府与西藏地方政府的官方档案为主，材料翔实系统、准确可靠，如实地反映了西藏地方700余年来与中央政府关系的原貌，有极其珍贵的史料价值。西藏自治区档案馆利用丰富的馆藏藏文历史档案优势，先和国家地震局合作，翻译汇编出版《西藏地震档案史料汇编》（上、下两册）；与西藏自治区社会科学院等科研单位合作，翻译汇编西藏历史档案灾异志丛书《雪灾篇》《雹灾篇》《水灾篇》《虫灾篇》《多种自然灾害篇》等；与中国藏学研究中心、中国第一历史档案馆、中国第二历史档案馆、四川省档案馆合作，汇编《元以来西藏地方与中央政府关系档案史料汇编》（共7册）。[①] 内蒙古自治区档案馆在民族档案文献编辑出版工作中，采取自编或与有关部门合编，以及委托有关部门编写等

[①] 道帏·才让加：《西藏档案事业欣欣向荣》，《中国档案报》2008年第4期。

编纂形式,编辑出版《大青山抗日游击根据地资料选编》(合编)、《成吉思汗八白室》(合编)、《新校勘成吉思汗金书》《清末内蒙古垦务档案汇编》(影印本)、《成吉思汗西迁与东归》《中国少数民族古籍总目提要·蒙古族卷》《成吉思汗陵档案文献汇编》《旅蒙商档案集萃》等珍贵蒙古文档案文献,向社会各界提供利用。①

4. 利用馆藏精品档案,举办联合展览活动。民族档案文献展览是根据社会各界利用的需要,按照一定主题,系统陈列民族档案文献,通过展示和介绍有关档案的内容和成分而提供利用其档案文献的一种开发利用方式。民族档案文献具有形象性、可视性、多样性与生动性的特点,由于各个民族档案文献收藏机构都存在藏品单一问题,因此,可举办联合展览,整合各个共建单位的民族档案文献精品,用以开展专题展览宣传活动。首先,民族档案文献联合展览的主办单位可以由档案馆、图书馆、博物馆、民委古籍办、文化馆或非遗保护中心等,根据宣传工作的需要,承办相关主题的展览活动;其次,主办单位可依托图书、情报与档案信息资源共建委员会,依据展览主题的需要,向共建单位借用相关民族档案文献,开展联合展览活动;再次,为保护民族档案文献原件,参展的展品建议使用复制件或仿真再造档案文献替代,既可避免参展民族档案文献受到损坏,还可向社会各界展示民族档案文献的珍贵利用价值,更好地发掘利用与弘扬传播这些优秀的民族历史文化遗产。在展览实践工作中,云南省西双版纳州档案馆联合州傣族研究所、州博物馆等,将馆藏珍贵的傣族档案文献在档案馆内进行陈列展示,除家谱、契约、印章、竹简外,还有极为宝贵的刻有寺院僧侣祝福词的小乘佛教银箔,对展示傣族档案文献的重要价值,扩大民族档案文献的影响,传播傣族传统文化发挥了重要现实作用。

利用共建单位收藏民族档案文献,举办联合展览,可发挥的重要社会作用有:一是民族档案文献展览本身就是提供档案信息的场所,利用者可以从中得到较为集中且系统的档案材料,甚至发现各个共建单位保

---

① 《内蒙古自治区档案馆汇编出版档案资料简介》,内蒙古档案信息网,2015年10月29日,http://www.archives.nm.cn/information/nmg_dangan44/msg21948222802.html,2023年5月27日。

存的难以找到的珍贵民族档案材料或线索,以进一步查找利用;① 二是依据一定主题,在特定时期,如民族节庆活动、庆祝活动等,整合相关保管单位的民族档案文献精品,举办展览宣传活动,可以提升展览效果,更好地传播优秀民族传统文化;三是举办民族档案文献展可以展示其丰富的民族文化内涵及其特有的参考、凭证作用,引起社会各界对民族档案文献的关注与重视,以进一步做好民族档案文献的保护抢救、科学管理和信息资源的开发利用工作。

第二节 基于数字资源的民族档案文献遗产整合共建

一 依托协作,规划协调数字化资源共建工作

西部民族档案文献数字资源整合共建理念就是以各省区国家综合档案馆为建设主体,由文化厅进行领导、组织和协调,在文化信息共享工程框架之下,依托图书、情报与档案信息资源共建委员会,组织开展藏文档案文献数字资源整合共建工作。民族档案文献数字资源共建是一个系统工程,这就需要政府相关部门进行领导、组织与协调,更好地整合各个共建单位的人才和技术力量,投入建设资金,实施这一共建工程。为此,建议在各省区文化信息资源共享工程领导小组指导下,依托图书、情报与档案信息资源共建委员会,将国家综合档案馆民族档案文献资源共建纳入委员会工作内容,组织协调档案馆、图书馆、博物馆、民委古籍办、民族研究所、文化馆或非遗保护中心等单位的民族档案文献数字资源共建工作。图书、情报与档案信息资源共建委员会的主要职责为:

其一,委员会定期开展活动,探讨民族档案文献数字资源建设的原则、方法和相关政策;就共建共享过程中的大事进行磋商;就发展方向、建设目标、中长期规划和年度计划等进行决策;就整合共建工作的开展和推进向政府有关部门提出建议、报告或方案。其二,依据民族档案文献资源储备、网络平台、信息技术和保护技术等条件,确立各省区民族档案文献数字资源建设平台,以开展其数字化资源整合共建工作。其三,

---

① 赵彦昌、王红娟:《满文档案开发利用研究》,《满族研究》2010 年第 4 期。

第六章　西部国家综合档案馆民族档案文献遗产资源共建实现途径

对各个共建单位的民族档案文献数字资源建设工作的开展、目标和要求等进行组织和协调，以保障这项工作的稳定发展。其四，负责推荐、制订和推行统一的民族档案文献数字化建设标准和规范，如数字化标准、元数据规范、数据库建设、民族语言文字编码、民族文字的信息处理和数字资源整合平台构建等，并负责向国家标准局申报民族档案文献数字化的有关标准，以便于其数字资源建设工作的规范开展。其五，定期举办民族档案文献数字化学术活动，召开研讨会、经验交流会和专家论证会，并举办民族档案文献数字化技术培训班和研讨班，交流建设经验，培训建设人才。其六，构建联动开发工作机制，对共建单位民族档案文献的开发工作进行规划、组织、协调和指导，避免重复开发，提高利用效率，以更好地发掘利用这一珍贵的民族历史文化遗产。

二　构建平台，确立国家综合档案馆建设核心

西部民族档案文献数字资源整合共建，就是要依托省区国家综合档案馆，开展数字档案馆建设，以作为各个共建单位数字化民族档案文献汇集整理、有序管理和共享开发的平台。数字档案馆是一种实体概念，它包括文档接收、整理、著录、鉴定、编研、维护、保管、迁移等各项工作的信息化，以及服务的数字化。数字档案馆种类较多，其中，基于信息共享的数字档案馆是由档案馆或图书馆等机构发起，再由其他文献信息机构参与的项目。如美国伊利诺斯州数字档案馆就由该州图书馆和行政部门联合建设和维护，共有15个机构参加。其建设核心是数据库和网站建设，目的是在网上为用户提供有关该州历史和现状的信息，同时为项目参加机构上传数据提供工具。[①] 基于数字档案馆建设理念，建议由各省区国家综合档案馆以数字档案馆建设为平台，开展民族档案文献数字资源整合共建工作。其优势如下：

1. 国家方针政策保障与支持。2002年以来，国家档案局先后发布《全国档案信息化建设实施纲要》《档案事业发展"十一五"规划》等信息化建设规划性文件，提出了"建立一批电子文件中心和数字档案馆，实现档案信息资源社会共享"的总体目标；印发《数字档案馆建设指南》

---

① 于丽娟：《国外数字档案馆建设概况》，《中国档案》2003年第3期。

·209·

《数字档案室建设指南》等建设规范，明确数字档案馆（室）建设的具体内容；发布《档案事业发展"十二五"规划》，提出要"加快数字档案馆建设步伐"。同时还陆续制定了一系列相关建设标准，为数字档案馆（室）的规范建设提供了保障。①

2. 档案资源储备与建设优势。西部许多国家综合档案馆都十分重视民族档案文献资源建设工作，多年来，征集抢救了一大批民族档案文献，在此基础上，部分档案馆通过扫描或数字资源采集等方式，开展民族档案文献数字化建设工作，为档案馆民族档案文献的数字资源整合共建奠定了基础。

以藏族档案文献为例，藏族档案文献保存最完好的是西藏自治区档案馆，其档案文献主要构成为：一是藏族文书档案文献。藏族文书档案文献90%以上是藏文档案，主要有1959年西藏平叛、改革中征集到的原西藏地方政权各机构和部分贵族、官员、寺庙、拉章以及上层喇嘛等保存的档案，共90个全宗约300多万件（册）。其中包括部分以汉文、蒙文、满文、英文、印度文、尼泊尔文等形成的历史档案。② 二是藏族照片档案文献。西藏自治区档案馆征集到的历史照片共12024张，主要有西藏地方旧政权时期的大小僧俗官员、清政府官员、民国官员等形成的照片；旧西藏大小贵族和家室的照片；宗教和世俗集会、会议、庆典等各种活动的照片；亦有寺院、名胜古迹、自然风景、动植物的照片。此外，还保存有毛泽东等党和国家领导人的珍贵历史照片等。③ 三是藏族实物档案文献。西藏自治区档案馆十分重视藏族实物档案收集工作，多年来，通过捐赠或征集等方式，收集到34000件有重要历史价值的实物档案，主要类型有印章、唐卡、货币、邮票、佛像和法器等。④ 四是藏族木刻档案文献。佛教传入西藏后，随着西藏社会的发展和传播佛教的需要，形成了

---

① 杨琼：《基层党校档案信息化建设的现状及发展对策》，《中小企业管理与科技（下旬刊）》2015年第10期。
② 卓嘎：《西藏自治区档案馆藏档案简述》，档案出版社1988年版。
③ 才拉·索南加：《西藏历史档案》，中国共产党西藏自治区委员会，2017年11月21日，http：//da.zgxzqw.gov.cn/jggk/jgjj/201711/t20171121_70880.html，2023年8月16日。
④ 扎西：《西藏自治区档案馆重视对实物档案的收集整理工作》，中国共产党西藏自治区委员会，2017年11月21日，http：//da.zgxzqw.gov.cn/jggk/jgjj/201711/t20171121_70880.html，2023年8月16日。

独具藏族特色的木刻印刷术。其后，木刻印刷术广泛流传，留下了大量的木刻雕版档案。迄今，西藏自治区档案馆已经收集到木质档案50600块。① 目前，西藏自治区档案馆已经全面启动数字化建设工作，并取得显著进展，为进一步开展其资源共建工作奠定了基础。

又如早在1960年，国家档案局在内蒙古呼和浩特召开全国少数民族档案工作会议之时，云南省档案局（馆）就开始了少数民族档案收集抢救工作。② 2010年，云南省政府办公厅印发《档案事业发展"十二五"规划》，《规划》提出，在"十二五"期间，云南省逐步开展对云南15个特有少数民族档案的收集、征集工作，建立云南省少数民族档案数据库。③ 其后，省档案局启动阿昌族、布朗族、基诺族、独龙族等15个云南特有少数民族档案抢救与保护工作，以保护项目实施的方式，和各个民族地区的档案部门进行合作，征集抢救少数民族的档案文献。目前，云南省档案（局）馆已经完成了景颇族、阿昌族等15个云南省特有少数民族档案全宗建设工作，征集到丰富的少数民族档案。其中，阿昌族档案全宗于2010年12月征集进馆，保存有反映阿昌族生产、生活、文化等各方面的文书档案214份，图书档案28本，照片档案510幅，音像制品档案88份，名人档案29人（共234件），实物档案18件。布朗族档案全宗于2010年征集进馆，保存有反映布朗族生产、生活、政治、经济、文化等各方面的文书档案414份，图书档案25本，照片档案1185幅，音像制品档案68份，名人档案25人（共434件），实物档案23件。德昂族档案全宗于2012年征集完成，保存有反映德昂族生产、生活、文化等各方面的文书档案14份，图书档案8本，照片档案385幅，音像制品档案20份，实物档案2套；独龙族档案全宗于2011年征集入馆，保存有反映独龙族生产、生活、政治、经济、文化等各方面的文书档案338份，图书档案23本，照片档案357幅，音像档案25份，实物档案5件。基诺族档案全宗于2011年征集完成，保存有反映基诺族生产、生活、文化等各方面

---

① 扎西：《西藏木质档案（木刻印刷）需以核桃木为载体》，中国共产党西藏自治区委员会，2017年11月21日，http://da.zgxzqw.gov.cn/jggk/jgjj/201711/t20171121_70880.html，2023年8月16日。
② 子志月：《云南少数民族口述档案开发利用研究》，博士学位论文，云南大学，2013年。
③ 子志月：《云南少数民族口述档案开发利用研究》，博士学位论文，云南大学，2013年。

的文书档案 232 份，图书档案 14 本，照片档案 338 幅，音像制品档案 151 份，实物档案 21 件等。目前，这些少数民族档案全宗都已经进行了数字化建设工作，为云南省少数民族档案数字资源整合奠定了基础。

再如，内蒙古自治区档案馆收藏有从元代开始，用蒙、满、汉、藏等多种文字形成的蒙古族历史档案，仅蒙古文历史文书就有 151292 卷（册、件）。其中，元朝的有 7 件；清朝蒙古文文书有 7497 档册，零散文件 111353 件，共计 118847 卷（册、件）；民国时期文书有 199 卷，31043 件；革命历史文书 862 件。① 据调研，"十二五"期间，内蒙古自治区档案馆大力开展馆藏档案数字化资源建设工作，迄今，已经完成 40000 余条蒙古文和汉文对照的检索目录译注编目工作，以及完成 5 个蒙古文档案全宗的数字化工作，除部分档案文献由于本身破损原因而影响到其数字化工作外，50% 的档案文献都实现全文数字化，为蒙古文档案文献数字资源共建提供了条件。②

3. 数字档案馆建设初具规模。西部部分国家综合档案馆已经启动了涵盖少数民族档案数字化管理的数字档案馆建设工程，并取得初步成果，具体表现如下：

（1）少数民族档案管理软件的研发。少数民族档案管理软件的研发，是构建少数民族档案数字档案馆，为其数字资源提供整合共建平台，并对其进行数字化管理的重要条件。在少数民族档案管理系统的设计开发方面，2001 年 7 月，内蒙古自治区档案馆、内蒙古师范大学共同研制完成蒙古文档案管理系统。该系统主要功能有档案数据维护，包含蒙、汉案卷级目录和文件级目录的增、删、改，以及档案原文扫描等功能；蒙、汉档案目录检索，包含蒙、汉文案卷级和件级目录检索功能；系统维护功能，包含数据库备份、恢复以及数据导出为其他格式，以及从接受其他格式数据导入等功能③，在蒙古文数字化档案文献接收、有序化管理以

---

① 四海：《内蒙古自治区档案馆馆藏蒙文历史档案概述》，载《少数民族档案史料评述学术讨论会论文选集》，档案出版社 1988 年版。
② 资料来源于课题组调研材料。
③ 国家档案局：《蒙古文档案管理软件系统》，中华人民共和国国家档案局，2011 年 12 月 27 日，https://www.saac.gov.cn/daj/kjgzdt/201112/974bb86b920d44eeb38cbac35fa2edb0.shtml，2023 年 8 月 12 日。

及检索利用等方面发挥了重要作用。

在藏族数字化档案文献管理方面，西藏自治区档案馆根据藏文档案文种、载体、规格等方面特点，自主研发了"西藏历史档案管理系统"，该系统开发出档案保管、档案整理、档案利用及系统管理四大功能，并按实际工作需要设立多个功能模块，用于开展具体管理工作。该软件经实践应用，可完成藏文历史档案的归档、保管、著录、保护、编译及开发利用等一系列工作，完全实现了西藏历史档案数字化管理的目标。[①] 2010 年，"西藏历史档案管理系统"以其卓越的藏文历史档案管理功能获得国家档案局优秀科技成果三等奖。[②] 这一管理软件的研发实现了藏文档案文献的数字化管理，奠定了少数民族数字档案馆的建设基础。

（2）"三网一库"建设工作卓有成效。民族档案文献数字档案馆建设的一个重要标志是"三网一库"建设。以西藏自治区为例，在信息网络建设方面，2011 年，西藏历史档案目录中心建设工作正式启动，"西藏档案管理网"建成使用，"西藏档案信息网"和"西藏自治区档案局（馆）办公网"相继开通运行，已形成具备了档案"收集、管理、存储、利用"功能的数字档案馆雏形。[③] 在档案基础数据库建设方面，西藏各级综合档案馆目前正在加紧对藏族档案文献进行数字化建设，先后配置计算机、扫描仪、复印机等现代化办公设备和档案管理软件，建立了档案信息中心和局域网，为档案信息化建设奠定了良好的基础。自 2009 年西藏自治区档案馆实施信息化建设至今，西藏档案馆已完成档案数字化近 30 万卷，并对档案原件实行封存保护，档案信息资源数据库已初具规模。[④] 西藏档案办公网、西藏档案信息网、西藏档案政务网等"三网"，以及藏族档案基础数据库的建成，标志着在西藏建成一个覆盖档案工作各个环节，囊括档案信息资源接收、收集、征集、采集、整理、保管、鉴定、统计、

[①] 王聪华、周玲玲、宋维亮：《西藏文化遗产数字化保护现状分析》，《西藏民族学院学报》（哲学社会科学版）2015 年第 2 期。

[②] 洛桑南杰：《立足西藏实际 做好档案工作》，《中国档案》2011 年第 11 期。

[③] 洛桑南杰：《西藏数字档案馆现雏形 将逐步实现全区数据共享》，中华人民共和国国务院新闻办公室，2012 年 4 月 1 日，http://www.scio.gov.cn/m/zhzc/8/1/Document/1135251/1135251.htm，2023 年 7 月 29 日。

[④] 《腾飞的西藏档案事业》，《西藏日报（汉）》2014 年 6 月 9 日。

利用、编研全过程，并链接自治区、地（市）、县、立档单位等多级档案部门的信息资源共享体系。[①] 此外，内蒙古自治区档案局（馆）、云南省档案（局）馆、广西壮族自治区档案馆等都已经建成档案信息网站，以及档案办公网、档案信息网、档案政务网，着力推进民族档案文献数字化建设工作，建成包括民族档案文献的部分基础数据库，为构建各省区民族档案文献数字档案馆，进行民族档案文献资源汇总和发掘利用提供了建设平台。

三 整体推进，加快民族档案文献数字化建设

民族档案文献数字化建设工作就是档案馆、图书馆、博物馆、民委（或民宗局）古籍办、民族研究所、文化馆或非遗保护中心等共建单位，依据所藏民族档案文献资源及其建设标准体系，对所收藏的民族档案、民族古籍、民族文物或民族文献等进行数字化扫描加工，构建形成民族档案、民族古籍或民族文物等专业特色数据库。迄今，西部各省区民族档案文献数字资源建设工作已经初步取得显著成果。

如在档案馆系统，西藏自治区档案局（馆）历史档案处在 2005 年启动历史档案数字化工作，2009 年，全面开展藏族档案文献信息化建设工作。至 2011 年 12 月，藏族历史档案整理与数字化建设取得阶段性成果，共计完成了桑珠颇章、觉细列空、孜聂仓和乃琼这 4 个全宗 10000 件（卷、册）档案的数字化、全文录入等工作。[②] 其后，西藏自治区档案局（馆）加大藏族档案文献数字化建设力度，全力推进西藏自治区藏族档案文献信息化建设工作。自 2009 年西藏自治区实施信息化建设至今，全区已完成历史档案数字化扫描 40 余万卷，现行档案数字化扫描 60 余万件 400 余万画幅，[③] 其中，仅西藏自治区档案局（馆）就完成了藏族档案文献数字化近 30 万卷，并对档案原件实行封存保护，档案信息资源数据库

---

① 洛桑南杰：《立足西藏实际 做好档案工作》，《中国档案》2011 年第 11 期。
② 《我区历史档案数字化整理取得实效》，2017 年 5 月 5 日，http://news.163.com/11/1214/08/7L7JC31U00014AED.html，2023 年 5 月 27 日。
③ 中国档案报：《五十载雪域迎巨变半世纪高原换新颜》，中华人民共和国国家档案局，2015 年 9 月 7 日，https://www.saac.gov.cn/daj/c100266/201509/195dfa15d3a44d46b0940ad73feb8f94.shtml，2023 年 8 月 1 日。

第六章　西部国家综合档案馆民族档案文献遗产资源共建实现途径

已初具规模，为藏文档案数字化管理与数字档案馆建设奠定了基础。①"十二五"期间，内蒙古自治区档案馆大力推进档案信息化建设，其中，自治区档案馆共完成1266万页馆藏档案数字化扫描，以及1000多盘电影胶片档案的数字化工作；各盟市、旗县档案馆全部建立了档案数字信息资源库②，在蒙古文文献数字化建设和资源数据库构建等方面取得显著成果。在少数民族档案特色数据库建设方面成果最为显著的是云南省档案馆。2010年，省档案局启动了阿昌族、布朗族、基诺族、独龙族等15个云南特有少数民族档案抢救与保护工作，以保护项目实施的方式，和各个民族地区的档案部门合作，征集抢救少数民族的档案文献。目前，云南省档案馆已经完成了16个少数民族全宗的收集构建工作，以此为契机，着手进行档案文献的数字化扫描加工。迄今，已经建成云南省15个特有少数民族档案特色数据库，在档案文献数字化建设方面取得全面进展。

在图书馆系统，2006年，西藏自治区社会科学院着手梵文贝叶经普查工作，目前已普查登记近6万叶、约12万面，1000多函（种）的贝叶经，并完成部分经文的数字化。2014年10月6日，西藏大学与中国藏学研究中心签署"合作开展藏文文献数字化项目协议"，将推出一个集古籍、藏文期刊、历史档案等内容为一体的世界级的"藏文文献资源中心"。西藏藏医学院完成800余部藏医药传统文献的数字化和在线检索工作，现已在学院校园网络开放，不久后将正式对外发布。西藏古籍保护中心色昭办公室由色拉寺、大昭寺联合设立，该机构每日平均完成10部古籍文献的数字化工作，涉及佛经、因明学、历史、文学等领域。2010年7月，西藏自治区古籍保护中心正式启动古籍普查保护工作，全面开展普查数据的录入、上报和管理工作，并建立西藏古籍综合信息数据库，形成《西藏古籍联合目录》。迄今，已完成的数字化藏文古籍成果有《西藏古籍研究教程》《拉萨古籍目录》、三批《国家珍贵古籍目录》《藏传

---

① 《腾飞的西藏档案事业》，《西藏日报（汉）》2014年6月9日。
② 新浪内蒙古网：《1266万页内蒙古自治区档案馆档案实现数字化》，新浪网，2019年3月28日，http://nmg.sina.com.cn/news/b/2016-03-28/detail-ifxqswxn6456708.shtml，2023年5月27日。

佛教直贡噶举古经文藏汉对照丛书目录》（附该丛书所有150部电子书）等。① 2005年，内蒙古党委办公厅、政府办公厅转发的《内蒙古自治区文化厅、财政厅关于进一步加强全区文化信息资源共享工程建设的实施意见》中的第2条提出："从2005年开始，自治区加快自有特色文化信息资源的收集和数字化加工与整合，逐步形成布局合理、门类齐全、优势突出、特色鲜明、群众喜闻乐见的自有特色文化信息资源库群。"② 在特色数据库建设方面，2006年，内蒙古大学图书馆启动《甘珠尔经》全文数字化工程，经过全文扫描、制作光盘、磁带备份、制作检索系统等环节完成建设。数字化《甘珠尔经》可在互联网上提供蒙古文、蒙古文拉丁转写和繁体汉文三种检索形式，查阅利用这一人类文化遗产。③ 内蒙古大学蒙古语文研究所、内蒙古社会科学院等单位积极开展语料库建设工作，建成《蒙古秘史》《现代蒙古语文数据库》《契丹小字语料库》《八思巴字文献语料库》《蒙古语口语材料语料库》《蒙古语料库》等十几个蒙古语语料库。④ 此外，内蒙古大学图书馆还参加了"中美百万册书数字图书馆合作计划"，开发出《蒙古文资源全文数据库》。⑤

在少数民族非遗数字化建设方面，以西藏非物质文化遗产建档保护为例，西藏自治区依托丰富非物质文化遗产资源，积极开展非遗普查与资料征集、保护项目和传承人项目申报及其数字化建设工作。藏族非遗的建档保护主要在西藏文化厅的领导之下，由西藏群艺馆（西藏非遗保护中心）、自治区图书馆等部门参与实施。自2006年非遗普查工作启动以来，全区共成立了十几支普查队，通过走访、考察，搜集了大量资

---

① 《西藏古籍保护开启"数字化"时代》，凤凰网，2014年11月1日，https://fo.ifeng.com/a/20141031/40853648_0.shtml，2023年5月27日。

② 内蒙古党委办公厅、政府办公厅转发《内蒙古自治区文化厅、财政厅关于进一步加强全区文化信息资源共享工程建设的实施意见》的通知，汇法网，2005年5月10日，https://www.lawxp.com/statute/s1192139.html，2023年5月27日。

③ 索娅、阿拉坦仓:《基于蒙古文数字图书馆建设蒙古文文献共享域之探讨》，《大学图书馆学报》2015年第4期。

④ 白喜文:《中国蒙古文信息处理技术发展历程研究》，硕士学位论文，内蒙古师范大学，2012年。

⑤ 王福、康健:《蒙古文资源数字化共建共享保障体系研究》，《图书情报工作》2015年第12期。

料，包括录音带、录像带近 2000 盒、照片 4.5 万张，涵盖了传统音乐、民俗等十大类别。目前，已经开展了包括国家级和区级 300 多个非遗项目数字化建档工作，完成格萨尔说唱、八大藏戏、传统舞蹈等部分特色项目数据库建设工作[①]，极大地推进了西藏非遗档案文献特色数据库建设工作的发展。在文物系统，2013 年，西藏投入经费 843.5 万元，用以启动可移动文物普查工作。目前已完成布达拉宫、西藏博物馆等 1305 处国有单位文物收藏情况调查，采集文物数据 114167 件，并对 105494 件各类珍稀文物进行数字化建档保护。[②] 内蒙古自治区博物院民族文物共有 5500 件，主要类型有经书、文书、家谱、印章（中华人民共和国成立前内蒙古地区 49 个旗中的 10 个旗印）以及其他文物等。在国家经费支持下，馆藏文物数字化工作开展顺利，迄今实现了全部民族文物的数字化资源建设工作。

档案馆、图书馆、博物馆、民委（或民宗局）古籍办、民族研究所、文化馆或非遗保护中心等共建单位民族档案文献数字化工作的开展及其特色数据库的建设，是民族档案文献数字资源整合共建的一项重要基础工作，它为这一珍贵资源的汇总集中与发掘利用奠定了数字化资源基础。

四 整合汇总，为其数字化资源共享提供条件

（一）数字化资源征集汇总

西部各省区民族档案文献数字化建设的最终成果是资源数据库，为此，建议依托图书、情报与档案信息资源共建委员会，在保障共建单位知识产权、信息权益等基础上，将建设形成的民族档案、民族古籍或民族文物等特色数据库移交到各省区国家综合档案馆聚合汇总，构建形成民族档案文献数字资源数据库，由各个共建单位进行共享开发。具体建设路径为：其一，民族档案文献特色数据库的移交汇总。民族档案文献

---

① 《西藏非遗保护工作实现数字化》，中国西藏新闻网，2014 年 8 月 2 日，http：//www.xzzw. com/zhuanti/sbjszqh/wh_ 6904/201505/t20150513_ 544957. html，2023 年 5 月 27 日。
② 《我区为 10 万余件珍稀文物数字化建档》，搜狐网，2016 年 7 月 20 日，http：//www.sohu. com/a/106652445_ 160909，2023 年 5 月 27 日。

数字化建设的最终成果是建成特色数据库。各个共建单位建成的特色数据库，无论是民族档案数据、民族古籍数据库、民族文物数据库或是其他专题数据库等，从数字档案原始性本质特征看，都是珍贵的民族数字档案文献。建议依托各省区数字档案馆和网络平台，将共建单位建成的特色数据库进行移交汇总，为构建民族档案文献资源数据库提供数据资源。其二，对汇总民族档案文献数字资源进行规划整序。如果要为构建西部各省区民族档案文献资源数据库，就要对档案馆、图书馆、博物馆、民委（或民宗局）古籍办、民族研究所、文化馆或非遗保护中心等共建单位移交的民族档案文献数字资源进行规划。具体而言，就是要按照民族档案文献资源内容结构，对其进行建设分类构建。一是对民族档案文献档案进行类别划分，即将汇总民族档案文献数字资源，按其档案文献来源划分为三大类：第一，可移动征集少数民族档案文献，这类档案文献是指少数民族直接形成的，记录在纸质、石质、木质、金属器皿和感光材料等载体上，可收集保存的各种文字、图画和声像等不同形式的历史记录，这些档案文献按载体形式划分为纸质档案、石刻档案、摩崖档案、金属档案、竹木档案、布帛档案、羊皮档案、兽骨档案、陶片档案、贝叶档案、照片档案和口碑档案等类型。[1] 第二，少数民族非遗建档性档案文献，也可称为"少数民族非遗档案文献"，或"少数民族非遗档案"，主要是指相关国家机构、社会组织或个人，依托非遗传承人，采用"文字、录音、录像、数字化多媒体等各种方式"，记录少数民族口述历史文化、传统表演艺术、民俗活动和礼仪与节庆，以及传统手工艺技能等非物质文化而形成的档案文献。第三，不可移动文化遗产建档性档案，全称为"不可移动少数民族物质文化遗产建档性档案文献"，是指采用普查登记，文字记录、拍摄、录制或多媒体等方式，对不可移动的少数民族古遗址、古墓葬、古建筑，以及历史文化名城等进行再生性建档保护而形成的档案文献。按民族档案文献来源划分其数字资源，有利于民族档案文献资源数据库科学构建，更好地规划检索不同类别的民族档案文献。二是对民族档案文献进行结构划分，民族档案文献档案数字资源具异构

---

[1] 姬兴江：《云南散存少数民族档案文献遗产集中保护研究》，博士学位论文，云南大学，2017年。

特性，主要有结构化数据，如民族档案文献中非遗传承人名册、土司名单等；非结构化信息，如民族档案文献中的历史文件、声像档案和 web 内容的 HTML、XML 格式的网页信息等，此外还有部分半结构化信息。对民族档案文献进行结构划分，有利于对不同结构民族档案文献进行加工整理、有序管理和检索利用。

（二）资源数据库开发建设

1. 数据库软件选用。目前，常用的数据库软件有 Oracle、MySQL、MS SQL Server、Access、Visual FoxPro、Sybase 等。建议采用 MS SQL Server 数据库构建民族档案文献资源数据库，该软件是美国微软开发的数据库管理系统，是 web 上最流行的用于存储数据的数据库，其特点有：客户服务器体系结构；图形化界面，直观、简单；丰富的编程接口工具，为用户进行程序设计提供选择余地；MS SQL Server 和 Windows NT 完成集成，可利用 NT 诸多功能；具有很好的伸缩性，可跨界运行。从膝上型电脑到大型处理器可多台使用；对 web 技术支持，用户能够将数据库中的数据发布到 web 上等。采用 MS SQL Server 数据库构建民族档案文献资源数据库，有利于全面构建民族档案文献数字资源体系，同时，还可利用其强大的档案文献异构信息资源存储、多途径查询检索等功能，对民族档案文献资源数据库进行科学管理与检索利用。

2. 数据库类型构建。数据库的主要功能是存储所有的民族档案文献档案数字资源，结合数据库管理软件，实现民族档案文献著录、管理、检索和应用等功能。建议构建四个民族档案文献数据库：一是存储基础数字资源内容信息的民族档案文献资源存储数据库，用于存储不同结构的民族档案文献数字资源；二是存储数字资源元数据信息的民族档案文献元数据，用于保存民族档案文献相关元数据，便于其档案信息资源的长期保护；三是存储索引信息的索引数据库，便于检索工具体系的构建，更好地对民族档案文献数据信息资源进行检索利用；四是对数字资源进行规范的资源预存库，用于对不同结构的民族档案文献进行规范化处理等。

3. 数字资源规范。其一，设置数字资源预存库。建议在后端数据库和原生数字资源、前端数据端口之间设置民族档案文献数字资源预存库，对档案文献数字资源进行数据加工和数据标引，以实现民族档案文献数字资源的规范化。其二，数据加工。指通过数据清洗和转换，使多元来源、格式不一的民族档案文献数据形成规范的通用格式。其三，数据标引。指依据一定的元数据结构和著录规则，整合异构民族档案文献信息资源，利于其档案文献数据资源规范保管和后期检索利用。数据标引涉及民族档案文献元数据著录标引和对象数据著录标引两部分。建议采用DC元数据标准，结合民族档案文献的档案特性，对题名、创建者、主题、描述、类型、格式、来源、关联、覆盖范围、权限等项加以著录数字资源元数据，[1] 同时通过关键词、摘要等项目著录对象数据。数据标引完成后，预存库中的民族档案文献数字资源才能导入数据库，成为真正意义上被保管和可检索的民族档案文献档案数字资源，为其档案信息资源查询利用奠定基础。

4. 数字资源存储。民族档案文献资源数据库的结构建议分为三级层次：一级可划分为"可移动征集少数民族档案文献""少数民族非遗建档性档案文献""不可移动文化遗产建档性档案文献"等。二级层次依据不同的民族档案文献类别构成标准进行划分，如"可移动征集少数民族档案文献"可按其形成主体划分为："民族原生档案文献遗产""官方民族档案文献遗产""其他民族档案文献遗产"等。"少数民族非遗建档性档案文献"可按其内容性质划分为：传统口头文学；传统美术、书法、音乐、舞蹈、戏剧、曲艺和杂技；传统技艺、医药和历法；传统礼仪、节庆等民俗；传统体育和游艺；以及其他非物质文化遗产档案文献等类型。[2] "不可移动文化遗产建档性档案文献"可按其建档对象划分为：古遗址、古墓葬、古建筑、石窟寺、石刻、壁画，以及历史文化名城或传统村落等类别。三级层次则可根据主题，呈现具体文本、图片、音视频等民族档案文献档案信息内容。[3]

民族档案文献检索数据库和索引数据库结构相对简单，均由文本信

---

[1] Dublin Core Metadata Initiative："DCMI Metadata Terms"，（2018.2.9）http：//dublincore.org/documents/dcmi-terms.

[2] 李茂慧、潘华：《黑龙江省少数民族非物质文化遗产的分类及特征》，《中外企业家》2018年第34期。

[3] 夏立新、白阳、孙晶琼：《基于关联标签的非遗图片资源主题发现研究》，《图书情报工作》2016年第2期。

息和语义信息构成。文本信息是基础，语义信息是在文本基础上实现的更深入的带有交互色彩的检索和定位。民族档案文献元数据库则包含文档元数据、图片元数据、音视频元数据等对象内容。[①]

（三）网页查询利用的设置

前端设置网页是民族档案文献资源数据库建设的重要内容，其功能是通过构建整合的民族档案文献档案数字资源平台，通过主题、时间或类型等检索途径，向公众提供原始档案数据，实现民族档案文献档案信息资源的开发共享。其一，栏目设置。根据民族档案文献数字资源库的结构设计，在网页可同步设置一级栏目和相应的二、三级目录，同时在网页主页和各一级、二级目录下设置检索入口，提供栏目内和跨栏目通检民族档案文献数字资源检索功能。根据民族档案文献档案数字资源的实际，可设置分类检索、关键词检索、全文检索和二次检索等多类检索工具。此外，在二、三级页面左侧可设置目录层级下拉菜单，便于向利用者呈现民族档案文献数字资源层次，方便快捷地查找到所需要的档案信息。其二，信息呈现。一是可通过基于标签和关键词等的关联聚合，实现特定民族档案文献信息相关内容分布式异构数据的全方位集中，便于大众深度地了解民族档案文献档案。如检索少数民族非遗档案文献，页面会集中显示不同来源的关于少数民族非遗档案文献的文件、图片、视频资料等。同时，基于关联聚合，利用 tableau、geoda 等专业软件还可进一步实现数字资源的可视化，使呈现方式更为生动。[②] 二是可探索全新形态的民族档案文献信息呈现方式。除文本、图片等传统载体外，部分民族档案文献档案资源如实物档案、声像档案，以及少数民族非遗传承场景等可采用3D建模、VR、AR等技术进行数字修复、数字还原等，访问者可在虚拟的网络空间实现沉浸式文化体验[③]，形象生动地开发利用民族档案文献信息资源。

[①] 翟姗姗、许鑫、孙亚薇、代沁泉：《记忆工程视野下的非遗数字化存档保护研究》，《图书与情报》2017年第4期。

[②] 陈涛、夏翠娟、刘炜、张磊：《关联数据的可视化技术研究与实现》，《图书情报工作》2015年第17期。

[③] 王萍、卢林涛：《我国传统村落文化数字资源库建设初探》，《图书馆学研究》2018年第9期。

(四) 数据库资源保护共享

民族档案文献资源数据库建成后，就要对其进行保护与共享开发：其一，对民族档案文献数字化载体进行科学保护。对移交到各省区数字档案馆的民族档案文献特色数据库光盘或硬盘等，建议根据电子文件载体管理规范，进行分类整理，并依据《信息安全技术计算机信息系统安全保护等级划分准则》（GB17859－1999）、《信息安全技术信息安全应急响应计划规范》（GB/T24363－2009）、《信息安全技术信息安全风险管理指南》（GB/Z24364－2009）、《终端计算机系统安全等级技术要求》（GA/T671－2006）等，进行规范保管。此外，还要采用异地备份等方式珍藏保管，以保护这一珍贵的数字民族档案文献遗产。其二，共建单位对汇总数字资源的共享开发。《档案法》第21条规定："向档案馆移交、捐赠、寄存档案的单位和个人，对其档案享有优先利用权，并可对其档案中不宜向社会开放的部分提出限制利用的意见，档案馆应当维护他们的合法权益。"[1] 为此，建议依据档案馆、图书馆、博物馆、民委古籍办和非遗保护中心等单位共建共享协议，在维护共建单位在数字化权、著作权、隐私权和开发权等方面的合法权益的前提下，由参与少数民族档案文献数字资源建设的图书馆、博物馆、民委古籍办、民族研究所和非遗保护中心等机构共享民族档案文献数字资源数据库，并依托这些建设单位的网站平台、文化信息资源共享网站平台，或微博、微信公众号等新型媒体等，开发利用少数民族档案文献特色数据库，实现其档案信息资源的共建共享。

(五) 关联数据的创建发布

1. 引入关联数据建设技术。关联数据技术由"万维网之父"Tim-Berners-Lee 于 2006 年提出，随后互联网协会（W3C）推出一种用于发布和联接各种数据、信息和知识的标准，即开放关联数据（Link Open Data，LOD）。[2] 关联数据可视为一种建立在 web 网络标准之上的结构化数据发

---

[1]《中华人民共和国档案法》，国家档案局网站，1987 年 9 月 5 日，http://www.saac.gov.cn/daj/falv/198709/79ca4f151fde470c996bec0d50601505.shtml，2023 年 5 月 27 日。

[2] 沈志宏、张晓林：《关联数据及其应用现状综述》，《现代图书情报技术》2010 年第 11 期。

第六章 西部国家综合档案馆民族档案文献遗产资源共建实现途径

布与共享方法。① 这样就可以将一个个资源孤岛通过各种逻辑关系整合为统一的数据空间，提高 web 网络的智能化水平。为了统一规范标准，Tim Berners-Lee 规定了关联数据发布的四原则：使用 URI（统一资源标识符）作为任何事物的标志；使用 HTTPURIs 以便任何人都可以访问这些标志；当有人访问某个标志时，使用 RDF、SPARQL 标准提供有用的信息；尽可能提供相关的 URI 以便人们发现更多的事物。② 关联数据因其可透过浮于信息表层的内容，深入资源内部包含的客观实体和抽象概念间的联系，以逻辑关系为基础，借助灵活的语义链接机制建立数据间的联接，将一个个信息孤岛拼凑起来形成一个完整的语义网络，③ 而被视为在跨部门、跨领域情况下进行数字资源整合的有效方法。具体而言，关联数据共享机制主要依靠 URI 复用原则、RDF 链接机制和 LOD 发布，即提倡积极使用 URI 复用原则揭示资源内部的关系，并借助 RDF 链接机制让资源对象间建立语义关联，将结构化数据或文本内容以数据集的形式发布在万维网上特别是开放关联数据 LOD 中，使所有用户都能够通过网络自由开放地检索、存取与利用 LAM 数据。④

2. 创建发布档案关联数据。关联数据（Linked Data）本质上是一种数据的发布形式，它通过一系列规范化的标准、协议以及格式（如 URL、HTTP、RDF 技术），将不同的数据对象连接起来，从而构建机器可读富含语义的数据网络。用关联数据的方式创建发布民族档案文献数字资源主要包括：在数字资源元数据的基础上用规范化的 RDF 进行资源描述→按照关联数据的 4 个基本原则发布数字资源→利用 RDF 所具有的机制建

---

① Tummarello G., "Weaving the Open Linked Data", paper delivered to The Semantic Web, 6th International Semantic Web Conference, 2nd Asian Semantic Web Conference, Busan, Korea, November 11－15，2007.

② Berners-Lee T., "Tabulator: Exploring and Analyzing Linked Data on the Semantic Web", paper delivered to the International Semantic Web User Interaction Workshop, 2006.

③ 李师龙、韩翔：《基于关联数据的数字图书馆资源整合模式》，《图书馆学刊》2015 年第 6 期。

④ 周俊烨：《基于关联数据的图书馆、档案馆和博物馆数字资源整合模式构建》，《图书馆》2019 年第 1 期。

立数据之间的语义关联。① 其一，创建民族档案文献关联数据。首先，创建统一资源标识符（URI），即给予每个资源实体一个永久的标识符，使之得以被区别和精确检索。其次，资源实体 RDF 化，即以 RDF 的格式去描述各个实体，从而为关联数据的发布奠定基础。再次，资源实体关联化，即使用 RDFlink 来描述各个实体之间的深层关系，这也是数据如何进行关联的依据。以关联数据形式将 RDF 语义元数据进行相互关联，揭示不同资源间隐含的关系，使资源之间能通过 RDF 链接进行相互访问，将人文社科专题数据库繁杂的资源集成一个相互关联的有机聚合网络，以促进资源的共享共建。其二，发布民族档案文献关联数据。在对人文社科专题数据库资源序化组织并构建了相应的关联数据后，需要发布关联数据，以便后续的消费。在发布关联数据时，需要同时将数据的体量、储存方式以及更新频率纳入考虑范围，根据不同的实际情况选择不同的发布方式以及发布平台。目前，应用较为广泛的关联数据发布工具主要有 Pubby、D2R、Linked Media Framework、Linked Data API、Virtuoso 和 OAI2LOD Server 等 6 种，各有优劣。由于民族档案文献专题数据库资源体量大、种类多，同时需要实时定期更新，因而选择能够将全球范围内的关系型数据库快速发布成关联数据的 D2R 平台作为最终关联数据的发布平台恰如其分。在关联数据发布之后，后续还需要依托相关技术为用户提供相应的浏览、检索和共享服务，以体现其价值与意义。② 创建与发布民族档案文献关联数据实现元数据的整合与互操作，来促进各合作机构馆藏资源的充分利用，进而提高民族档案文献数据资源的知识服务质量。

第三节 基于文化传播的民族档案文献数字资源开发

本着信息资源共建共享和维护共建单位信息权益的原则，建议采用

---

① 穆向阳：《本体在 LAM（图书馆，档案馆，博物馆）数字资源整合中的局限、问题及解决路径研究》，《图书馆理论与实践》2020 年第 5 期。
② 施艳萍、李阳：《人文社科专题数据库关联数据模型的构建与应用研究》，《现代情报》2019 年第 12 期。

多平台多途径的开发方式，发掘利用民族档案文献数字资源。首先，由图书、情报与档案信息资源共建委员会进行评估、协商，在维护建设单位权益的同时，确定可公布的民族档案文献数字资源级别与内容；其次，将最终建成的民族档案文献资源数据库除档案馆保存利用外，在维护共建单位信息权益和尊重知识产权的条件下，与共建单位共享；再次，各个共建单位依托本单位网站平台，利用资源数据库，采用提供查询目录、专题汇编，举办展览，以及新媒体信息推送服务等方式，开发民族档案文献信息资源。主要开发方式如下：

一　依托专业网站共享开发

各省区民族档案文献数字资源汇总建设后，档案馆、图书馆、博物馆、民委古籍办、文化馆或非遗保护中心等各个共建单位即可依据信息权益和知识产权保护协议等，分享其资源数据库，利用本单位网站平台，或文化资源建设与共享工程平台进行共享开发。如在西部地区国家综合档案馆专业网站平台建设方面，大部分档案馆已经建成档案信息网站，其中，仅西南地区就已建成64个档案馆档案信息网站。如2000年，四川省档案资源网建成；2001年，云南档案信息网建成；2003年，重庆档案网建成；2005年，广西档案信息网、贵州档案信息网、西藏自治区档案馆建成等。各个档案馆都依托其专业的网站平台，开展民族档案文献数字资源的开发利用工作。以云南省档案信息网站为例，网站设置了"政府信息公开""工作动态""服务指南""云南记忆""专题数据库"和"馆藏略览"等6个栏目板块，并在"云南记忆""专题数据库"和"馆藏略览"等板块中，展示了丰富的云南少数民族专题档案文献数字资源或特色数据等内容。在文化信息资源共享平台建设方面，如2013年，在国家发展改革委的指导帮助下，内蒙古自治区启动《蒙古语言文字数字资源建设与共享工程》。该项目开发建设了以蒙古语言文字为载体的民族教育、文化、科技、蒙医药等与少数民族群众生产生活息息相关的数字化资源，建成以内蒙古为主、覆盖八省区的蒙古语言文字信息数字资源共享服务平台，充分利用信息化、网络化手段，向广大蒙古族群众提供方便、快捷、优质、高效的蒙古语言文字数字资源与技术服务。① 依托共享工程网站平台，可向社会公布民族档案文献开放数字资源目录、相关内容信息及查询路径，扩大其传播利用范围，并且促进西部民族地区经济文化建设的繁荣发展。依托网站平台，共享开发民族档案文献数字资源的主要方式如下：

（一）网站展示查询

2016年7月，中共中央办公厅 国务院办公厅印发的《国家信息化发展战略纲要》提出，建立公共信息资源开放目录，构建统一规范、互联互通、安全可控的国家数据开放体系，积极稳妥地推进公共信息资源开放共享。② 网站平台的展示查询就是依托档案馆、图书馆、博物馆、民委古籍办、文化馆或非遗保护中心等专业网站平台，以民族档案文献文字介绍、专题汇编、档案珍品展示或公布档案文献目录的方式，展示宣传民族档案文献分布数量、主要内容、特色专题，并以公布其馆藏目录的方式，提供线上查询利用服务，向社会各界公布共享民族档案文献数字资源。以西藏自治区档案局主办的西藏档案网为例，西藏档案网共设置了局馆概况、政务信息、档案业务、档案文化和档案延展5个模块，其中，在档案文化模块，设立了档案博览、网上展览、雪域文化、档案解密、编研成果等栏目。在档案博览模块中，介绍了"元代西藏官方档案"入选世界记忆亚太地区名录、寺规戒律档案，以及《第二任策默林摄政阿旺强白楚臣颁给策默林的寺规戒律·严整金轭（1823年）》、《藏叶孔运布茹白红黄兰旗兵册》、《会供仪仗彩绘长卷画》与《会供仪仗法器簿册·普贤珍宝藤》（上、下卷）、"定日宗桑珠拉康寺彩绘图"和"佛教圣道次第解脱游戏棋盘"等藏族档案珍品；在档案延展模块，设置了历史见证、古籍图书和档案记忆3个栏目，其中，历史见证板块公布了"中国共产党西藏历史大事记（1954）""中国共产党西藏历史大事记（1951）""中国共产党西藏历史大事记（1989）""中国共产党西藏历史

---

① 《做好民族工作"五个一"工程 巩固发展民族团结大好局面》，《实践》（思想理论版）2016年第12期。

② 中共中央办公厅、国务院办公厅印发：《国家信息化发展战略纲要》，《农村实用技术》2016年第9期。

第六章 西部国家综合档案馆民族档案文献遗产资源共建实现途径

大事记（1990）"等4个藏族档案汇编；① 档案记忆模块，展示了"我眼中的西藏四十年""我的档案修复情缘""数字化后的魅力""记录·传承·服务"等藏族档案文献资源建设与信息服务等方面的专题；在编研成果模块，则介绍了精选西藏自治区档案馆馆藏档案1522件，以原件藏文影印、附录汉译文的形式，介绍由中国藏学出版社出版《清代西藏地方档案文献选编》的情况。又如，四川档案信息网站设有首页、新闻资讯、政务服务、政务公开、互动交流、查档服务、档案文化和专题展示等栏目，其中，档案文化栏目包括网上展厅、档案博览、编研成果、兰台文苑、调查研究和国际视窗等模块。在对四川民族档案文献的展示方面，档案博览介绍了"格达活佛遇难前后""民族团结的典范奢香夫人——永宁女杰、大明顺德夫人、贵州宣慰使奢香事""清代民间的家规与族规"等内容。编研成果模块列举的重要民族档案文献编研成果有：四川省档案馆《清代巴县档案汇编（乾隆篇）》（两册），32.4万字，中国档案出版社1991年版；四川省档案馆、四川大学历史系编辑《清代乾嘉道巴县档案选编》（两册），143万字，四川大学出版社1989年版、1996年版；中国藏学研究中心、中国第一历史档案馆、中国第二历史档案馆、西藏自治区历史档案馆、四川省档案馆《元以来西藏地方与中央政府关系档案史料汇编》共100万字，中国藏学出版社1997年版等。② 这些展示对介绍西部民族档案文献的分布保存、内容构成、价值特色，以及更好地查询利用这些重要档案文献资源有重要的现实作用。

（二）网站虚拟展览

虚拟现实（Virtual Reality，简称VR）技术，又称虚拟环境技术，它是在可视化技术基础上发展起来的3D成像技术。以虚拟现实技术为基础的可视化服务平台是指运用计算机信息技术模拟现实场景，利用实时的空间表现力和自然操作环境展示出一个虚拟仿真的三维空间。用户可通过使用感知设备直接与模拟环境进行"互动"，通过触觉、味觉、视觉、运动等多种感知，达到体验虚拟环境的效果。③ 虚拟展览，也可称为网上

---

① 西藏档案网，http://da.xzdw.gov.cn/dayz/lsjz/，2023年5月27日。
② 四川档案网，http://www.scsdaj.gov.cn/scda/default/index.jsp，2023年5月27日。
③ 李敏、韩丰：《虚拟现实技术综述》，《软件导刊》2010年第6期。

展览，就是利用虚拟现实技术开展线上展览的一种方法。开展网上虚拟展览，可使档案展览突破地域、时间等条件限制，更好地发挥档案宣传效果。如在实践方面，青岛档案馆借助3D虚拟技术和互联网技术推出了虚拟展览，在"青岛：1945年日军投降仪式的台前幕后"这一专题展览中，虚拟展厅分为照片资料展厅、报纸资料展厅、档案资料展厅、电影厅四个区域，通过原始的档案、照片和电影，介绍了1945年美军在青岛登陆，帮助国民党政府抢占青岛，在中国领土上接受日军投降的历史。① 为宣传展示民族档案文献的珍贵历史文化价值，建议依托各省区民族档案文献展览工作的开展，利用虚拟现实技术，在创新开发的基础上，举办网上虚拟民族档案文献展览，以展示介绍其档案类型、主要内容和保管情况等，便于社会各界查找利用。

在民族档案文献网上虚拟展览方面，西藏自治区档案局主办的西藏档案网共设置了局馆概况、政务信息、档案业务、档案文化和档案延展等5个模块，其中，网上展览模块展示了历届国家领导人的题词，以及八思巴蒙古语金字圣牌这一珍贵藏文档案文献。在雪域文化模块，依据藏族非遗档案，以图文方式对藏族非物质文化遗产"藏戏"进行介绍；在档案解密模块，以图文方式展示了"档案记载——清代是怎样整治奢靡之风""《水羊清册》绪言、正文提要""制定《水羊清册》的背景""《水羊清册》的制定人、完成时间和体裁"，以及"《水羊清册》的保存现状及形式特点"等藏族珍品档案。② 四川档案信息网站档案文化栏目中的网上展厅中有"四川省档案馆馆藏精品档案展览"，展示了许多民族档案文献珍品，这些档案文献包括：明万历年间泸定土司藏商合约、四川省阿坝藏族羌族自治州茂县羌族刷勒日照片档案、巴县档案中的民俗档案、四川省凉山彝族自治州毕摩档案文献、四川自贡盐业契约等。③ 同时，网站民族档案文献虚拟展览还可开设论坛模块，鼓励用户参与民族档案文献展览主题讨论，以增强展览效果，更好地展示传播这一优秀民

---

① 刘婷、高研、程熙：《虚拟现实技术在网上档案展览中的应用研究》，《档案学研究》2012年第5期。
② 西藏档案网，http：//da.xzdw.gov.cn/，2023年5月27日。
③ 四川档案网，http：//www.scsdaj.gov.cn/scda/default/index.jsp，2023年5月27日。

族历史文化遗产。值得注意的是除网站虚拟展览外，云南省档案馆正在积极建设的档案数字服务展厅也取得进展，目前，已经建成并开放两个展厅。展厅配备3D显示器、人体感应器等数字设备。数字服务展厅的建设将极大地推进少数民族档案可视化展示的进程（资料来源于课题组调研材料）。

（三）提供专题数据

提供民族档案文献专题数据库，是其档案文献信息资源开发利用的一种重要方式。西部各省区国家综合档案馆接收汇总的民族档案文献数字资源多以特色数据库的方式保存，这些特色数据库依托民族档案文献管理系统，利用数据库建设软件进行整序管理之后，就形成了综合性的民族档案文献资源数据库。各个共建单位即可依据这一综合资源数据库，根据社会各界对民族档案文献的利用需求，编制专题数据库，也可依托档案馆、图书馆、博物馆、民族古籍办、文化馆或非遗保护中心等机构专业网站平台，便于向社会各界利用。

在民族档案文献专题数据库利用方面，云南档案网首页专门设置了"专题数据库"栏目，该栏目所公布的少数民族档案数据库主要有：一是"云南土司世系名录"数据库，该数据库分"云南土司世系名录（一）""云南土司世系名录（二）"两个部分，详细记录了云南省各地州的土官名、治所、民族、承袭、设置年代等历史情况。二是"少数民族专题"数据库，共展示了布朗族档案、阿昌族档案、独龙族档案、基诺族档案、德昂族档案、怒族档案等14个少数民族特色数据库。记载了14个少数民族的全宗号、民族概况、档案情况以及内容、口述历史，还有文书档案、照片档案、音像文件档案等的基本介绍、存储情况等。如怒族档案文献全宗于2012年征集完成，该数据库保存有反映怒族生产、生活、文化等各方面的文书档案22份，图书档案21本，照片档案73幅，音像制品档案14份，名人档案63份，实物档案7件。普米族档案文献全宗于2012年征集完成，该数据库保存了有反映普米族生产、生活、文化等各方面的文书档案46份，图书档案39本，照片档案358幅，音像制品档案26份，名人档案（胡忠文）289份，实物档案5件。傈僳族档案文献全宗于2013年征集完成，该数据库保存了反映傈僳族生产、生活、文化等各方面的文书档案98份，图书档案141本，照片档案1306幅，音像制品档案

65 份，名人档案 4 人共 56 份，实物档案 25 件。佤族档案文献全宗于 2014 年征集完成，该数据库保存有反映佤族生产、生活、习俗、文化等各方面的文书档案 4 份，图书档案 23 本，音像制品档案 12 份，实物档案 14 件。这些特色数据库载录丰富，内容翔实，为社会各界共享利用民族档案文献数据信息资源提供了便利。

二　依托新型媒体共享开发

"新媒体是在计算机信息处理技术基础之上出现和影响的媒体形态"①，是依托互联网技术，利用数字技术、网络技术，通过互联网、宽带局域网、无线通信网、卫星等渠道，以及电脑、手机、数字电视机等终端，向用户提供信息服务的传播形态。② 新媒体的信息传播方式包括社交网站、微博、微信、博客、论坛、播客等社交媒体，以及手机移动终端等，在信息传播方面具有广泛性与连续性、交互性与即时性、海量性与共享性、多媒体与超文本、个性化与社群化等特征。利用新媒体开发民族档案文献的主要优势为：其一，传播范围广泛。据第 42 次《中国互联网络发展状况统计报告》统计，截至 2018 年 6 月，我国网民规模为 8.02 亿，上半年新增网民 2968 万人，较 2017 年年末增加 3.8%，互联网普及率达 57.7%。中国网民即时通信类（包括微信）应用的用户规模达 7.56 亿，占网民总体的 94.3%；微博的用户规模达 3.37 亿，占网民总体的 42%。③ 截至 2016 年 12 月，我国手机网民达到 6.96 亿，占网民整体规模的 95.1%；其中我国移动社交网民规模达到 6 亿，移动社交网民占总体移动网民的 90%。④ 到 2018 年 6 月，我国手机网民规模达 7.88 亿，较 2017 年年末增加 4.7%，网民手机上网比例继续攀升。⑤ 利用新媒体开

---

① 熊澄宇：《新媒体与移动通讯》，《广告大观（媒介版）》2006 年第 5 期。
② 温雅、张钰、景瑞麟、张月莹：《数字媒体时代下盛唐文物的动漫化演绎探析》，《新西部》2019 年第 3 期。
③ 中国互联网络信息中心（CNNIC）：《第 42 次〈中国互联网络发展状况统计报告〉（全文）》，http：//www.cac.gov.cn/2018-08/20/c_1123296882.htm，2023 年 5 月 27 日。
④ 贺军：《移动社交背景下的档案信息服务推进策略研究》，《档案学研究》2018 年第 2 期。
⑤ 中国互联网络信息中心（CNNIC）：《第 42 次〈中国互联网络发展状况统计报告〉（全文）》，http：//www.cac.gov.cn/2018-08/20/c_1123296882.htm，2023 年 5 月 27 日。

发民族档案文献数字资源，可拓展其档案信息传播范围，更好地传承与弘扬优秀民族传统文化。其二，传播信息多样。在档案信息传播的"新媒体时代"，民族档案文献信息的传播不仅在方式上进一步丰富，还极大地丰富了档案信息传播形式。传统报纸、广播、电视由于分别受其特定表现形式的束缚而只能为受众提供单一的文字、音频或视频，而通过运用网络媒介的文字处理、图像编辑、视频编辑、动画制作等软件，则可进行多媒体写作、编辑，呈现声音、图画、文字的一体性界面，再加上超链接功能的运用，使档案信息表达形式达到异常丰富的视觉效果，从而更有利于充分地调动受众的各种感官去理解和接受档案信息。[①] 因此，利用新媒体推送民族档案文献信息，不仅传播范围广泛，还具有内容丰富、形式多样和形象生动的显著特点。民族档案文献遗产新媒体开发方式如下：

（一）构建新媒体开发机制

其一，落实方针政策，树立新媒体开发理念。2016年12月，《国务院关于印发"十三五"国家信息化规划的通知》提出："加强主流媒体网站及新媒体的国际传播能力建设。"[②] 2017年7月，文化部印发《"十三五"时期公共数字文化建设规划》提出："建立标准化和开放性的数字图书馆系统，打造基于新媒体的数字图书馆服务业态，提供'互联网借阅''互联网信息服务'，形成面向移动终端、贯通线上线下的服务新格局。""鼓励各级公共文化机构利用互联网、新媒体等手段，借助公共数字文化服务平台，开展远程辅导和培训，广泛传播数字文化资源，方便基层群众通过各类终端方便快捷地获取数字文化服务。"[③] 2018年3月，国家档案局印发的《2018年全国档案宣传工作要点》提出："适应时代发展变化，充分运用微博、微信公众号、移动客户端等新媒体和音视频、H5页

[①] 樊如霞、徐舒柯：《网络媒介对档案信息传播的影响与服务策略》，《档案学通讯》2011年第5期。

[②] 《国务院关于印发"十三五"国家信息化规划的通知》，中国政府网，2016年12月27日，http://www.gov.cn/zhengce/content/2016-12/27/content_5153411.htm，2023年5月27日。

[③] 《文化部"十三五"时期公共数字文化建设规划》，国家数字文化网，2017年8月29日，http://www.ndcnc.gov.cn/zixun/yaowen/201708/t20170803_1350560.htm，2017-08-04，2023年5月27日。

面、VR等新技术新手段加强宣传,增强档案宣传效果,扩大档案工作影响。"① 新媒体开发是文化信息资源提供利用的一种新兴方式,为更好地发掘利用民族档案文献数字资源,建议西部各省区民族档案文献开发主体贯彻落实党和国家文化信息新媒体新技术开发方针政策,树立新媒体开发理念,利用新媒体技术开发利用民族档案文献,以发掘与传播这一优秀民族历史文化遗产。其二,制定工作规章,保障开发工作的实施。民族档案文献新媒体开发涉及档案馆、图书馆、博物馆、民委古籍办、文化馆和非遗保护中心等多元主体,因此,在国家层面,就要制定新媒体传播法律法规,规范其信息传播活动,防止虚假信息、负面信息传播,以及侵害知识产权等行为的发生。而保存有民族档案文献的档案馆、图书馆或非遗保护中心等开发主体,则要从档案信息收集、馆藏资源挖掘、信息制作、技术应用、信息发布等方面制定新媒体开发管理规章,以规范民族新媒体开发工作。其三,组建专业团队,推进开发工作。新媒体是以数字信息技术为基础,依托互联网、手机等多种载体,以互动传播为特点,通过社交软件以及互动平台传播信息②,具有创新形态的一种媒体。在民族档案文献新媒体开发方面,还需要解决许多信息技术问题,如在民族档案文献档案文化App的应用中,就需要研发官方App软件,并进行长期运营与维护。这就要求相关开发机构拥有掌握现代信息技术、新媒体信息传播技术的人才,从事民族档案文献新媒体开发工作。鉴于此,建议档案馆、图书馆、博物馆和非遗保护中心等开发主体,整合或引进编研人员、信息技术人才,以及新媒体传播技术人才等,组建民族档案文献新媒体开发团队,与新媒体运营商、计算机专家等多方合作,研发软件,负责新媒体档案信息的选题策划、制作、发布和反馈等全方位工作。依托微博、微信公众号和移动客户端等新媒体平台,推送民族档案文献信息,传播中华民族优秀传统文化。

(二)开展特色化信息服务

得益于卷帙浩繁的西部地区民族档案文献遗存,各省区共建形成的资源数据库汇集了丰富的民族档案文献资源。为此,建议档案馆、图书

---

① 刘程程:《新媒体时代档案宣传工作形式的创新举措》,《山东档案》2019年第2期。
② 向欢:《对新媒体时代下信息传播方式的思考》,《新西部》(理论版)2016年第9期。

第六章 西部国家综合档案馆民族档案文献遗产资源共建实现途径

馆、博物馆、民委古籍办、文化馆或非遗保护中心等开发主体，依托民族档案文献资源数据库，采用各种新媒体开发技术，通过社交网站、微博、微信、博客、论坛、播客等新媒体平台，发掘传播民族档案信息资源。主要方式如下：

1. 编制电子读物。电子读物也可称为"电子书"，是一种通过电子阅读软件在线阅读或下载的数字化出版物。电子读物类型较多，包括电子图书、电子期刊、电子报纸等。[①] 目前我国已有省市档案馆在官方网站中推行了档案电子期刊，如上海档案信息网、深圳市档案信息网、武汉市城建档案馆等。档案馆、图书馆、博物馆、民委古籍办、文化馆或非遗保护中心等开发主体，利用新媒体推送民族档案文献电子读物具有三大优势：一是制作便捷。如目前较为常用的电子期刊制作软件有 iebook、Pocomaker、Zmaker、COOZINE 等，利用电子期刊制作软件编辑民族档案文献电子期刊简单易于操作。iebook 便捷的功能设计能够帮助使用者迅速掌握制作技能，同时，在 iebook 的网站上有大量的制作模板，各种模板之间可以通过拖动、复制粘贴、放大缩小等功能任意组合，在能够提高编辑开发工作效率的同时，还可利用电子期刊版面设计功能进行编辑创新。[②] 二是具有连续性。利用相关软件编辑出版民族档案文献电子期刊、报纸或图书等，具有持续性的显著特点。如为纪念新中国的成立，中国共产党新闻网与中央档案馆合作，从档案馆馆藏档案中选取 1949 年一年间发生的 52 个重大事件的档案，以每个事件为一个专题，每周公布 60 年前这个星期所发生的一件大事的档案，展示新中国筹建成长的历史进程。[③] 2010 年，中央档案馆与中国共产党新闻网再度联手，推出《共和国脚步》第二部——《1950 年档案》，从档案中选取 1950 年发生的若干重大事件，以相册形式每周推出一期，展示了 1950 年中国人民建设新中

[①] 朱兰兰、李冬：《新媒体环境下档案文化资源开发方式的创新》，《档案管理》2016 年第 6 期。

[②] 朱兰兰、李冬：《新媒体环境下档案文化资源开发方式的创新》，《档案管理》2016 年第 6 期。

[③] 《共和国脚步 1949 年档案》，中国共产党新闻网，http：//dangshi.people.com.cn/GB/145920/8816698.html，2023 年 5 月 27 日。

国的历史岁月。① 三是形象生动。通过运用网络媒介文字处理、图像编辑、视频编辑、动画制作等软件，可进行多媒体写作、编辑，呈现声音、图画、文字的一体性界面，使档案信息表达形式达到异常丰富的视觉效果。② 借助于电子读物的强大编辑功能，民族档案文献电子图书、期刊和报纸的编研可充分利用其丰富的档案文献数据资源，按照每期出版文化专题的需要，将统一专题的历史文件、照片、音频、视频等档案文献进行编辑加工，以多文本、形象生动的档案文本提供专题民族档案文献信息服务，传播优秀民族传统文化。

2. 制作音像视频。制作民族档案文献音像视频，制作音像视频，依托新媒体宣传民族传统文化，具有专题性强、形象生动、视觉震撼、宣传效果显著等特点。其制作方式主要有：

其一，剪辑制作。为宣传民族传统文化，国家各级电影制片厂、电视台等，都拍摄了许多以少数民族为题材的电影，或宣传民族传统文化的电视专题片等。如在少数民族电影拍摄方面，著名的有长春电影制片厂 1959 年制作的《五朵金花》、1961 年摄制的《刘三姐》、1963 年制作的《冰山上的来客》，上海电影制片厂 1963 年摄制的《阿诗玛》等。在少数民族非遗宣传方面，如 2011 年，云南省剑川木雕被列入第三批国家级非物质文化遗产保护名录，为宣传这一民族品牌，当地政府拍摄了纪录片《剑川木雕——匠心独运》，讲述剑川木雕发展历史，展示其精湛技艺及精美木雕作品，取得了较好的宣传效果。2015 年，云南卫视拍摄并播出《手工云南》，分 10 集集中介绍云南少数民族地区雕刻、编结、印染、刺绣、髹饰、金工等精湛手工技艺。③ 为宣传民族优秀文化，建议按专题对民族声像档案文献进行剪辑制作，以短视频的方式，利用新媒体进行传播，以形象生动的画面，展现民族传统文化的丰富内涵。

其二，拍摄制作，即依据民族文化实际宣传的需要，利用民族档案

---

① 《共和国脚步——1950 年档案》，中国共产党新闻网，2017 年 5 月 17 日，http://dangshi.people.com.cn/GB/145920/184162/index.html，2023 年 5 月 27 日。

② 樊如霞、徐舒柯：《网络媒介对档案信息传播的影响与服务策略》，《档案学通讯》2011 年第 5 期。

③ 翟建东：《"一带一路"建设中云南少数民族文化与影视传播研究——以纪录片对云南少数民族手工艺传播为例》，《艺术科技》2016 年第 8 期。

文献展览以及相关宣传活动等,按照不同的主题,拍摄宣传民族传统文化的短视频。如 2002 年 5 月 30 日,西藏自治区档案局(馆)与上海市档案局(馆)联合举办的《走近西藏——来自档案馆的精品》展览在上海城市规划展示馆展出。展览分为"中华一脉""藏传佛教""雪域风情""璀璨文明"等部分,以珍贵的历史文件、图片、实物等档案文献,展示西藏历史与现貌,以及在建设发展中取得的重大成就。① 2015 年 10 月,西藏自治区举办"圆梦中国、西藏华章——西藏自治区成立 50 周年成就展",西藏自治区档案局(馆)提供的元朝皇帝领赐萨迦派首领的八思巴文铁质金字圣牌、1373 年明太祖朱元璋颁给挐思公失监为俄力思军民元帅府的圣旨、1713 年清朝康熙帝册封五世班禅为"班禅额尔德尼"的敕谕,以及《中央人民政府和西藏地方政府关于和平解放西藏办法的协议》(藏汉文本)等珍贵档案参展,为成就展的开展做出了贡献。② 又如,2019 年 6 月 6 日,西藏自治区档案局、拉萨市档案局等联合主办的国际档案日宣传活动在拉萨市市民服务中心举行。该活动展示了各种印章及印盒、精美藏文《印谱》、"元代西藏官方记录"入选世界记忆亚太地区名录证书等珍贵藏族档案文献,取得了较好的宣传效果。③ 将这些展览或宣传活动等制作成短视频,利用新媒体进行传播,可极大地拓展传播范围,增强中华民族优秀传统文化的宣传效果。

3. 打造档案 App。App(Application)为手机应用软件,广义上,档案 App 包含所有与档案有关的 App;狭义上,档案 App 主要指档案机构推出的提供档案文化信息服务的官方软件。国内档案机构开发的官方 App 主要有"福建省档案专业人员继续教育网络学习平台""浙江档案""武汉档案""广州市国家档案馆"以及温州档案局开发的"档案云阅读"等。④ 据统计,截至 2017 年 8 月 17 日,共发现可用于使用的档案 App 9

---

① 周晓林:《论档案与档案工作的文化作用》,《浙江档案》2003 年第 9 期。
② 丹增珠杰:《西藏自治区档案馆为自治区成立 50 周年成就展提供馆藏档案》,2015 年 10 月 20 日,http://www.zgdazxw.com.cn/news/2015-10/20/content_119122.html,2023 年 5 月 27 日。
③ 赵越:《西藏自治区档案局举办国际档案日宣传活动》,http://www.tibet.cn/cn/news/zx/201906/t20190608_6605157.html,2023 年 5 月 27 日。
④ 朱兰兰、李冬:《新媒体环境下档案文化资源开发方式的创新》,《档案管理》2016 年第 6 期。

个，其中包含省级档案 App 6 个、市级档案 App 3 个。① 如北京市海淀区档案馆 2013 年创立"海淀区革命历史遗迹"电子杂志，通过网络连接区域内的 22 处革命历史遗址，利用手机 App 向订阅的顾客定期推送不同的内容，利用新媒体开展革命历史传播教育。② 部分收藏民族档案文献的博物馆也开始利用新媒体，开发 App 推送信息服务。如故宫博物院在 2011 年正式推出官方微博账号，后又推出微信公众号等，共同组成一个故宫社交平台，并开发"十二美人图""皇帝的一天""每日故宫""清朝皇帝服饰"等若干不同主题的 App，提供文博信息服务。③

为拓展民族档案文献传播范围，建议由档案馆、图书馆、博物馆、民委古籍办、民族研究所、文化馆或非遗保护中心等开发主体，通过自主研发或外包给专业公司的方式，以 AR、VR 技术为支撑，打造民族档案 App，设置档案查询、浏览和用户信息分析功能，以及用户评论、线上论坛等版块，进行互动服务，针对不同年龄、职业、学历等群体用户，以多媒体、超文本的形式，定期推送不同主题的民族档案文献专题，让不同年龄、职业、学历的用户体验民族传统文化宣传展示场景与画面，增强宣传效果，传播传承优秀民族传统文化。

（三）优化新媒体开发工作

2017 年 7 月，文化部印发《"十三五"时期公共数字文化建设规划》提出："依托各类公共数字文化服务平台，开发和应用集信息发布、需求征集、意见反馈、在线互动的公共数字文化服务管理系统。通过公共数字文化服务平台和新媒体渠道，常态化去进行征集群众数字文化需求信息，测评公共数字文化服务群众满意度。建立健全大数据分析系统，加强需求信息的整理、归纳和分析，精准识别群众文化需求。"④ 目前，我国出现的档案新媒体主要有档案博客、微博、微信、专业论坛等，人们

---

① 赵彦昌、陈海霞：《"互联网+"环境下档案 App 发展的三大趋势探析》，《北京档案》2018 年第 2 期。
② 刘招兰：《App 平台在档案管理中的应用和发展》，《城建档案》2016 年第 11 期。
③ 白珩瑶：《新媒体环境下博物馆信息传播路径的转变》，《新媒体研究》2018 年第 11 期。
④ 《文化部关于印发〈"十三五"时期全国公共图书馆事业发展规划〉的通知》，中国政府网，2017 年 7 月 7 日，http：//www.gov.cn/xinwen/2017-07/07/content_5230578.htm，2023 年 5 月 27 日。

第六章 西部国家综合档案馆民族档案文献遗产资源共建实现途径

可通过微信公众号等与特定群体进行全方位沟通和互动。"档案部门开通官方微博、微信,通过新的技术手段,将档案部门保存的大量信息资源进行开发利用,使大众获取档案信息的途径更加多样,档案利用率将得到进一步提高。"① 利用新媒体推送民族档案文献信息最大的特点是在提供档案信息服务的同时,还可为公众提供交互平台,听取受众意见,优化其档案信息服务工作。具体作用表现在以下两个方面:

1. 了解公众需求,丰富信息传播内容。如作为新媒体的一种重要形式,自媒体的出现,能有效触摸个体需求、媒体需求的内容范围和敏感点,解决档案信息资源开发利用的盲点。② 民族档案文献记载了少数民族政治、历史、经济、军事、天文、历法、医药、教育、文艺、哲学、伦理、宗教和民俗等方面的文化内涵,其档案信息服务可为青少年伦理道德、爱国主义教育提供材料;为专家学者研究民族历史文化提供史料;为拍摄民族文化影视片提供素材等。微信、微博等民族档案信息平台可以满足不同层次公众需求,因此,在社交媒体、手机移动终端等新媒体民族档案信息服务工作中,相关开发主体可充分利用互动平台,广泛听取不同受众群体档案信息利用需求,有针对性地提供利用民族档案文献信息,以丰富其档案信息服务范围,更好地发挥民族档案文献在研究民族历史、传播优秀民族文化等方面的重要作用。

2. 利用互动平台,改进档案开发工作。利用新媒体开发民族档案文献信息资源,开发机构不但要对用户提供阅读、收听、下载、分享等信息利用服务,还要加强与用户之间的互动交流,重视使用者的反馈信息,改进新媒体民族档案文献开发工作。如影响力最大的档案学专业论坛——《档案界》论坛汇集了全国乃至国外各界人士,截至2015年9月,论坛共有注册会员20820人,发表各类主题46799个,帖子数达到421621个。与此同时,依托《档案界》论坛还开设了大量的微博、微信、QQ群等。通过《档案界》论坛和这些平台,来自全国各地的档案同人以

---

① 王文亮:《利用自媒体开发档案信息资源的特色与策略》,《秘书之友》2018年第5期。
② 王文亮:《利用自媒体开发档案信息资源的特色与策略》,《秘书之友》2018年第5期。

及其他专业人士一起分享知识、交流学习。① 鉴于此，建议档案馆、图书馆、博物馆、民委古籍办、民族研究所、文化馆或非遗保护中心等民族档案文献开发主体，在利用新媒体互动平台推送民族档案文献信息服务的同时，还可依托这一互动平台，在档案信息内容编辑、传播形式制作以及传播工作规范管理等方面广泛听取公众意见，优化民族档案文献新媒体开发工作。

三 依托文化共享工程开发

2002年，文化部、财政部组织实施全国文化信息资源共享工程，简称"文化共享工程"，其目标是将中华优秀文化信息资源进行数字化加工和整合，通过工程网络体系，以多种方式，实现优秀文化信息资源在全国范围内的共建共享。2002年5月10日，全国文化信息资源共享工程国家中心正式成立。截至2011年年底，全国各省区共建立了33个省级分中心（覆盖率达100%）。②

为此，建议西部各省区国家综合档案馆或图书馆等，依托全国文化信息资源共享工程和共享网站平台，以民族档案文献文字介绍、专题汇编、珍品展示或提供专题数据库等方式，向社会各界提供利用民族档案文献，以传播展示中华优秀民族传统文化。如云南省图书馆网站专门设立了"文化共享工程"模板，其中设置了"信息中心""资源中心""少数民族数据库""视频点播"4个模块。其中，"视频点播"主要有佤族、哈尼族、基诺族、拉祜族、怒族、布朗族、德昂族、独龙族、普米族、纳西族等10个民族的视频数据库，这些民族视频使用原始材料或首次拍摄形成，具有民族档案文献性质，包括概况、祭祀、医药、建筑、服饰、器乐、婚恋习俗等，在传播云南特色民族文化方面发挥了重要作用。③"资源中心"包括文化旅游、独有民族、民族资源、独有少数民族资源

---

① 孙大东：《档案自媒体的教育功能研究——以〈档案界〉论坛为例》，《档案管理》2016年第1期。
② 文旅部：《全国文化信息资源共享工程》，中华人民共和国文化旅游部，2009年10月22日，https://zwgk.mct.gov.cn/zfxxgkml/ggfw/202012/t20201205_916522.html，2023年8月12日。
③ 云南省图书馆，http://www.ynlib.cn/，2023年8月12日。

库、他留人、非物质文化遗产、东巴文化等[1]，其中，独有少数民族资源库包括了佤族、哈尼族、基诺族、拉祜族、怒族、布朗族、德昂族、独龙族、普米族、纳西族等云南特有少数民族数据库，在民族档案文献集成化服务方面发挥了重要作用。

四 依托共享平台聚合服务

档案资源整合的目的是为用户提供统一的档案服务，其服务的实现依托于"一站式档案资源门户平台"的构建，用户通过访问该平台，可以获得所需主题的系统的、全面的、智能的档案资源。[2]民族档案文献数字资源共享平台建设包括三个层次：一是数据层，可通过关联数据共享机制与语义关联，连接协作机构基础数据库，以及其他相关数据资源，为整个平台提供数据支撑；二是应用层，可开发民族档案文献资源集成框架系统等，接收用户指令，向用户反馈需要的信息；并通过软件接口从数据集中读取资源并传输到用户端，并提供数据统计和其他系统控制功能；三是用户层，主要功能是为用户提供网站和界面支持，实现用户身份认证、检索及结果显示等功能。

1. "一站式"检索服务。是民族档案数字资源汇集服务的基础方式，其目的就是根据用户所提供的检索需求，将来自协作机构的相关数据，通过网站平台反馈给用户。首先，可按民族文书、古籍文献、图形图像、遗址遗物、口述历史、历史照片、影像材料等档案类型设置分类导航。同时，在网页主页和各级目录之下设置检索入口，提供栏目内和跨栏目检索功能。再根据数字资源实际，设置分类检索、全文检索、关键词检索和二次检索等多类检索工具。其次，设置缩略图导航，即选取能代表数字对象内容的标志性图片，通过引导用户浏览图片来实现档案信息的查找与呈现，常以滚动条或静态图片列表的形式出现。[3]再次，设置可链接国外相关档案馆、图书馆、博物馆或公共文化资源整合项目网站的检

---

[1] 云南省图书馆，http：//www.ynlib.cn/，2023年8月12日。

[2] 张卫东、左娜、陆璐：《数字时代的档案资源整合：路径与方法》，《档案学通讯》2018年第5期。

[3] 田蓉、肖希明：《我国公共数字资源整合中信息组织方式的调查分析与优化策略》，《图书与情报》2016年第2期。

索端口，通过签署信息共享协议，或购买使用权等方式，查询聚合国外保存的我国民族档案文献数据资源，拓宽民族档案文献的查询利用范围。

2. 语义跨媒体多维呈现。基于语义的跨媒体多维呈现是指通过用户界面，分析文本、图片、音频、视频和多媒体类型等民族档案文献资源间的语义关系，将同一主题的多种媒体类型的档案文献资源整合，并呈现给用户的一种服务方式。具体而言，用户可以通过用户界面进入一站式检索入口，跨媒体检索系统对用户提交的检索示例分析完成后，把分析结果以多维度媒体的方式呈现给用户。这一服务方式致力于民族档案文献资源多媒体类型体系的整合，并搭建统一的跨媒体检索平台，提高了资源整合的效率和资源服务的水平。[①]

3. 可视化档案展示服务。VR（虚拟现实技术）是一种计算机仿真系统，可以让用户沉浸于其所创建的虚拟世界中，具有多感知性、交互性和自主性等特点；AR（增强现实技术）是一种实时的计算摄影机影像的位置及角度并加上相应图像、视频的技术。通过VR/AR技术可以还原民族档案文献某一资源整合主题，如古城遗址、壁画岩画、印章玉玺、石刻金文以及历史场景等，用户可以借助穿戴设备，在虚拟网络空间实现沉浸式体验，感受民族档案文献演进和遗址遗物的立体画面与场景，寻找自己感兴趣的事物。如果说可视化技术满足了用户获取数据内部关系的视觉体验要求，那么VR/AR技术则从三维虚拟空间的角度给用户提供更为全面的感官感受。[②] 在实践方面，"数字海洋"工程已经开发出数字海洋原型系统，可集成民族档案文献基础信息，以及专题数据库的信息内容，应用可视化、虚拟现实等技术，实现对各类民族档案文献信息的动态表达和模拟。[③]

4. 数字产品开发与服务。国家档案局《2021年全国档案宣传工作要点》提出，要加强与广播电台、电视台、网络平台等媒体合作，推出一

[①] 张卫东、左娜、陆璐：《数字时代的档案资源整合：路径与方法》，《档案学通讯》2018年第5期。

[②] 贾琼、王萍：《数字人文视角下LAM资源整合路径研究》，《情报科学》2021年第4期。

[③] 李四海、姜晓轶、张峰：《我国数字海洋建设进展与展望》，《海洋开发与管理》2010年第6期。

批生动鲜活的档案文献专题片、融媒体产品等。① 一是开发民族艺术图案、壁画岩画和历史照片等资源,按照特定主题,编制电子画册、图册和图文期刊等,向公众提供形象生动的民族图画、图像历史档案信息。二是利用 Web3D、H5、全景、视频等技术,挖掘民族档案文献数据资源,从介绍我国民族发展历史、文化建设、经济发展,以及民族团结友爱、边疆稳定发展等方面,制作专题档案虚拟展览,依托共享服务平台,使公众通过触觉、视觉、听觉等多种感知,感受与体验各民族历史发展进程与空间场景。三是发掘音像档案数据资源,将同一主题的照片、音视频、专题片等进行编辑加工,剪辑编制民族档案文献微视频、专题片等,广泛地开展各民族交往交流,以及铸牢中华民族共同体意识宣传教育。

---

① 国家档案局:《2021 年全国档案宣传工作要点》,中华人民共和国国家档案局政务网站,2021 年 4 月 1 日,https://www.saac.gov.cn/daj/tzgg/202104/846ed2b7df0b467691655de62a157d43.shtml,2023 年 6 月 8 日。

结　　语

西部地区遗存有丰富的民族档案文献遗产。鉴于民族档案文献的多元属性，除档案馆外，主要为图书馆、博物馆、民委古籍办、民族研究所、民语委、文化馆、非遗保护中心、史志办、方志办和出版社等机构所收藏。西部民族档案文献的散存状况破坏了民族档案文献内部有机联系，以及民族记忆的完整性构建，极大地影响了其档案文献资源的体系化建设与整体性发掘利用。以西部各省区国家综合档案馆为建设平台，以民族档案文献收藏机构为共建单位，从民族记忆传承的视角，全面探讨民族档案文献遗产共建问题，对保护、传承与开发这一珍贵民族历史文化遗产有重要的现实意义。课题研究主要结论如下：

1. 西部民族档案文献因其多元属性主要为档案馆、图书馆、博物馆、民委古籍办、民族研究所、文化馆、非遗保护中心等机构收藏，其散存状况割裂了档案文献之间的有机联系，极不利于民族档案文献的科学保护、规范性管理、资源体系化建设及其档案信息资源的整体性共享开发。

2. 西部民族档案文献遗产资源共建工作涉及不同地区不同系统的共建单位，以及民族档案文献目录体系构建、资源数字化、数据库建设及其信息资源开发等方面，需要贯彻落实党和国家文化资源共享等方面的政策法规，从工作规划、资金投入和人才建设等方面予以保障，以保证这一重要工作的顺利开展。

3. 由于管理体制的不同，西部民族档案文献收藏单位分属于不同的领导部门。因此，西部国家综合档案馆民族档案文献遗产资源共建工作，需要贯彻落实党和国家文化遗产保护、文化信息资源共建共享等方面的方针政策，依托地方各级党委和政府，构建工作机制，领导、组织和协调这一工作的开展。

4. 西部各省区国家综合档案馆保存有丰富的民族档案文献，在民族档案文献征集保护、规范化管理、数字化资源建设，以及多样性开发等方面都已取得显著的成果。因此，以西部各省区国家综合档案馆为民族档案文献共建主体，具有其资源储备、规范化管理、数字化建设等方面的优势。

5. 从确立外围共建单位、开展规范化建设、建设联合目录体系和构建外围利用机制等方面开展实体资源共建；从确立国家综合档案馆建设核心、加快档案文献数字化建设及其数字资源整合汇总等方面开展数字资源整合建设，可实现西部散存民族档案文献资源整合共建，为其档案信息资源共享提供条件。

6. 课题研究的主要目标是将西部散存在各个单位的民族档案文献资源，以实体资源外围共建和数字资源整合建设的方式，进行资源体系化建设，从而形成资源优势。并通过联机存取、编研出版，以及网络查询、网站共享、新媒体开发等方式，为社会公众提供利用这一珍贵民族文化遗产。

课题研究涉及民族档案文献遗产的内涵外延、类型构成，及其资源采集、体系构建、传承保护和发掘利用等理论与实践问题，这对拓展少数民族档案文献资源建设研究领域，丰富少数民族档案学学科理论知识有较高的学术价值。课题以西部民族档案文献遗产资源共建为研究对象，全面探讨民族档案文献资源采集、管理规范，以及和图书馆、博物馆、民委古籍办文化馆或非遗保护中心等收藏单位开展资源共建的理论与实践问题。其研究成果不仅对国家综合档案馆开展民族档案文献资源建设工作有参考价值，对我国民族文化遗产、民族古籍、民族文物等领域开展资源建设工作亦有较好的借鉴作用。

参考文献

包和平：《中国少数民族古籍管理学概论》，民族出版社 2006 年版。

曹之撰：《中国古籍版本学》，武汉大学出版社 1992 年版。

陈长友、龙金泽等编：《彝文金石图录》第一辑，四川民族出版社 1989 年版。

陈长友、王继超等编：《彝文金石图录》第二辑，四川民族出版社 1994 年版。

陈长友、王仕举等编：《西南彝志》，贵州民族出版社 1994 年版。

陈海玉：《傣族医药古籍整理与研究》，云南大学出版社 2016 年版。

陈海玉：《少数民族科技古籍文献遗存研究》，中国社会科学出版社 2015 年版。

陈海玉：《西南少数民族医药古籍文献的发掘利用研究》，民族出版社 2011 年版。

陈琳主编：《贵州省古籍联合目录》，贵州人民出版社 2007 年版。

陈兆复：《古代岩画》，文物出版社 2002 年版。

陈子丹：《民族档案史料编纂学概要》，云南大学出版社 2009 年版。

陈子丹：《民族档案学专题研究》，云南大学出版社 2013 年版。

陈子丹：《民族档案研究与学科建设》，云南大学出版社 2016 年版。

陈子丹：《少数民族濒危语言建档开发研究》，社会科学文献出版社 2021 年版。

陈子丹：《少数民族口述历史档案研究》，云南大学出版社 2015 年版。

陈子丹：《元朝文书档案工作研究》，中国社会科学出版社 2014 年版。

陈子丹：《云南少数民族金石档案研究》，云南科技出版社 2001 年版。

陈子丹：《中国民族档案学专题研究》，社会科学文献出版社 2021 年版。
德宏史志编委会办公室编：《德宏史志资料》，德宏史志编委会办公室 1989 年版。
邓侃主编：《西藏的魅力》，西藏人民出版社 2000 年版。
法律出版社：《中华人民共和国档案法新版修正版》，法律出版社 2016 年版。
甘肃省档案馆、中国藏学研究中心合编：《甘肃省所存西藏和藏事档案史料目录》，中国藏学出版社 1997 年版。
耿世民：《维吾尔族古代文献研究》，中央民族大学出版社 2003 年版。
龚友德：《原始信息文化》，云南人民出版社 1996 年版。
广西民族研究所编：《广西数民族地区碑文、契约资料集》，广西人民出版社 1982 年版。
广西壮族自治区编辑组编：《广西数民族地区碑文、契约资料集》，广西民族出版社 1987 年版。
贵州毕节地区彝文翻译组收集整理：《彝文典籍目录·贵州卷》，四川民族出版社 1994 年版。
贵州省民族志编委会编：《民族志资料汇编》第八集（彝族），贵州省志民族志编委会 1989 年版。
郭大烈、扬世光主编：《东巴文化论》，云南人民出版社 1999 年版。
国家民委全国少数民族古籍整理研究室：《中国少数民族古籍总目提要·蒙古族卷》，中国大百科全书出版社 2013 年版。
国家民委全国少数民族古籍整理研究室：《中国少数民族古籍总目提要·维吾尔族卷》，中国大百科全书出版社 2011 年版。
何丽：《中国少数民族古籍管理研究》，辽宁民族出版社 2005 年版。
胡莹：《档案学视野下的东巴古籍文献遗产保护研究》，中国社会科学出版社 2016 年版。
胡莹：《档案与少数民族记忆》，中国社会科学出版社 2022 年版。
华林：《藏文历史档案研究》，云南大学出版社 2006 年版。
华林：《傣族历史档案研究》，中国民族出版社 2000 年版。
华林：《少数民族历史档案管理学》，中国文史出版社 2019 年版。
华林：《西部散存民族档案文献遗产集中保护问题研究》，中国社会科学出版社 2017 年版。

华林：《西南少数民族历史档案管理学》，中国民族出版社 2001 年版。

华林：《西南彝族历史档案》，云南大学出版社 1999 年版。

华林：《中国西部民族文化通志·古籍卷》，云南人民出版社 2014 年版。

黄润华、金史波：《少数民族古籍版本》，江苏古籍出版社 2003 年版。

黄润华、金史波：《少数民族古籍版本（民族文字古籍插图珍藏本）》，凤凰网出版社 2002 年版。

霍巍、李永宪主编：《西藏考古与艺术》，四川人民出版社 2004 年版。

金史波、陈育宁主编：《中国藏西夏文献》1—20 册，甘肃人民出版社 2005—2007 年版。

金史波、黄润华：《中国历代民族古文字文献探幽》，中华书局 2008 年版。

金史波、克恰诺夫等主编：《俄藏黑水域文献》1—13 册，上海古籍出版社 1996—2007 年版。

荆德新编：《云南回民起义史料》，云南民族出版社 1986 年版。

李国文：《云南少数民族古籍文献调查与研究》，民族出版社 2010 年版。

李杰：《中国少数民族文献探究》，民族出版社 2002 年版。

李晋有编著：《中国少数民族古籍论》，巴蜀书社 1999 年版。

李晋有等主编：《中国少数民族古籍论》，巴蜀书社 1997 年版。

李经玮：《回鹘文社会经济文书研究》，新疆大学出版社 2003 年版。

李经玮：《吐鲁番回鹘文社会经济文书研究》，新疆人民出版社 1996 年版。

李昆声：《云南艺术史》，云南教育出版社 1995 年版。

李娅佳：《云南少数民族档案信息资源开发利用研究》，中国社会科学出版社 2022 年版。

刘凤编撰：《遍访契丹文字话拓碑》，华艺出版社 2005 年版。

刘凤志、张占江编著：《缩微摄影复制技术》，中国人民大学出版社 1992 年版。

刘强：《西南少数民族历史档案保护》，中国社会科学出版社 2016 年版。

柳洪亮：《新出吐鲁番文书及其研究》，新疆人民出版社 1997 年版。

罗茂斌编著：《档案保护技术学》，云南大学出版社 2001 年版。

麻新纯：《广西壮族历史记录生态型保护研究》，中国致公出版社 2011 年版。

马学良、梁庭望等主编：《中国少数民族文学史》，中央民族学院出版社 1992 年版。

牟昆昊：《水族古籍文献〈正七卷〉中汉文献内容梳理研究》，民族出版社 2023 年版。

牛汝极：《维吾尔古文字与古文献导论》，新疆人民出版社 1997 年版。

欧朝贵、其美编著：《西藏历代藏印》，西藏人民出版社 1991 年版。

四川省编辑组主编：《四川彝族历史调查资料、档案资料选编》，四川省社会科学院出版社 1987 年版。

苏北海：《新疆岩画》，新疆美术摄影出版社 1994 年版。

孙文景、木雅·公布等编：《藏文典籍目录》，民族书社 1997 年版。

覃圣敏等编：《广西左江流域崖壁画考察与研究》，广西民族出版社 1987 年版。

仝艳锋：《民族档案文献遗产保护研究：以云南为例》，山东大学出版社 2013 年版。

王晋：《白族大本曲非物质文化遗产建档保护研究》，中国社会科学出版社 2019 年版。

王尧、陈践编著：《敦煌吐蕃文书论文集》，四川民族出版社 1988 年版。

王懿之、扬世光编：《贝叶文化论》，云南人民出版社 1990 年版。

乌谷：《民族古籍学》，云南民族出版社 1994 年版。

吴肃民、莫福山主编：《中国少数民族文学古籍举要》，天津古籍出版社 1990 年版。

吴啸民：《中国少数民族古籍概论》，天津古籍出版社 1995 年版。

西双版纳州政协编：《版纳文史资料选辑》，西双版纳州政协 1989 年版。

萧明华编撰：《云南少数民族官印集》，云南民族出版社 1989 年版。

徐丽华主编：《中国少数民族古籍集成》，成都四川民族出版社影印本 2002 年版。

杨中一编著：《中国少数民族档案及其管理》，中国档案出版社 1993 年版。

杨富学：《回鹘文献与回鹘文化》，民族出版社 2003 年版。

杨毅：《中国西南民族档案资源集成管理研究》，中国社会科学出版社2018年版。

杨智辉、陈明理等编：《民族文献提要1949—1989》中辑出，云南教育出版社1991年版。

叶康洁、黄建明：《中国民族古籍研究70年》，中央民族大学出版社2023年版。

尹少亭、唐立等编：《中国云南德宏傣文古籍编目》，云南民族出版社2002年版。

英国国家图书馆、西北第二民族学院、上海古籍出版社编、谢玉杰主编：《英藏黑水城文献》1—4册，上海古籍出版社2005年版。

余厚洪：《基于族群凝聚视域的浙江畲族档案记忆研究》，浙江大学出版社2020年版。

云南民族古籍丛书编委会编：《云南民族古籍论丛》，云南民族出版社1992年版。

云南省编辑组：《国家民委民族问题五种丛书之五·大理州彝族社会历史调查》，民族出版社2009年版。

云南省编辑组主编：《大理州彝族社会历史调查》，云南人民出版社1991年版。

云南省档案馆：《云南特有少数民族图文档案》，云南民族出版社2018年版。

张公瑾、黄建明：《民族古文献概览》，民族出版社1997年版。

张公瑾、李冬生等编：《中国少数民族古籍集解》，民族出版社2006年版。

张铁山：《民族古籍研究》，中国社会科学出版社2023年版。

张元生等编著：《古壮字文献选注》，天津古籍出版社1992年版。

张增祺：《中国西南民族考古》，云南人民出版社1990年版。

赵德美：《云南少数民族历史档案数字化建设》，社会科学文献出版社2014年版。

赵廷光、盘金祥等编撰：《瑶族石刻录》，云南民族出版社1993年版。

赵彦昌：《满文档案研究》，世界图书上海出版公司2012年版。

郑慧：《瑶族档案文化对外传播路径研究》，民族出版社2021年版。

郑慧：《瑶族文书档案研究》，民族出版社 2011 年版。

中国藏学研究中心、中国第一历史档案馆、中国第二历史档案馆、西藏自治区档案馆、四川省档案馆合编：《元代以来西藏地方与中央政府关系档案史料汇编》，中国藏学出版社 1994 年版。

中国档案分类法编辑委员会编：《中国档案分类法》，档案出版社 1987 年版。

中国档案学会编：《少数民族档案史料评述学术讨论会论文选集》，档案出版社 1988 年版。

中国民族古文字研究会编：《中国民族古文字图录》，中国社会科学出版社 1990 年版。

中央民族大学彝文文献教研室编：《彝文文献概论》，中央民族大学出版社 1996 年版。

朱崇先：《彝族典籍文化研究》，中央民族大学出版社 1996 年版。

朱崇先：《中国少数民族古典文献学》，民族出版社 2008 年版。

朱崇先主编：《中国少数民族古典文献学》，民族出版社 2005 年版。

朱踞元编：《彝文石刻译选》，云南民族出版社 1998 年版。

后 记

　　经过数年的田野调查、文献资料收集以及一年多的文字撰写工作，《西部档案馆民族档案文献遗产资源共建研究》一书终于脱稿。该书是在完成国家社科基金一般项目"民族记忆传承视域下的西部国家综合档案馆民族档案文献遗产资源共建研究"（16BTQ092）的基础上，结合著者主持的教育部重大招标项目"元明清时期中国边疆治理文献整理与数据库建设研究"（21JZD042）的部分研究，在开展具体实际调查，收集了大量实地调研材料的基础上撰写完成的。著者为云南大学民族档案学术带头人，在云南大学长期从事少数民族档案研究，所领衔的"民族文化传承视域下的民族文献遗产保护与发掘研究"团队，2018年入选云南大学一流大学项目建设"创新团队"；"云南民族档案文献整理发掘研究"团队，2021年为云南省社会科学联合会评选为"云南省创新团队"。因此，"西部档案馆民族档案文献遗产资源共建"课题研究以及书稿的撰写出版工作，受到了云南大学、云南省社会科学联合会，以及国家社科课题、教育部重大项目等各方在方针政策、团队建设与研究经费等方面的支持与帮助，在此表示衷心的感谢。此外，本书的撰写广泛吸收了学界在民族档案、民族档案文献遗产，以及民族文献、古籍、文物等诸多方面的研究成果，引用部分均加以说明，并向相关领域的专家学者表示由衷的谢意。

　　在该书的撰写中，夫人朱艳艳女士整理了大量的文献资料，悉心照顾我的生活，我的博士研究生高建辉、邱志鹏、陈燕、段睿辉、梁思思、谢梦晴，硕士研究生谢梓菲、董慧囡、高俊、刘凌慧子、李莉等也做了部分资料查阅与校对注释工作，在此一并表示由衷的感谢与诚挚的谢意。